ケアマネ・医療・福祉職のための

精神疾患ガイド

押さえておきたいかかわりのポイント

編著 山根俊恵

著 田邉友也・森脇崇・矢田浩紀

中央法規

はじめに

介護が必要になった高齢者を社会全体で支えるしくみとして、2000（平成12）年に「介護保険」がスタートしました。私自身、ケアマネジャーとして、要介護状態になっても、できる限り住み慣れた地域で生活できるよう本人や家族を支えるためにケアマネジメントを行ってきました。しかし、当初は「医療サービス」と「福祉サービス」の統合、連携とは名ばかりで、制度のひずみが混乱を招き、その矛先がケアマネジャーに向けられることもありました。利用者が入院されれば病院に出向いていきましたが、当時はケアマネジャーの役割が認識されていないことから怪訝な目で見られることもしばしばでした。数年後には、病院内に「地域連携室」がつくられ、時代の流れとともに病院から地域へといった切れ目のない包括的なケアは当たり前になってきました。しかし、要介護状態の家族と精神障害者が同居している場合においては、使える社会資源も少ないばかりか、ケアマネジメントを担う人が存在しませんでした。ケアマネジャーにとっての利用者は「要介護状態の親」であっても、家族丸ごと支えなければ、要介護状態の親の生活は安定しません。本来のケアマネジャーの役割を超えていても、家族の生活を守るためには現実から目を背けることもできませんでした。家族はよいことも悪いことも影響し合います。私たちがどう支援するかで、この方たちの人生を左右することになるという緊張感と、これが在宅支援だという醍醐味を感じることもできました。

障害者に関する施策は、ノーマライゼーションの理念に基づいて

2003（平成15）年に「支援費制度」がスタートしました。しかし、障害種別ごとの縦割りでサービスが提供され使いづらいしくみになっていることや、精神障害者は対象外であることが課題でした。ある意味、精神障害者は「障害者」と言われながらも障害施策においては対象とされてこなかったのです。つまり、「病気」にばかり目が向けられ、医療という枠組みのなかで治療という名の長期入院や管理された生活を強いられてきたのです。この時点で受けられる地域の社会資源は、精神科デイケア、精神科訪問看護といったように医療サービスが中心でした。唯一、家族会等が子どもたちの居場所として立ち上げた「小規模作業所」が福祉サービスでした。社会の偏見のなかでほかの障害者に比べずっと支援が遅れてきたのです。身体障害者や知的障害者を対象とした支援費制度は、地方自治体によっては提供体制が不十分で、必要とされる人に対してサービスが行き届かないことや就労の場を確保する支援が十分でないこと、何より支給プロセスが不透明でした。そして、こうした制度上の問題を解決し、障害者が安心して地域で暮らせるノーマライゼーション社会の実現を目指して「障害者自立支援法」がスタートしました。そして、この時点で障害の種別（身体･知的･精神）にかかわらず、障害のある人々が必要とするサービスを利用できるようサービスを利用するためのしくみが一元化されました。そして、2013（平成25）年には「障害者総合支援法」となり、障害範囲や支援、地域支援事業の見直しがされました。なかでも「障害程度区分」が知的障害、発達障害、精神障害の状態を適切に反映していないという指摘を踏まえ、障害の多様な特性その他の心身の状態に応じて必要とされる標準的な支援の度合いを総合的に示すものとして「障害支援区分」へと改正されました。このように、高齢者や障害者を地域で支えるしくみは改正を繰り返しながら、ニーズに即した支援体制へと変化してきました。

しかし、近年は制度・分野の枠や「支える側」「支えられる側」という従来の関係を超えて、人と人、人と社会がつながり、一人ひとりが生きがいや役割をもち、助け合いながら暮らしていくことのできる、包摂的なコミュニティ、地域や社会を創るという「地域共生社会」が重視されるようになりました。また、「断らない相談支援」「参加支援」「地域づくりに向けた支援」を一体的に行うといった包括的な支援体制の構築も始まりました。在宅支援者は、「具体的な課題解決を目指すアプローチ」と「つながり続けることを目指すアプローチ」を支援の両輪とし、高齢者や障害者に伴走するといった「伴走型支援」が求められています。今後は、要介護状態の親と障害のある子どもの世帯など複合的な課題を抱える家族に対しては、多機関と連携を図りながら支援を行っていくことになります。また、社会的問題とされている「8050問題」についても避けては通れません。80代の親は、長年にわたってひきこもっている子どもを抱え、将来を悲観して社会から孤立した状態にあります。要介護状態の親だけを切り離して支援をすることはできず、家族丸ごと支援しなければ解決はしないのです。

本書では、精神疾患に関するさまざまな知識や視点、家族ケア等を学ぶことで「精神障害にも対応した地域包括ケア」を実践していただきたいと思っています。

2020年 7 月　山根俊恵

CONTENTS

4 家族との関係性を読み解く方法

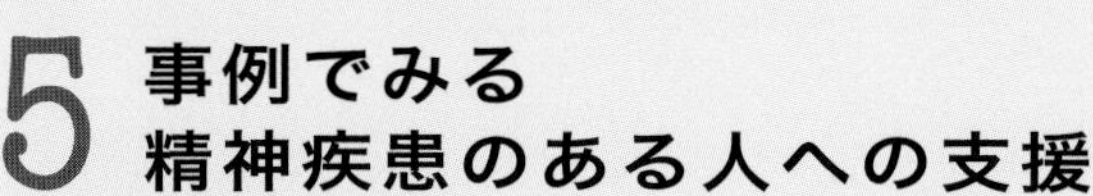

5 事例でみる精神疾患のある人への支援

6 苦悩している人を支えるために必要な知識

1 地域包括ケアで精神疾患のある人を支える知識と方法

地域包括ケアの概要

1 長期収容型医療から地域医療へ

高齢になっても病院や施設ではなく、「できる限り住み慣れた地域、自分の家で生活したい」と多くの方が考えるのではないでしょうか。それは、さまざまな病気や障害があっても同じだと思います。しかしながら、日本では障害者を「保護」するという上から目線が強く、障害者の「権利」に対する発想が弱いのが現状です。「障害のある人を排除しない、平等な社会」無くして、地域共生社会は存在しないのではないかと思います。

イタリアは、1978年公布の180号法（通称バザーリア法）によって精神科病院を廃止し、地域中心型精神医療サービスへと転換し、42年が経過しました。一方、日本では2018（平成30）年10月1日時点で精神科病院は1058施設、精神病床は32万9692床にのぼっています。また、全病院のベッドの21.3%を精神病床が占めています。2018（平成30）年度の精神病床の平均在院日数は265.8日と長くなっています[1)]。このように、日本の精神病床数は国際的にみて飛びぬけて多いといえます。先進国・中進国が加盟するOECD（経済協力開発機構）の統計[2)]

1）厚生労働省「平成30(2018)年医療施設(動態)調査・病院報告の概況」

によると、2016（平成28）年の人口1000人あたりの精神科ベッド数は、日本が2.6床でトップ、2番目のベルギーが1.4床、加盟36か国の平均は0.7床です。欧米諸国は、1960年代から80年代にかけて精神科のベッド数を減らし、地域医療中心に移行したのに対し、日本では80年代末まで民間病院の精神病床を増やし続けました。このように日本は突出した精神病院大国だといえます。

入院による自由の制限や長期入院そのものは権利侵害です。かつて呉秀三は、悲惨な座敷牢の実態を調査し、「わが国の精神病者は、この病気にかかった不幸のほかにこの国に生まれた不幸が重なっている。精神病者の救済保護は人道問題であり、わが国の急務といえる」（注：大意）と厳しく述べています。今の時代に座敷牢はなくても、その環境を家から精神科病院に置き換えただけで「入院させておくべき」という気持ちがあるとするならば、明治時代から何も変わっていないのかもしれません。

厚生労働省は2012（平成24）年に、新規入院は1年以内を原則とし、1年以上の入院患者を長期入院として退院促進を図る方針を打ち出しましたが、例外として「重度かつ慢性」の患者は入院継続を容認する考えも示しました。病状というよりも長期入院によってパワーレスになり、退院意欲が低下している患者の存在も否定できません。管理抑圧された病院での生活が、彼らの生きる力を奪ったのかもしれません。その人がもつ本来の力を取り戻すエンパワメント支援をしていかなければならないと思います。

2）OECD Health Statistics 2019.

精神障害にも対応した地域包括ケアシステム

日本では高齢化や人口減少が進み、地域・家庭・職場という人々の生活領域における支え合いの基盤が弱まってきています。暮らしにおける人と人とのつながりが弱まるなか、これを再構築することで、人生におけるさまざまな困難に直面した場合でも、誰もが役割をもち、お互いが配慮し存在を認め合い、そして時に支え合うことで、孤立せずにその人らしい生活を送ることができるような社会にしていくことが求められています。そして、このような社会構造の変化や人々の暮らしの変化を踏まえ、制度・分野ごとの「縦割り」や「支え手」「受け手」という関係を超えて、地域住民や地域の多様な主体が参画し、人と人、人と資源が世代や分野を超えつながることで、住民一人ひとりの暮らしと生きがい、地域をともに創っていく社会を目指さなければなりません。この地域共生社会を基盤とし、地域住民の支え合いと公的支援が連動した包括的な支援体制が望まれています。

多くの方が住み慣れた地域で自分らしい生活が送れるように地域で支え合うことができるシステムを「地域包括ケアシステム」といいます。これは、医療と福祉、病院と地域が連携しなければ成し得ません。特に精神障害者にとっては、長期収容型入院が当たり前とされてきた歴史、精神科救急システムの遅れ、社会的偏見や障害への無理解などからも実現が難しい現状があります。厚生労働省は、2017（平成29）年2月の「これからの精神保健医療福祉のあり方に関する検討会報告書」において、「地域生活中心」という理念を基軸としながら、精神障害者のいっそうの地域移行を進めるための地域づくりを推進する観点から、精神障害者が地域の一員として、安心して自分らしい暮らしができるよう、医療、

図1-1　精神障害にも対応した地域包括ケアシステムの構築(イメージ)

出典：厚生労働省資料を一部改変

障害福祉・介護、住まい、社会参加（就労）、地域の助け合い、教育が包括的に確保された「精神障害にも対応した地域包括ケアシステム」の構築を目指すことを新たな理念として明確にしました。「精神障害にも対応した地域包括ケアシステム」は、高齢期におけるケアを念頭に論じられている「地域包括ケアシステム」における、必要な支援を地域のなかで包括的に提供し、地域での自立した生活を支援するという考え方を、精神障害者のケアにも応用したものであり、高齢期の「地域包括ケアシステム」とは異なるものです。「精神障害にも対応した地域包括ケアシステム」を構築することは、住民一人ひとりの暮らしと生きがい、地域をともに創る「地域共生社会」の実現にも寄与すると考えられています。

8050問題の相談を踏まえた新たな包括的支援

中高年となったひきこもりの子どもを養う親が高齢化し、介護や生活困窮を同時に抱えて行き詰まる「8050問題」等への対応を強化するため、市町村が任意で行う事業として、新たに「重層的支援体制整備事業」が創設され、2021（令和3）年4月から実施されることになりました。「重層的支援体制整備事業」は、あらゆる困りごとをワンストップで受け止め、多機関協働で支援にあたり、継続的につながり続けることで、社会的孤立を防ぎながら個別の「生きづらさ」に対応します。併せて、就労支援、居住支援、居場所機能の提供など、具体的に「社会とのつながり」を回復・維持できるような支援を行います。加えて、地域のなかで支え合い見守り合う関係性が育まれるように、「場づくり」やコーディネートを行います。しくみとしては、各制度にすでに備わっている相談機関を活用して他機関協働で取り組むこととし、各市町村で実情に応じて柔軟に体制整備を図るようにします。事業を実施する市町村には、交付金が交付されます。「断らない相談支援」「参加支援（社会とのつながりや参加の支援）」「地域づくりに向けた支援」が実現できるかどうかは、それぞれの地域に委ねられたということになります。

しかし、ここで問題なのは、ひきこもりの相談窓口はあっても、その先の支援体制がないということです。要介護状態の親の家を訪問して初めて「ひきこもりの子ども」の存在を目の当たりにするといった事例もあると思います。在宅生活ができている間は、子どもを含めた「丸ごと支援」は可能です。しかし、親が入院や施設入所などによって在宅支援者が訪問しなくなったとき、どうすべきなのでしょう。「80」の親を支えている介護支援専門員（以下、ケアマネジャー）としては、切実な問題です。誰とどうつながっていくのか、必要な社会資源がないとしたら、地域ニーズを明らかにし、創っていくこともケアマネジャーに求められている広義のケアマネジメントだといえます。

【「ひきこもり者」の発見からの地域包括ケア】

「奇妙な行動で住民が警察通報」の例

（80代の両親と50代の息子が同居）

❶自治会長が、地域包括支援センターに相談：最近引っ越してきた人が、畑仕事をしている高齢者に「暴走族が電磁波攻撃をしていて困っている」と話しかけてきて気味が悪いと話題になっている。事件が起きてはいけないと、近所の人が警察に通報したが、問題を起こしたわけではないので引き上げた。

❷ケアマネジャーが両親に確認したところ、息子は、ひきこもり期間が15年で、「電磁波攻撃」を訴え、数回にわたって引っ越しを繰り返し

ている。

❸ケアマネジャーが保健所に相談したが、「自傷他害の恐れではない」ので精神科入院の必要性はないと判断された。

❹ケアマネジャーが母親と一緒に「ひきこもり相談の窓口」に相談し、親は「家族心理教育」に定期的に参加するようになった。

【対応方法のポイント】

「暴走族が電磁波攻撃をしている」という訴えから、多くの方は「被害妄想」があり「統合失調症の疑い」と思われるかもしれません。しかし、過去に「暴走族」に絡まれたことがあったというエピソードや感覚過敏があったとしたらどうでしょう。幻聴の有無などの情報があれば明らかな精神疾患なのか、受診を急ぐべきなのかどうかの判断になります。

また、さまざまな電化製品があふれる現代は、「電磁波」の被ばく量が増加しています。ごく一部の人は身体が敏感に反応する症状があり、「電磁波過敏症」といわれています。もしかすると、自閉症スペクトラム障害の「感覚過敏」の症状が「電磁波」なのかもしれません。

このケースの問題としては、その生きづらさを理解せずに「引っ越し」をすることで問題解決を図ろうとしている両親の行動です。もちろん両親は、そうするしかないと追い込まれているということですから、それを責めても始まりません。本人の生きづらさを理解しながら地域住民とともに支援をしていくことが望まれます。もし、電磁波攻撃が架空の人物ではない近隣住民が対象の場合は「他害」になる危険性がありますので保健所との連携が必要です。

地域で精神疾患のある人を支えるための知識

1 精神保健福祉法

精神保健及び精神障害者福祉に関する法律（以下、精神保健福祉法）は、精神障害者の医療及び保護を行い、障害者の日常生活及び社会生活を総合的に支援するための法律（以下、障害者総合支援法）と相まってその社会復帰の促進及びその自立と社会経済活動への参加の促進のために必要な援助を行い、並びにその発生の予防その他国民の精神的健康の保持及び増進に努めることによって、精神障害者の福祉の増進及び国民の精神保健の向上を図ることを目的とする法律です。精神保健福祉法において「精神障害者」とは、統合失調症、精神作用物質（アルコール、覚せい剤、危険ドラッグなど）による急性中毒またはその依存症、知的障害、精神病質（パーソナリティ障害）その他の精神疾患を有するものと規定されています。つまり、精神障害者とは、精神疾患を有する者を指しています。

精神障害者のなかには、自分が病気であるという認識（病識）が欠如している場合や医療を受ける必要性を感じない人もいます。そのため、場合によっては、本人の意思に反する入院や行動制限（隔離や身体拘束など）の強制医療が必要になることがあります。精神障害者の主な入院形態としては、自らの意思による「任意入院」、家族等の同意による「医療保護入院」、警察官等からの通報などによって都道府県知事が精神保健指定医に診察をさせ、自傷他害の恐れがあると認められた場合に行う「措置入院」があります。できる限り強制的ではなく、本人の同意が得られるようにかかわることが重要ですが、自傷他害等がある場合においては、緊急を要するため、自分たちだけで何とかしようとせずに保健所や警察等に通報し、協力を得ることが必要となります。保健所の危機介入では「緊急的な医療対応」と「継続対応」が行われます。「緊急的な医療対応」は「時間的な制約下での入院までの一連の過程」を指しています。一方「継続対応」は、「地域で見守りにより支援し、突発的な緊急事態が生じれば入院支援も必要」な在宅での継続支援を指しています。しかし、それぞれの地域によって、「継続対応」は市町村の障害福祉課の保健師等が担っていることも多いと思われます。

現在、精神科医療は、入院医療中心から地域医療が中心になりました。医療保護入院の場合は、入院時より退院後生活環境相談員が選任され、医療保護入院者退院支援委員会を開催することが義務づけられています。退院後生活環境相談員は、可能な限り早期に退院できるように個々の医療保護入院者の退院支援のための取り組みについて中心的役割を果たします。退院に向けた取り組みに対しては、多職種連携のための調整を図ることに務めるとともに、行政機関を含む院外の機関との調整に務めることが求められています。そのため、高齢者の場合はケアマネジャー等と連携を図ることで「精神障害にも対応した地域包括ケアシステム」が目指されるようになりました。

例えば、認知症による行動・心理症状（BPSD）のために介護保険施設や在宅での支援が難しくなった場合においても、精神科病院での入院治療は一時的なもので、服薬調整が終わった段階、あるいは身体的治療やケアが中心になった段階で原則的には退院となります。このように

図1-2　精神疾患のある人を支える制度

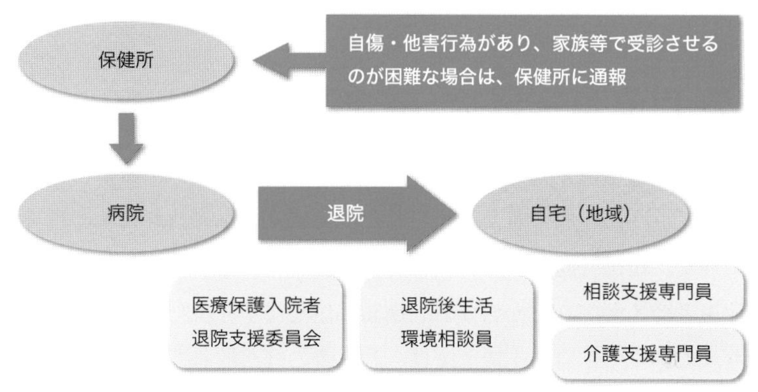

65歳未満 障害者総合支援法
介護給付：居宅介護、生活介護、短期入所
訓練等給付：就労継続支援（A型・B型）、就労移行支援、就労定着支援、
　自立生活援助、共同生活援助
市町村事業：日中一時支援事業など

医療サービス

精神科デイケア、デイナイトケア、精神科訪問看護
　※自立支援医療の対象になる
　　所得に応じて1月当たりの負担額を設定

精神障害者保健福祉手帳：1級、2級、3級

障害基礎年金：1級、2級

成年後見制度　日常生活自立支援事業

65歳以上　介護保険

幻覚・妄想などの陽性症状によって地域生活が困難となった場合は、入院治療の対象となりますが、認知障害によるものは治療ではないので、基本的には入院の対象にはなりません。精神科病院に入院しなければならない理由があるのかどうかを考えることが大切です。「地域で困ったら精神科病院」と安易に考えるのではなく、それぞれの生きづらさを理

解した支援が望まれています。

 自立支援医療（精神通院医療）

自立支援医療は、統合失調症等を有する者で、通院による精神医療を継続的に行うことが必要と認められた場合に支給が行われます。精神科外来通院、精神科訪問看護、精神科デイケア、デイナイトケア、重度認知症患者デイケアなどが含まれ、所得に応じて1月当たりの負担額が設定されています。自立支援医療は、利用者の経済的負担を軽減する制度です。注意点としては、あくまでも「外来通院による精神疾患の治療のため」に適用されるので、精神科以外の治療や入院には適用されません。

「精神科訪問看護指示書」による訪問看護の場合は、介護保険より医療保険が優先となります。精神科訪問看護は、精神障害者が通院している精神科病院の看護師が行う場合と、訪問看護ステーションが行う場合があります。前者の場合は、所属病院の通院患者のみを対象とし、他院やクリニック等の通院患者の訪問看護は行わないことがほとんどです。訪問看護は、できる限り住み慣れた地域で暮らすことを支えるための服薬援助、利用者の夢や希望を実現するためのストレングス・アセスメントを行うことで、地域のなかでどのように暮らしていくかを支えていきます。しかしながら、高齢者を対象としている訪問看護ステーションでは「服薬しているかどうかを見に行き指導する」といった管理的役割にとどまっている場合や、利用者の相談に対して「話を聞くだけ」で終わり、利用者のもっている力を引き出すスキルをもっていないこともしばしばです。精神看護の専門性のある事業所選択をすることもケアマネジャーにとっては重要な役割となります。

事例から考える自立支援医療

□Aさん　65歳　女性
統合失調症　精神障害者保健福祉手帳2級

○障害年金2級：約78万円／年
○低所得1：自立支援医療　上限2500円
○精神科受診1回／2週
精神科受診代：1回の自己負担が800円×2回　合計1600円
○精神科デイケア：3回（月・水・金）／週
精神科デイケア代（通院先の病院併設）：1回の自己負担が1000円×12回　合計1万2000円
※この時点での合計が1万3600円となりますが、精神科病院窓口での支払いは、上限の2500円となります。
○精神科訪問看護ステーションからの精神科訪問看護：1回／週（土曜）、1時間
精神科訪問看護代：訪問看護自己負担が800円×4　合計3200円
※病院で2500円を支払っていることを確認したうえで、請求なしとなります。
※介護保険での利用の場合は、自立支援医療の対象になりません。
※自立支援医療は所得に応じて負担額が設定されています。
上記金額はイメージしやすいよう例として示しています。

3 精神障害者保健福祉手帳

精神障害者保健福祉手帳は、障害のある人に交付される「障害者手帳」の種類の1つで、精神疾患のある人が取得することができます。精神障害者保健福祉手帳の制度は精神保健福祉法に定められており、症状や生活における支障の程度に応じて、1級から3級の障害等級に区分されています。手帳の有効期限は2年間で、更新することができます。

精神障害者の自立した生活や社会参加の助けとなるように、精神障害者保健福祉手帳をもつ人を対象とするさまざまな支援が用意されています。例えば税制上の優遇措置、公共施設利用の減免、生活保護の障害者加算などがあります。都道府県・市町村によっては、重度心身障害者医療費助成制度（保険診療による医療費の自己負担分が助成されます。要件：精神障害者保健福祉手帳1級所持者、本人の所得が一定の制限を超えない者など（都道府県、市町村によって助成内容や要件は異なります））、福祉タクシー、市営バス等の助成などがあります。また、障害のある人だけの雇用枠で採用されて働く「障害者雇用制度」の利用なども適用となります。精神障害者保健福祉手帳は、長期にわたって精神疾患があり、そのことで生活に支障がある場合に交付されます。ここでいう「長期」とは、6か月以上の経過が目安とされています。代表的な疾患には「統合失調症」「うつ病や双極性障害などの気分障害」「てんかん」「薬物やアルコールによる急性中毒やその依存症」「発達障害」があります。ケアマネジャーに知っておいてほしいのは、これらに加えて「器質性精神障害」（高次脳機能障害・認知症など）も対象となるということです。

しかし、目に見えない疾患であるため、主治医は「病気」の症状と程度については理解していても「障害」について十分理解しているとはいえません。病気や障害がありながら社会で生活する際にどのような支障をきたしているのかについては、家族や本人にしかわかりません。生活をサポートしているケアマネジャー等がアセスメントしたことを主治医に伝えていかなければ正しい評価はされません。

事例から考える精神障害者保健福祉手帳

Bさん　57歳　男性

55歳で脳梗塞を発症し、救急搬送され、一命をとりとめました。

身体に後遺症はなく、退院後、通常の生活に戻りましたが、脳梗塞の発症以来、感情のコントロールができなくなりました。

些細なことで感情的になり、物に当たり、妻への暴力もありました。少しずつ記憶障害も目立つようになり、外出して帰れなくなり、徘徊も始まりました。また、考えがまとまらないため、自分の思ったことを相手に伝えられなくなりました。疲れやすく、1日の大半は寝て過ごし、着替えや入浴を拒否するようになり、家族の援助が必要になりました。

ポイント1　救急搬送日が初診日となる

これまで通院歴がないため、救急搬送された日が初診日となる。

ポイント2　今後よくなる見込みがないこと(障害固定)

高次脳機能障害(器質性精神障害)の影響で疲れやすく、1日の大半を家の中で寝て過ごす状態にあり、今後、よくなる見込みがない。

ポイント3　日常生活において家族の援助が必要なこと

著しいコミュニケーション障害や記憶障害、注意障害などがあるため、日常生活において家族の援助が必要。

→ 精神障害者保健福祉手帳、障害年金の申請

4 障害者総合支援法と障害者雇用促進法

精神障害者が地域で生活する場合においては、介護保険または障害者総合支援法によるサービス利用が可能となります。一般的に介護保険対象者の場合、在宅サービス利用にあたっては、障害者総合支援法より介護保険法が優先されます。しかし、介護保険法にないサービスにおいては併用が可能となります。基本的な考え方としては、以下に示すとおりです。

① ある障害福祉サービスについて、介護保険に相当するサービスがない場合（同行援護や行動援護など）は、介護保険対象年齢になっても引き続き障害福祉サービスを受けられる。

② 介護保険に相当するサービスがある場合でも、それを使っても十分な支援が受けられない場合は、上乗せで障害福祉サービスを利用できる。

③ 介護保険のみで適切な支援を受けられるか否かは、個別のケースに応じて、障害福祉サービスの利用についての意向を当事者からの聴き取りにより把握したうえで、適切に判断しなければならない。

④ 介護保険利用前に必要とされていたサービス量が、介護保険利用開始後に大きく変化することは一般的には考えにくいため、個々の実態に即し、適切に障害福祉サービスの上乗せ利用を認めなければならない。

例えば、就労系サービスなどが該当し、いわゆる「横出しサービス」といわれています。就労継続支援Ｂ型事業所は、以前「作業所」と呼ばれていたところが大半で、年齢や体力などの理由から雇用契約を結んでの就労が難しい方が、軽作業などを行う就労場所です。工賃は、1時間100円程度ですが、年齢制限はなく、居場所的な役割と、生活のリズムを整えることで病気の再発を予防するといった目的があります。長年通所してきた精神障害者にとっては、デイサービスよりも居心地のよい空間になっていることや、新しい環境になじみにくいといった特性から、介護保険への移行が難しい場合もあります。一方、就労継続支援Ａ型事業所は、雇用契約を結んだうえで、一定の支援がある職場で働くことができる就労場所で、最低賃金が保証されますが、原則として65歳未

満の方が対象となります。介護保険においては、「就労」「教育」といったニーズに対応するフォーマルサービスはないため、必要に応じて検討しなければなりません。第2号被保険者においても同様のことがいえます。

また、すべての事業主には「障害者が地域の一員として共に暮らし、共に働く」ことを当たり前にするため、障害者の雇用の促進等に関する法律（障害者雇用促進法）により、法定雇用率以上の割合で障害者を雇用する義務があります。2018（平成30）年4月から障害者雇用義務の対象として、これまでの身体障害者、知的障害者に「精神障害者」が加わりました。ここでいう「精神障害者」とは、「精神障害者保健福祉手帳の保持者または統合失調症・そううつ病・てんかんにかかっている者であって、症状が安定し、就労が可能な状態にあるもの」です。福祉的就労を通して、さまざまなスキルを身に付けながら一般就労を目指すのか、それともいきなり一般就労を始めるのかは、本人自身が決めることです。また、一般就労において障害をオープン（障害を公表する）にするのかクローズ（障害を公表しない）にするのかについても、そのメリットとデメリットを考慮しながら決定していくことが望まれます。

5 65歳の壁問題

介護保険法と障害者総合支援法が交錯する領域での問題事例が「65歳の壁問題」として取り上げられるようになりました。例えば、訪問介護（重度訪問介護）を1日10時間利用してきた身体障害者の方が、65歳になると介護保険を優先的に利用しなければならなくなり、介護保険では、身体介護が3時間しか認められないばかりか、障害者総合支援法の上乗せサービスが認められないといった苦情が上がっています。また、さまざまな障害特性を介護サービス事業者が理解していないことや、障害者自身の介護サービス事業所へのなじみにくさが挙げられます。これらの課題解決のため、2018（平成30）年4月から共生型サービスが始まりました。

介護保険法と障害者総合支援法のどちらか一方の制度の指定を受けている事業所が両方の制度の利用者（障害児・者、高齢者）に同じ空間で一緒に過ごしてもらって、一体的にサービスを提供するというものです。しかし、障害福祉サービス事業所が介護保険サービスを行うことは実質困難だと思われます。なぜなら利用者の年齢層、障害特性の違いがあること、それぞれのニーズに合ったサービス提供が難しいからです。

精神障害者の場合、これらのほかにさらなる壁があるのではないかと感じています。それは「要介護認定」です。要介護認定の基本調査でチェックされる項目は、①身体機能・起居動作、②生活機能、③認知機能、④精神・行動障害、⑤社会生活への適応、⑥特別な医療、⑦日常生活自立度の74項目で構成されています。調査員は、「基本項目にないから聞かない」ではなく、障害者総合支援法の障害支援区分を認定する際の調査項目にあるような障害特性を理解したうえで認定調査を実施しな

図1-3　共生型サービス

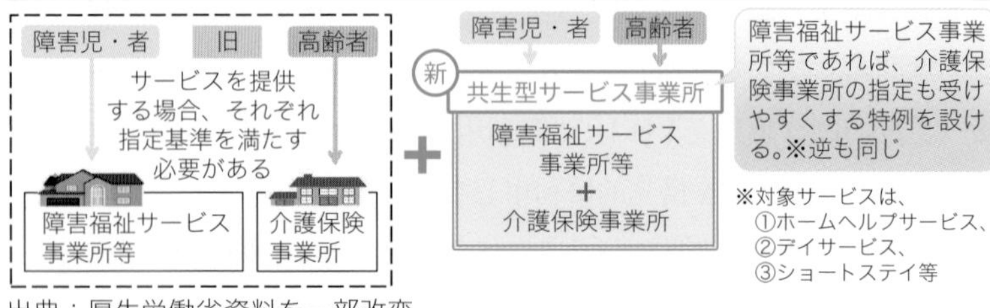

出典：厚生労働省資料を一部改変

ければ正しい要介護認定がされず、サービス利用ができないことになるのです。

例えば、統合失調症で長期にわたり医療保護入院していた利用者が、病状が安定し、介護中心となったため、介護保険施設への退院が検討されました。そこで、家族の同意のもと、介護保険の申請をしたところ、「要支援2」の判定結果だということもあります。精神障害者保健福祉手帳1級、陰性症状が中心ですが、幻聴や妄想もあります。服薬管理をしていて、慣れた環境のため精神状態は比較的安定しています。しかし、意思疎通が難しく、他者との交流がほとんどありません。このように、精神障害者が介護保険施設に転居できず長期入院になってしまう原因もここにあるといえます。

また、精神障害者は「病気」と「障害」を併せもっています。つまり「認知障害」があるのです。一次判定で要介護認定等基準時間が「32分以上50分未満」とされた場合、二次判定で「心身の状態が安定していないもの」や「認知症等により予防給付等による理解が困難なもの」は一次判定どおり「要介護1」、該当しないものは「要支援2」とされます。ここで問題なのは、介護認定審査会において「認知症」ではないことを理由にして、二次判定で精神障害者や知的障害者が「予防給付」にされてしまうことです。

統合失調症の人は、認知機能障害のために社会生活に支障をきたしやすくなりますが、そのことは一般的には理解されていません。統合失調症という病気では、何らかの原因によってさまざまな情報や刺激に過敏になって脳が対応できなくなり、精神機能のネットワークがうまくはたらかなくなってしまいます。そのため、感情や思考をまとめることができず、統合機能が失調している状態です。特に臨機応変に対応することが難しい「認知機能障害」では、選択的注意の低下、比較照合の低下、概念形成の低下、病識の欠如などがあります（詳細は『ケアマネ・福祉職のための精神疾患ガイド』（中央法規出版）を参照）。つまり、調査員は、しっかりと聞き取り、認定調査を実施すること、審査員は主治医意見書を含めて認知機能障害を理解し、安易に介護予防給付にしないことが求められます。

事例から考える65歳の壁問題

□Cさん　65歳　男性
　うつ病　要介護1　軽費老人ホーム入所

　会社員として忙しい日々を送り、転勤が多かったため単身赴任をしていました。定年退職を機に故郷に戻り、夫婦での生活を再開しました。しかし、近隣に友人はおらず、これといった趣味もないため、自宅にいることが多く、些細なことで夫婦喧嘩をするようになりました。家にも居場所がなく、喪失体験からか次第に元気がなくなり、ため息をつくことが多くなってきました。意欲低下、食欲不振、不眠がちとなり、最近では「死にたい」と口にするようになり、「うつ病」と診断されました。

　1か月の入院治療で症状は軽快し、退院後は軽費老人ホームに入居することになりました。しかし、自室にこもりがちで他者との交流がほとんどありません。通院先に精神科デイケアはありますが「通っている人と自分とは話が合わない。あんな所には行きたくない」と言います。介護保険のデイサービスは「年寄りばっかりで合わない」と言い、通所サービスを拒否しています。

　そこで、まずは精神科訪問看護で精神的アプローチを行いました。すると、Cさんは趣味だった「将棋」を一緒にできる仲間がほしいと言うようになり、地域のなかで交流の機会をつくることにしました。

○医療保険：精神科受診　1回／月、精神科訪問看護　1回／週
○介護保険：訪問介護　1回／週

○障害者総合支援法：日中一時支援事業（将棋仲間）
○その他：地域の老人クラブの活動参加

利用者を主体とした多職種連携のあり方（医療職―福祉職、病院―地域）

「あなたは多職種連携していますか？」と質問されたらどう答えるでしょうか。同じ職業であればある程度共通認識があり、コミュニケーションは取りやすいものです。それぞれの職業になるための教育課程では、大切にしていることや共通言語、さまざまなイメージが一致するように学んできたため、連携も図りやすいでしょう。しかし、全く異なる教育課程を経てきた専門職同士が連携を図るのはそう簡単にいかず、実際にはさまざまな壁が存在します。相手の立場や役割がわからない、言葉がわからない、価値観が異なるなどといったことが、連携を阻む要因として見え隠れします。それでも多職種連携は進めなければなりません。なぜなら、超高齢社会に突入した日本では、要介護者の介護問題、地域・在宅医療への取り組み、医療費削減といった課題が生じるなかで、多職種連携は必要不可欠なものとなっているからです。また、精神障害者の支援に関しても、地域移行への取り組みや、精神障害者にも対応した地域包括ケアシステムの構築が進められています。ここでも多職種連携は必要不可欠なものとなっています。連携なしに地域での支援はあり得ないのです。そのため、私たち支援者は多職種と連携をとることと、連携のスキルを養うことを今日も明日も継続的に行う必要があります。

「地域完結型医療」とは、地域全体で支える医療であり、病気の治療

や管理等は地域にあるさまざまな医療資源や社会資源を活用して対応することです。精神科医療もこの「地域完結型医療」を目指しています。精神障害者が利用できる社会資源、特に制度やサービスは徐々に広がりをみせています。制度に関しては『ケアマネ・福祉職のための精神疾患ガイド』の第3章3や第3章4で詳しく説明されていますので、そちらを参考にしてください。

では地域で利用できるサービス提供事業所はどのようなものがあるのでしょうか。例えば、相談支援事業所や地域活動支援センター、グループホームや短期入所施設、居宅介護支援事業所や訪問介護事業所などがあります。地域にはそういった事業所に加えて、保健所や地域包括支援センターなどの行政機関、病院や訪問看護ステーションなどの医療機関があり、精神障害者の地域生活を支えています（**表1-1**）。

それぞれの事業所や施設では多くの専門職が働いており、精神障害者の支援に携わっています。介護分野にはケアマネジャー、介護福祉士、ホームヘルパーなどの専門職がいます。また、医療分野には医師、保健師、看護師、作業療法士などの専門職がいます。こうした介護と医療の専門職だけでなく、地域には民生委員、精神保健福祉士などの福祉関係者も存在し、これらの関係者がチームになって機能しながら精神障害者の生活を支える必要があるのです。精神障害者のなかでも要介護度の高い高齢者は、複数の介護保険と医療保険のサービスを利用していること

表1-1　精神障害者が地域で利用できる社会資源

相談支援事業所、地域活動支援センター、就労移行支援事業所、就労継続支援事業所、生活介護事業所、自立訓練事業所、グループホーム、短期入所施設、訪問介護事業所、居宅介護支援事業所、訪問看護・リハビリ事業所、病院・診療所、保健所、保健センター、地域包括支援センター、民生委員　など

が多いです。そういった場合はより多くの専門職がかかわって各々の役割を果たしています。地域包括ケアを進めていくためにはこういった多くの専門職との連携が不可欠ですが、頭では理解できていても具体的にその連携をどのように進めていけばよいのか、何に気をつけておけばよいのか、悩んでいる方も少なくないでしょう。

そこでこの節では、精神障害者を主体とした多職種連携のあり方について大きく6つのポイントに分けて解説します。読者の皆さんがこの節を読んで、連携のとり方について再認識し、明日から他職種とかかわる際に何か1つでもやってみようと思ってもらえれば幸いです。

表1-2　多職種連携の6つのポイント

①支援のプロセスごとに留意すべき点
②医療職との連携
③普段からできる情報共有の工夫
④カンファレンスでの情報共有の方法(支援方針の共有、役割分担等)
⑤サービス担当者会議の活かし方
⑥モニタリングのポイント

支援のプロセスごとに留意すべき点

精神障害者の支援における多職種連携につながっていくプロセスを4つの段階にまとめました(**図1-4**)。ステップ1とステップ2は多職種連携を行うための大切な準備段階、ステップ3とステップ4は実際に利用者を主体として連携を図っていく段階です。

■ステップ1：自身の職種の役割や専門性を理解する

多職種連携を進めていくうえでの第一歩、それは自分自身の職種の役

図1-4　多職種連携につながっていくプロセス

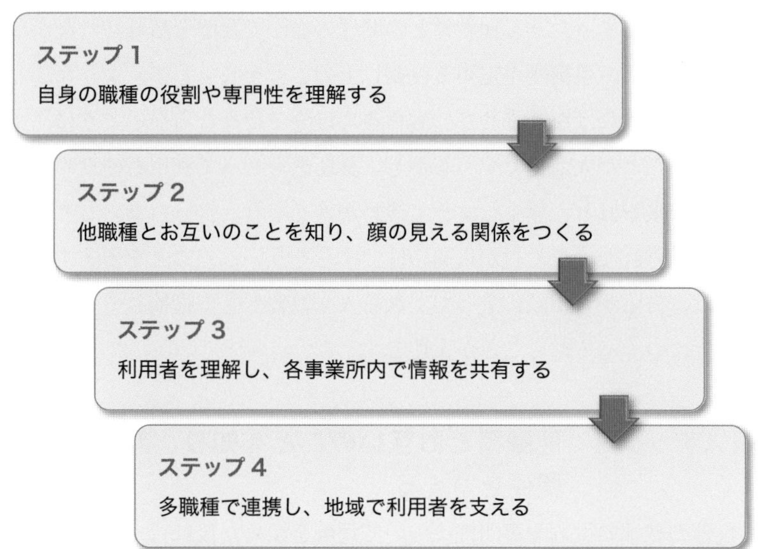

割と専門性を理解することです。理解したうえでその自覚をもちながら、またそれを他職種に言葉で伝えられるように準備しておかなければなりません。自分には何ができて何ができないのかを関係者に理解してもらうことが、連携を進めるうえでとても重要です。

そしてもう1つ、自分の所属する事業所について知るということです。まずは事業所の理念、方針を理解することが最優先です。事業所が目指す方向に自分自身の行っていること（行おうとしていること）が一致しているかどうか、日々この確認が必要です。なぜなら、連携を図っていくなかで、利用者や他職種から要望が出てきたとき、個人としてはその期待に応えたいことであっても、事業所の理念や方針に反することであれば、応えることができないからです。私たちは利用者や他職種に家族や友人としてかかわるわけではなく、あくまでも専門職である職業人としてかかわっています。利用者主体に考えているなかで感情的に巻き込まれてしまったり、他職種との関係のなかで要望を断り切れなかったりした結果、事業所が定める役割以上のことをしてしまうようなことは、避けなければなりません。もちろん自分でそうならないように注意しておくことが大前提です。しかし、責任感をもって利用者のために頑張れば頑張るほど、熱中しすぎて視野が狭くなり、自分自身のことが客観的に見られなくなるのが人間の性です。そういったことを予防するためには、日頃から相談に乗ってくれる人や教育として指摘してくれる人を身近につくっておくことが大切です。

■ステップ2：他職種とお互いのことを知り、顔の見える関係をつくる

自分の職種の役割や専門性について理解を深めた後に行うのは、他職種の役割と専門性を理解することです。お互いに各職種の役割や事業所の情報を伝え合って、それぞれの理解を深めていくことは、チームの連携を促進することになります。では、どのように理解を深めていけばよいのでしょうか。その具体的な方法として、他職種との会合や研修、学会等に参加することは有効です。しっかりと時間を使って自分の専門領域以外のことを知ること、それ自体がブラッシュアップになり、モチベーションを高めることにつながって、多職種連携の際にもよい循環を起こしてくれるでしょう。

他職種のことを理解したうえで次に行うのは、自分が活動する地域を知ることです。精神障害者の支援を行っている事業所がその地域のどこにあり、どのような専門職がいるのかを把握しましょう。精神障害者に関する各種相談窓口がどこにあるのか、精神科や心療内科の病院・診療所がどこにあってどのような特徴をもっているのかなど、さまざまな地

域の特性を理解することが大切です。

地域の特性を知ったうえで、異なる職種や異なる事業所に属する者が、お互いの専門性を尊重しながらチームになって利用者をサポートしていく、そのために連携体制を構築するのです。しかし、ここで気をつけなければならないことは、理解するのはその職種や事業所のことだけでなく、どういった“人”がチームメンバーなのかを知っておく必要があるということです。同じ職業であったとしても現実的には“人”によっての違いが多かれ少なかれあります。例えば、訪問看護を職業としている人には男性もいれば女性もいます。未婚の人や既婚の人、家庭環境もさまざまですし、当然価値観も違います。また、性格や人生経験も異なり、仕事に対してどういった信念をもって支援にあたっているかも人それぞれでしょう。

そして、事業所内での立場もさまざまです。管理者をしている人や長年勤めている人、最近勤めだした人などの違いもあります。さらには、支援経験の豊富な人もいれば、初心者もいます。地域の状況に詳しい人もいれば、そうでない人もいます。実際に多職種連携を進めていくうえでは、個々にそういった違いがあるということを理解しておきましょう。専門職だからといってその領域のことをすべて完璧にこなせるということはありません。人によって得手不得手があるのです。ですので、職種だけを理解するのではなく、支援者であるその“人”を理解するということが大切なのです。

そしてもう1つ重要なのは、“顔の見える関係”をつくるということです。前述のように、どういった“人”がチームメンバーなのかを知っておくことが連携の促進につながるからです。チームメンバーと連絡をとる方法として、メールや電話などのやり取りだけではどうしても業務上必要なことだけになってしまいがちです。確かにその方法であれば、わざわざ相手の事業所へ行く手間は省けます。直接会うことになれば移動時間がかかり、別の業務が滞ってしまうなどのデメリットはあります。しかし、直接会うことによるメリットもあります。顔を合わせて会話することで情緒的なコミュニケーションも併せて行うことができます（「3　普段からできる情報共有の工夫」でさらに詳しく説明します）。職種間の壁をなくす・低くするためにも、こういったコミュニケーションで顔なじみになることは非常に大切です。

■ステップ3：利用者を理解し、各事業所内で情報を共有する

自分と他職種の役割や専門性を知り、地域の特性を理解した後に行うのは、利用者の理解を深める作業です。支援が必要な精神障害者の情報を収集しその理解を深める、当たり前のことですが利用者の理解を深めずにはよい支援が行えません。特に利用者の「ディマンド（要望）」に振り回されず「ニーズ」をしっかりと見極めることが必要です。利用者を表面的な理解でとらえているだけでは、この見極めができません。

具体的にどのような情報を収集するのかというと、利用者のライフスタイルや人間関係、社会資源の利用の有無など、利用者の医療・介護・福祉についてのニーズや生活についての意向などです。また、家族などのキーパーソンからも情報収集を行い、利用者の全体像を理解するようにしましょう。利用者と家族等の間には温度差が存在することもあるため、一方の言葉だけで判断するのではなく、双方の話を聴いたうえでアセスメントしていくことが重要です。併せて、家族の不安や介護するうえでの疲弊の有無や、その程度などを把握し、家族ケアを行うために正確にアセスメントする必要があります。

利用者の理解を深めたら、次に行うのは事業所内で情報共有すること

です。情報共有をする一番の理由としては、担当者が不在の時でもその利用者の支援を滞らせずに進めることができるようにしておくためです。利用者を主体にして多職種連携を図るには、それぞれの事業所の窓口として担当者がいると円滑に進むのですが、その担当者が公休や研修、会議に参加しているなどの理由から、不在で連絡がとれないこともあるでしょう。そのような時であっても、ほかの人がある程度の対応ができるようにしておくことで、支援の動きがストップしてしまうのを回避できます。短時間でも連携が止まることで利用者に不利益が生じるのであれば、それは何としてでも防がなければなりません。そのために、情報共有を必ず行いましょう。特にその事業所の管理者が何も知らないということにならないよう、報告・連絡・相談を徹底しましょう。

情報共有するうえで特に注意が必要なのは、個人情報の保護と守秘義務については十分に配慮しながら行うということです。あらかじめ、利用者にかかわるすべての支援者と個人情報の共有を行うことを、利用者自身に同意をとっておく必要があります。

■ステップ4：多職種で連携し、地域で利用者を支える

ステップ1とステップ2で専門職がお互いに理解、尊重し合いながら顔の見える関係を築いておき、ステップ3で収集した利用者の情報をもとに支援計画を立てます。そのなかでそれぞれの役割を明確にし、情報共有を円滑に行うことにより、利用者の状態に応じた必要なケアを専門職の連携により効率的に無駄なく行えます。この時に注意が必要なのは、チームメンバー間での自己満足の連携に陥らないようにすることです。利用者や家族を支援するためにチームが存在するということを常に意識する必要があります。

ケアマネジャーは支援の全体像を把握していますが、利用者の日々の

暮らしぶりを理解しているのは、会う頻度が高い訪問介護や訪問看護の担当者、介護福祉士などかもしれません。こういった多職種で、日々情報共有を図り、計画の評価や修正を検討していかなければなりません。

ケアマネジメントのサイクルには、インテーク（受理）、アセスメント（査定）、プランニング（計画策定）、インターベンション（介入）、モニタリング（追跡）、エバリュエーション（評価）などがあります。ケアマネジメントサイクルについては『ケアマネ・福祉職のための精神疾患ガイド』第4章1を参照してください。このサイクルのなかで必要な制度やサービスを適切に組み合わせていき、多職種チームが連携して利用者が望む生活を支えていくのです。

精神障害者のケアマネジメントに関しては、疾患や障害の特性を理解していないと難しさを感じるかもしれません。目に見えない心の問題や脳の問題、理解し難い症状、そして精神症状に関連した生活の障害、聞き慣れない治療法や薬など、利用者を理解するといった面においてスムーズにいかないことが多いでしょう。もちろん自身で知識や経験を積んでいくことが望ましいですが、そう言っている間にも精神障害者の相談に直面する機会は出てきます。そのような際にはインテークの段階で適切な相談窓口を紹介することも重要な役割です。また、アセスメントやプランニングの段階では、ステップ2で知り得た地域の特徴やサービスを頭に入れながら進めていきましょう。インターベンション、モニタリング、エバリュエーションの段階においては、精神障害者の状況はさまざまな要因で日々変化し個別性があるため、支援者一人ひとりが利用者の一部分しか見えていないことを認識し、こまめに情報共有を図って全体像を理解することが大切です。さらには、精神症状や薬の副作用、心理的な葛藤などによって自分の本心をうまく言葉にできない利用者が多いため、言葉にできない想いにも焦点を当てましょう。そして、その

人らしい生活はどういったものかというアセスメントをできるだけ支援者全員で行う必要があります。具体的にはサービス担当者会議などで話し合うとよいでしょう。

2 医療職との連携

精神疾患の多くは慢性疾患ですので、長期的な通院になることが一般的です。そのため、精神障害者の支援においては、ケアマネジャーや福祉職が医療職との連携を避けていては利用者主体の支援を行うことはできません。とはいえ、病院などは疾患や命を直接的に扱うところであり、ある種の緊張感があるため、敷居の高さを感じて連携を図る際に躊躇してしまうこともあるでしょう。では、医療職との連携を円滑に図るためにできることはどのようなことがあるでしょうか。まずはほかの事業所と同じく窓口になる人を見つけること、そして丁寧な対応でつながりを強化していくことです。最初のうちは何かと理由をつけて顔の見える関係をつくるとよいでしょう。医療職は比較的1日の流れが決まっていることが多いため、いつ頃の時間帯であれば対応する余裕があるのかを聞き出してみるのは大切です。

次に、win－winの関係を築くということです。医療職はどうしても利用者の日頃の生活状況を把握しづらい立場にあります。しかし、医療職も疾患を扱うことだけでなく、利用者の生活の質を高める支援が求められていますので、ケアマネジャーや福祉職が把握している情報は、医療職にとっても貴重な情報になります。ケアマネジャーや福祉職から医療職が知りたい情報を提供する、逆に医療のことで知りたいことを医療職に教えてもらう、そんなwin－winの関係が築けると、それは利用者にとっても多職種連携にとっても有意義な関係になるでしょう。そういったときにも情報の伝え方に関しては相手の状況に合わせる必要がありますが、煩雑な業務をこなしている医療の現場においては、メールやＦＡＸなど形に残るものが重宝されやすいので、一度確認してみるとよいでしょう。

3 普段からできる情報共有の工夫

「情緒的コミュニケーション」という言葉を知っていますか。人間は会話を通して言葉に現れた字義的意味を伝える以外にも、声のトーンや大きさ、表情や立ち振る舞いで話し手の感情を伝えることができます。聞き手は相手からの言葉や感情などさまざまな情報を受け取り、相手の印象を自分に刻み込んでいきます。言葉のみのやり取りだけでなく、感情・情緒にも反応してコミュニケーションをとる、そういったことを通して信頼関係は構築されていきます。「1　支援のプロセスごとに留意すべき点」のステップ2でも解説したとおり、ふだんから他職種と感情や情緒を交わすコミュニケーションをとること、それが多職種連携を促進することにつながります。支援者が利用者との関係を意図的につくるのと同様に、他職種との関係も意図的につくり出しましょう。対人援助においては支援者がチームになって利用者にかかわる必要があります。しかし、形だけのチームでは限界が早くきてしまいます。チームメンバーも人である以上、メンバー同士が情緒的につながることは、チームが活性化され連携がとりやすくなります。とはいえ、あくまで利用者を主体にした支援者としての関係であるため、一定の距離感を保つことも大切です。

他職種と情緒的コミュニケーションをとる＝顔の見える関係をつくることです。ふだんから直接顔を見て話をする機会を多くつくり、単なる

業務上のやり取りだけにとどまらず、感情や情緒も含めたコミュニケーションを行うことで職種間の壁を小さくすることができます。

また、職種間の壁を小さくするために、日頃からお互いに連絡をとる手段についても慎重に考えましょう。すぐ近所にある事業所ならば直接顔を合わせてやり取りすることが可能ですが、多くの場合は離れた場所にあるため、電話やメール、ＦＡＸなどの方法になるでしょう。些細なことでも簡単に伝えることができる方法を、相手の状況に合わせて選びましょう。人によっては口頭で伝えたうえで、メールやＦＡＸなど形として残るものを送ってほしいという場合があります。そういったことについては現実的にできる範囲で相手の要望に応えましょう。叶えることのできない無理な要望であれば、こちらとしてここまではできるということを併せて返答すれば、関係の構築につながります。また、こまめに小さな連携をとっておけば、いざという時の大きな連携が円滑に進みます。

次に、「1　支援のプロセスごとに留意すべき点」のステップ2でもお伝えしたとおり、自分の専門分野以外のこと、他職種の領域についても知ろうとする行動をふだんからとりましょう。具体的には、ほかの領域の書籍を読んだり、研修会や学会に参加したり、他職種と直接コミュニケーションをとることです。その結果、相手の領域の専門用語がわかり、言葉が通じるようになり、その領域の理念や価値観を理解してその職種が大切にしていることもわかるようになります。他職種のことがわかれば連携がとりやすくなるため、こういったことは非常に大切です。

最後に、ふだんから多職種連携について個々の意識を高める工夫について説明します。事業所の管理者はもちろん、すべての職員が同じように連携への意識をもっておく必要があります。例えば、訪問介護の職員がサービス提供時に利用者の気になった状況等を訪問介護事業所の管理者に報告します。その内容が事業所内で共有され、事業所からケアマネジャーに情報を伝えます。この連携がもとでケアプランが変更され、利用者の生活がよりいっそう支えられたということがあった場合、この訪問介護事業所の管理者はその職員に対し「報告があったおかげでケアマネジャーに伝えることができ、利用者のためになった」などと肯定的な言葉がけをしましょう。そうするとその職員は次に同じようなことがあった時にも報告するという意識が高まります。ケアマネジャーも同様に、この訪問介護事業所に対して「報告があったおかげで迅速に対応することができて利用者のためになった」という肯定的な言葉がけをすれば、その事業所の連携に対する意識が高まります。多職種間の連携体制を実現するためには、ケアマネジャーや事業所の管理者だけでなく実際に現場で働く職員も、日常的にほかの職種や事業所との連携を意識しながらサービスを提供していくことが求められます。個々の職員が独自に取り組むだけではなく、事業所ぐるみで意識して取り組むことにより、いっそうの効果が期待できます。

カンファレンスでの情報共有の方法（支援方針の共有、役割分担等）

事業所や施設内でのカンファレンスで情報共有することの意義は「1 支援のプロセスごとに留意すべき点」のステップ3でもお伝えしたとおりですが、一般的に利用者の支援方針を検討するのはその担当者です。居宅介護支援事業所の場合はケアマネジャーがそれにあたります。支援方針やケアプランの土台を作成し、そこに利用者や家族の意見を反映させることもケアマネジャーの仕事です。ケアマネジメントのサイクルのなかで、ある程度支援方針やケアプランが固まったら、まず事業所内のカンファレンスで共有します。その方針にした根拠やケアプランがどのようなアセスメントから作成されたものなのかを事前に書面でまとめておき、参加者に配布して説明を加えると、スムーズに理解してもらえます。そして、意見を交換し、時には担当のケアマネジャーが把握していない地域のサービスについて助言をもらったりして、ケアプランにおけるサービス提供者の役割分担を決定していきます。

そういった情報を共有することで、担当者が不在の時でも他職種との連携が滞らないように別の人が代理で対応することが可能となりますし、質の高いケアプランがつくり上げられます。

5 サービス担当者会議の活かし方

各サービス提供事業所の担当者が集まり、利用者の状況等に関する情報を共有しながら、ケアプランの内容を検討する「サービス担当者会議」は、多職種連携の一例です。この会議は単なるケアプランの確認だけではなく、多職種の多角的な視点でそれぞれの専門分野の意見を出し合い、自立支援を支える要となっています。

時間の設定は30〜60分が多いでしょう。限られた時間で話し合いをするためには、あらかじめ論点を明確にしておくことが大切です。また、新たな情報を得ることが多いので、情報の整理をしやすくするために書面での情報整理を事前に行っておく必要があります。

精神障害者のサービス担当者会議には、できるだけ主治医の出席を依頼しましょう。「2　医療職との連携」でも解説したとおり、「医療職との連携」は必要不可欠なものです。早い時期から会議の日時を調整し、担当者の出席率を高めることもマネジメントの1つになります。

会議の最後には話し合ったことを要約し、それぞれの役割に漏れや重複がないかを確認して、誰がいつまでに何をするのかといったことも明確にしておくと、その後のケアプランがスムーズに進むようになります。また、今後の課題も併せて担当者に伝えることで、次につながる建設的な話し合いの場となります。

6 モニタリングのポイント

精神疾患の特徴は、問題の本質が見えにくいこと、症状を数値化できないことです。さらには日内変動があったり日によって症状が変化しやすいこと、逆に変化が出にくいこと、同じ疾患でも個人差が大きいことなどがあり、支援目標やケアプランの評価が難しいと感じさせます。そこで、この困難感を解消させるためのポイントを紹介します。

まず目標をどのように立てるかですが、具体的に評価しやすい形で設定することが大切です。例えば、「利用者がしっかり眠ることができる」では何をもってしっかり眠ったと評価するのか、その判断基準が明確になっていません。毎日1時間睡眠でも本人が「しっかり眠れた」と言えば達成したと評価してもよいのでしょうか。もう少し具体的な表現で「毎晩6時間眠ることができる」という目標であれば、先ほどの目標より比較的評価しやすくなります。それでは、幻聴に支配されてひきこもっている利用者への目標として、「幻聴が少なくなり、ひきこもらないようになる」と「デイサービスに週2日参加できる」ではどちらが評価しやすいでしょうか。数値や行動レベルで表せるものは表す、これが目標を立てる際のポイントです。

身体疾患と異なり精神疾患は目に見えにくいものです。そして、精神状態は常に変化しています。昨日はとても機嫌がよかったのに今日はとても不機嫌ということもあります。疾患の回復過程で2歩進んで1歩下

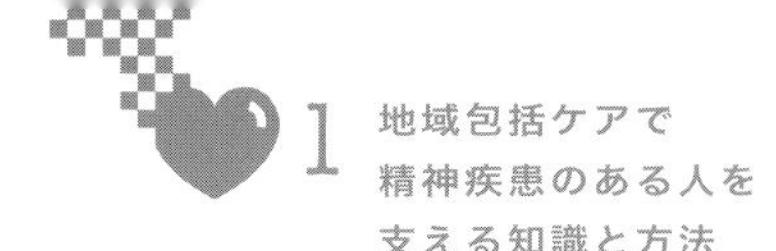

がるような、行ったり来たりの状態で少しずつ回復していく人もいます。支援者が直接観察している利用者は、その人のほんの一部分でしかありません。そのほんの一部分を利用者のすべてと認識することは非常に危険です。多職種が細かな変化を察知すること、そして情報を共有することで利用者の変化を皆で認識し、全体像を把握できるようになります。そういったモニタリングの方法を多職種連携のなかで行っていきましょう。

最後に、特にわかりづらい高齢者の変化に気づくためのモニタリングのポイントです。例えば、喪失体験が多くなる時期に発症する老年期うつ病という疾患があります。若い人のうつ病はやる気が出ないとか、不安が強いなどと精神面の不調を訴えやすい傾向があります。一方で、高齢者のうつ病は精神面の不調を訴えることは少なく、倦怠感や身体の痛みなど、身体の不調が前面に出てきやすいのです。このように同じ疾患でも年齢によってその症状の出方が変わってくることがあります。

また、認知症では物事の計画を立てて進めるといった認知機能が障害されます。特に一人暮らしの人は、冷蔵庫の中身で認知機能の変化が見て取れます。認知機能が障害されると、今日の献立に必要な物が全くそろっていない、賞味期限が切れている物が多くなっている、同じ物が何個も並んでいる、というようなことが起きてきます。そういった疾患の特徴をとらえ、これまでできていたことができなくなる、これまでしていなかったことをするようになる、などといった高齢者の微妙な変化を察知することが重要です。

2 精神症状のアセスメント・知識と方法

1 精神症状の基本理解

1 心と身体の関係

心と身体は、精神医学的にも内科学的にも密接に関係していることは言うまでもありません。しかし、精神科医療・福祉の現場では、心の病と身体の病は別物であると考えている関係者は決して少なくなく、ともすれば、支援者自身が自分だけは罹患するわけがない、と偏見をもって考える風潮があるように思います。そのような考えを根強くさせている背景には、精神科領域を心身二元論から見ようとする医療・福祉の風土が関係しているのかもしれません。

心身二元論とは、心と身体は独立しているという考え方で、極端な話ですが、脳が心に関連しているのではなく、心は心として別に存在していると考える理屈です。この理屈から考えると、自分は精神の病に罹患しないと思っている人は、脳機能が何らかの形で障害されても、自分は気持ちをしっかりもっているから精神の病になんてかかるはずがない、と解釈していることになります。ところが、精神疾患全般は、気合いの問題ではなく、何らかの要因が複数絡み合った結果、誰でも発病し得ることは現代精神医学では明らかなわけです。

こうして整理してみると、心身二元論で、精神疾患をとらえることには限界があることはわかるのですが、十分に専門知識をもたない一般の

方や学習途上にある医療・福祉職の方は、結果的には、心身二元論で対象の方をとらえがちになるのだと考えられます。その帰結として、精神の病を他人ごとのようにとらえてしまい、偏見につながっているのだと思います。

考え方を整理しましょう。精神疾患以外の身体疾患は、各臓器に何らかの機能不全が起きるなどして、身体症状が（あるいは精神症状も）出現します。検査結果や身体症状をみて、医師が診断し、疾患が明らかになるわけですが、精神疾患においても、各臓器の機能不全から精神疾患を引き起こすことは科学的にも明らかになっています。甲状腺機能異常や副腎皮質機能異常などの症状精神病は、ホルモンのバランスが乱れることによって精神症状が出現すると考えるわけですが、脳そのものの器質的な異常や、神経伝達物質のバランス異常等によっても、精神症状が出現します。そのように考えると、精神症状を出現させる精神疾患は、脳機能の異常と考えることが自然です。

そして、脳は、臓器の1つと考えるとすると、精神疾患は、脳の何らかの異常（つまり、脳という臓器の異常）となるわけですから、精神疾患もある意味、脳という身体臓器の異常としての身体疾患ということになります。とすると、「心の病」は脳の疾患であると言い換えて差し支えないでしょう。ですから、精神疾患は脳という臓器（正確には、そのほかの臓器やホルモンも関連していますが）の疾患といえるわけで、精神疾患を心身の二元で分けて論じることには自ずと限界が出てくるわけです。このような考え方からすると、心身二元論を今の医療に当てはめて考えることにも無理があることは自明ですが、感覚的にこの域から脱することができていない医療者が少なくないのが現状ではないでしょうか。

現実的には、心身二元論で精神疾患をとらえるのではなく、心身相関の視点でとらえる必要があります。心身相関とは、脳から派生する人の思考などが身体の組織や臓器に影響する、また逆に、身体の組織や臓器の機能異常等が脳（つまり、精神状態等）に影響するという考え方です。

このような考え方からすると、精神科と身体科という表現にも矛盾があることに気づきます。筆者は、かねてから、「精神科と他科」[1)]という風に表現するようにしています。対象の方をアセスメントするとき、表面上の精神症状にとらわれるのではなく、まずは、こうした視点を基礎にもつことから始めなければ、この後に説明する精神症状のアセスメントの質に大きな欠陥が生じてしまうことになります。

2 精神症状の正しいとらえ方

精神の症状について、心身相関の視点から考えることが重要であることは、ここまでの説明でわかっていただけたかと思います。では、精神症状とは、どのような状態を指すのでしょうか。まず、言葉を正確に理解してみましょう。

「精神」とは、辞書によるとたくさんの意味がありますが、精神疾患における精神症状を理解する場合においては、英語のmentalという意味で解釈できることから、「人間の心」「心のはたらき」という意味が最も妥当でしょう。症状（symptom）は、「病気や疾患の状態」[2)]や「観察される人間（医療従事者、研究者）が主観的に体験する内的現象」[3)]とあります。ここでいう観察される人間とは、例えば患者のことであ

1）越智元篤『精神科看護師、謀反――極私的「革命」レポート』文芸社，pp.58-59，2006.
2）松村明編『大辞林 第３版』三省堂，2006.
3）北村俊則『精神・心理症状学ハンドブック 第３版』日本評論社，p.12，2013.

り、観察する側が、医療・福祉職を含む、患者を見ている側、ということになります。つまり、精神の症状とは、「病気や疾患の状態にあるときの心のはたらき（体験）」と解釈して差し支えないでしょう。

もう1つ確認しておきたいことがあります。「精神症状」に対して「精神状態」という言葉があります。「状態」という意味は、「変化する物事の、その時その時の様子」[4]とあります。厳密にいうと、「精神状態」は、「病気や疾患の状態にないときの心のはたらき（体験）も含まれる」ということになります。

次に、「精神症状」と「精神状態」の意味を整理する意味はどこにあるのかを理解しましょう。精神の疾患を患っている対象者を観察・アセスメントするとき、健康な部分を見落とし、異常（と思われる）部分のみを探し出し分析しても、効果的な支援につながりにくくなります。異常（と思われる）症状を軽快させるには、正常な部分（つまり、ストレングス）を活かして異常とされている症状を軽快させる支援につなげる必要があります。

例えば、自宅で療養中に幻覚・妄想・興奮状態となっている方で考えてみましょう。十分な情報の収集と整理から、その対象者の背景をアセスメントすることができます。母親と2人で会話するときのみ混乱、興奮し、物を投げる、という行動につながっているとすれば、これが「(落ち着いていない精神状態としての）精神症状」となります。逆に、母親以外との会話や1人でいるときは興奮せずに過ごすことができる、という状態（いわゆるストレングス）は「精神症状」には該当せず、この場合は「(落ち着いている）精神状態」ということになります。これらの情報から、この対象者は、終始精神症状が出現しているわけではなく、

4）2）に同じ

ある一定の条件下では、精神症状は落ち着いていることがわかります。支援者は、この落ち着いている状況を見極めて、総合的にアセスメントし、ストレングスを活かしたケアプランをどのように考えるのか、という視点が求められるわけです。

仮に「精神症状」にのみ焦点を当ててケアを考えた場合、どのようなことが予想されるでしょうか。例えば、単に医師の指示通りの頓服薬を与薬する、という行為に終始してしまうこともあり得るでしょう。頓服薬の考え方については、『ケアマネ・福祉職のための精神疾患ガイド』の187ページでふれていますので、ここでは詳述しませんが、このような、ケアといえない短絡的な行為は、「(いわゆる異常とされる) 精神症状」にのみ視点が偏り、その問題に対処するために薬に頼ることを優先した帰結といえるでしょう。

ここまでの説明から、精神症状を含む精神状態の観察は、ストレングスの視点が欠かせないということがわかります。ストレングスを含む精神状態の視点をもたずに、精神症状のみを見るということのないよう、観察の視点として留意することが必要です。精神症状を含む精神状態のアセスメントについては、058ページから具体的に記述していますので参考にしてください。

3 防衛機制とコーピング

対象者の精神状態をアセスメントするために、防衛機制とコーピングの理解は欠かせません。そのために、まずは「自我」という概念をよく理解する必要があります。自我は、①本能に基づいた“快楽の原則”の部分（「イド」といいます）、②しつけや教えを受けることで身につく人間社会の“道徳や規範”で「こうすべき」「こうあるべき」などの部分（超

自我：「スーパーエゴ」といいます）、③イドと超自我のバランスをとって、“現実に対応”できるようにする部分（自我：「エゴ」といいます）の3つの構造からなっているといわれています。簡単な例は、「今、ご飯を食べたいけれど（イド）、仕事中だから食べるべきではない（超自我）。だから、あと少し仕事を頑張って、お昼になったらご飯を食べよう（自我）」といった感じです。仕事中にご飯を食べてしまえば、社会的に問題ですが、会社や家族のためにお昼ご飯を食べずに仕事ばかりしていては倒れてしまいます。だから、お昼休憩の時間までは我慢して、お昼ご飯を食べよう、という風に自我は、イドと超自我の間で合理的な折り合いをつけ、互いのバランスをとります。

さらに、この自我は、意識できること、半ば無意識で誰かから指摘されたりアドバイスされたりすることで気づくこと（「前意識」といいます）、自覚することがほぼ完全に不可能な心の深層部分（「無意識」といいます）の段階に分けることができます。このように、自我は、自分自身の欲求だけではなく（一方でほどよく欲求を満たしながら）、社会にも適応できるように（一方で奉仕を優先しすぎて自分自身が滅びることのないように）することで、心の状態を保っています。

自我の理解を深めるために、さらに別の視点から、自我を大まかに2つに分けて考えます。その2つとは、「自我意識」と「自己意識」です。「自我意識」は、「他者は自分ではない、自分は他者ではない、自分は自分である（！）」という感覚であり、時間の経過や人間関係などで培われた体験などを含む「主体（自分の側）からの意識」のことを指します。「自己意識」は、「自分はどう見られているか」といった自分自身の「（客観的）客体としての意識」をいいます。

このように、自我は複雑な構造を呈していますが、人の心は社会適応するために、イドや超自我とのバランスをとること、あるいは、意識・

無意識などの領域も含めて心のバランスをとることが必要であるため、基本的には不安定です。そこで人は、その不安をコントロールするために、防衛機制やコーピングという手段を用いて、自我の安定化を図ろう

表2-1　防衛機制

抑圧	極めて苦痛な感情や(本能的な)欲求、またその認めたくない記憶を無意識のなかに押し込めてしまうこと
退行	過去の成長発達段階にあった精神に戻ることで欲求を満たすこと
置き換え	ある対象に向けられていた関心や欲求が、受け入れられやすい(あるいは受け入れさせやすい)別の対象に向けられること
転移	過去に体験した記憶に基づいて、特定のよく似た人へ感情を向け変えること
転換	不満や葛藤を身体症状へ置き換えること
昇華	反社会的な欲求や感情を、社会的に受け入れられる方向へ置き換えること
反動形成	本心とは逆の態度を示したり言ったりすること
分離・解離	思考と感情、感情と行動が切り離されてしまうこと
同一化	自分にとって重要な人の価値や基準を自分のなかに取り入れること
取り入れ	一定の対象の特性や属性を取り込み、同化して、自分のものとすること
投射(投影)	自分が他人に対して抱く感情や欲求を、他人が自分へ向けていると思うこと
合理化	欲求をありのままに認める代わりに、都合のいい理屈をつけて正当化すること
否認	現実に目をつむり、不快な感情や体験を認めないこと

とします。この点が理解できないと、防衛機制やコーピングを学んでも、臨床の役には立ちません。それでは、防衛機制とコーピングの説明をしていきましょう。**表2-1**に、防衛機制の代表的なものをいくつか挙げてみました。

次に、防衛機制やコーピングをどのように理解し、ケアの実践に落とし込むかを考えてみましょう。まず、防衛機制についてですが、心理学の成書を確認すれば、**表2-1**の説明よりも詳しく解説されています。したがって、本書では、その詳細にふれることはせず、防衛機制を現場の実践にどのように活かすかの視点について述べることにします。

例えば、防衛機制の詳細について、専門書を読み漁って、理解したとしましょう。大切なことは、その得た知識を、現場でどのように活かすのかを考えることです。対象者をはじめとした、防衛機制を発動した人に対して、どの防衛機制なのかを当てはめて考えることにはほとんど意味がありません。ケアは、学んだ防衛機制の知識をもって、「対象者は、何らかの防衛機制を発動して、（無意識、あるいは半ば無意識に（045ページ参照））心の安定を図ろうとしているのだ」という“対象者を理解しようとする視点”をもつことから始まります。ここでいう対象者は、医療・介護・福祉の対象となっている方にとどまりません。その方

表2-2　コーピング

問題焦点型対処	ストレスを感じている出来事に対して、解決する方向に考えたり行動を決めたりすること
情動焦点型対処	生じているストレスに対するとらえ方を意識的に変えようと努力したり調整したり整理したりすること
忌避焦点型対処	ストレスとなる問題には向き合わず、その時点で抱えている気分を発散するために遊んだり趣味に没頭したりすること

を取り巻く、支援者を含むすべての人にも当てはまります。もちろん、今、本書をお読みになっているあなたも含まれます。こうした知識を身につけたとしても、私たちは対象者に「あの反応は『合理化』という防衛機制だ！」などとラベルを貼るようなことが目的となってはいけません。対象者の、一見理解し難い行動があった際、それは、心の安定を図る装置が発動しているわけであり、誰もがそのようになり得ると考えることが大切です。

そのような反応をしてしまっている対象者に対して、「どのようにかかわればいいのか」「なぜ、その反応を起こしているのか」を考えることが、建設的な思考であり、またそれが建設的なケアにもつながります。繰り返しますが、ここでいう“対象者”とは、直接のケアの対象者だけではなく、その家族や医療・福祉の支援者も含まれます。

防衛機制は、不安をコントロールするために必要な心の反応ですが、防衛機制の種類によっては、健康的な反応や、逆に健康的とはいえない反応があります。同じ防衛機制でも、健康的とはいえない対処行動のように見えても、状況によっては、回復のために必要な反応であったりもします。このように人は、心のバランスを保つために、意識・前意識・無意識などの領域を行き来しながら、防衛機制をはたらかせます。

例えば、退行は、いわゆる赤ちゃんがえりなどといわれますが、一般的に発達過程の初期である赤ん坊の頃の状態に戻ることを意味します。状態は、状況によりさまざまですが、ストレスから逃れるために、寝る、泣く、なども退行といえますが、部屋にこもったり、日中もいつもカーテンを閉めている、などは母親の胎内に戻ったかのようにして、心の安定を（半ば無意識、あるいは無意識に（045ページ参照））図ろうとしているとも考えられます。この行動によって、再び自ら動き出すことができるようになる場合もあれば、いろいろなきっかけが重なり、ひきこもりっぱなしになるということもあるでしょう。そのように理解すれば、閉じこもっている対象者に対して、支援者は、無理やり部屋から連れ出そうとしたり、生活リズムを整えなければならないからと一律にカーテンを開けるような行動をとることはないはずです。

このように、防衛機制に基づいた反応は、単に良い悪いで見るのではなく、心の安定を図るための心的装置であるということをよく理解する必要があります。そのうえで、「では、どのように支援すればいいのか」を考えるとよいでしょう。

次にコーピングですが、具体的に実践に落とし込みましょう。いわゆる健常者でも、より効率的・効果的なコーピングを図ることは容易ではありません。具体的な事例でコーピングを考えてみます。

「あなたは、新車を購入した初日に物損事故を起こしました。誰もけがはなかったものの、車を修理に出したところ50万円の請求が来ました。何年もかけて貯金していたお金が、この修理代でほとんどなくなってしまいました」

さて、このような体験をした場合、あなたはどう考え、どう行動するでしょうか。なかには、事故を起こしたことに投げやりになり、パチンコに行ったり、たばこを吸ったり、お酒を飲んだり、家族に八つ当たりをしたりする（忌避焦点型対処）方もいるかもしれません。ただ、これでは、問題のほとんどは解決せず、むしろ、問題の先延ばしになります。では、どのようにしたらよいのでしょうか。

例えば、事故を起こしたことに対しては、「今回は、誰もけががなくてよかった。もし、小さい子どもでも轢いていたら、こんなどころじゃなかった。今回の事故は、勉強代としていい学びになった。かかったお金は、一生懸命勉強したり働いたりして、今以上にお金を稼いだらいい」（情動焦点型対処）と考え、また、お金を稼ぐために、仕事とキャリアアップのための勉強に励みだす（問題焦点型対処）ことも考えられます。

ここでの説明を読んでも、すぐには納得できない方も少なくないと思います。しかし、自身で認知の修正を図る訓練を繰り返している人は、こうしたストレスにも強く（つまり、自我が安定している）、仕事や日常生活で成果を残している人も少なくありません。支援者は、自分自身が、コーピングの意味合いを多少なりとも理解しておかなければなりません。コーピングの理解がなければ、コーピングに関するアセスメントや、自我を強化するためのコーピング方法の見出し方など、それらの提案もできるはずがありません。読者の皆さんも、少なくともコーピングの視点は知っておいてください。

このように、対象者を支えるためには、防衛機制やコーピングの理解は欠かせません。また、ケアの対象者だけではなく、医療・福祉チームのなかでの対人関係でも、支援者自身に防衛機制は現れますし、そしてコーピングも関係してきます。ケア困難の背景に、支援者側の防衛機制やコーピングが複雑に組み合わさり、絡み合っていることも少なくありません。そのような理由から、防衛機制の分析は難しく、心理の訓練を受けた者でも容易には読み解けません。より健康的なコーピングへと導こうとしても、さまざまな力動が関係し合い、うまくいかない場合もあります。しかし、こうした視点をもつだけでも、客観的に分析することができるようになり、支援者側の心に少しの余裕ができ、落ち着いて支援を考えられるようになると筆者は考えます。その点をよく理解して、防衛機制やコーピングを学び、実践に活かすようにしてください。こうした視点は、防衛機制やコーピングのみならず、あらゆる知識についても同じことが言えます。

 対象者の理解：本人の思い、精神症状には何らかの意味がある

「3　防衛機制とコーピング」でも述べましたが、支援者側の「対象者を理解する」という姿勢は、実は治療的でもあります。これは、かなり実践的な話で、精神科医療・福祉の領域において、薬が治療の主軸であるかのような支援展開をたたきこまれてきた支援者には、眉唾ものかもしれません。一方、トラウマ・インフォームドケア（以下、TIC）やオープンダイアローグをよく理解した実践者は、対象者を理解することの重要性を身に染みて感じているはずです。なぜなら、対象者を理解しようとする姿勢をもってかかわることで、結果的に対象者の病状・症状が軽快していく姿を如実に見た経験があるからです。TICは、ただのケアの方法論ではありませんし、オープンダイアローグも、フィンランドだからできる実践などということではありません。TICやオープンダイアローグは、対象者を理解しようとする姿勢がなければ、ケアとして成立し得ませんし、逆に、対象者を理解しようとする姿勢があれば、それは結果的に、自ずとTICやオープンダイアローグの支援の形になっているわけです。

では、私たち支援者は、精神症状と思しきものが認められる対象者をどのように理解するとよいのでしょうか。まず、精神症状が出現している対象者は、なぜそのような症状が現れているのか、ということを考える必要があります。その症状には、必ず何らかの意味があります。それは、「3　防衛機制とコーピング」でも説明した、意識・前意識・無意識の話でもあります。幻覚や妄想と思しき言動には、半ば無意識か無意識下で、“防衛機制としての”精神症状が現れていると考えると合理的です。激しい精神症状が出現している対象者に対して、その対象者に

とっての危機的状況から免れ安心感を得られるようなケアを提供することができれば、たとえ一時的であっても、精神症状が落ち着くことは少なくありません。逆に、普段は精神症状が落ち着いている方でも、不適切な支援者のかかわりが、その人にとって危機的状況となれば、幻覚や妄想が悪化したり、興奮したりという状況はあり得るわけです。こうした視点に立ち、「なぜ、このような症状が出るのだろうか」ということを、対象者の立場に立ち、考えることが、より適切なケアの展開につながります。

ここで、「疾患を基礎とした症状が現れている」ととらえては本末転倒です。例えば、「統合失調症だから、被害妄想がある」といった安直な誤った視点です。これまでの精神医学の視点では、薬剤の調整や頓服薬の与薬などという、中長期的には、治療の体をなさない、その場しのぎの対処方法となってしまいます（見通しを立てた処方であればその行為自体は問題とはなりません。漫然と処方し続ける、頓服薬を渡し続けることに問題があります）。私たち支援者は、支援の対象となる当事者の症状に対して、「なぜそのような症状が現れているのか」を謙虚に考える姿勢が求められますし、それが治療的であるということをここで改めて確認しておきたいところです。

支援者は、対象者のもやもやした気持ちや言語化できないこと、あるいは、発言したいのに勇気がないといった部分にも、積極的に介入しなくてはなりません。「対象者の思い」を受け止めたり理解したりすることは、精神症状とは直接には関係ないと思われるかもしれません。しかし、「自我」の観点から考えると、半ば無意識や無意識領域のことですから、間接的には、精神症状に密接に関連します。ですから、日頃からの対象者との関係性の構築は非常に重要です。支援者の謙虚で積極的なそのかかわりが、中長期的には症状の軽減につながっていきます（もちろん、周辺環境の調整や適切な薬物療法の提供は併せて必要です)。

つまり、精神症状の背景を理解しようと努める姿勢、日頃の対象者の思いを理解しようとする謙虚な姿勢こそが治療的であるということになります。ここでのパターナリズム的態度の存在は、治療の阻害要因でしかありません。各症状に対して、どのようにとらえてアセスメントすればいいのかについては、第2章3でいくつか具体例を挙げておきますので参考にしてください。

参考文献

・田邉友也「精神科薬物療法におけるミスケアを分析的に読み解く」『精神科看護』44巻7号(通巻298号), pp.15-18, 2017.
・田邉友也「看護の側からみた医師——看護師の協働 薬物療法を例に」『精神科看護』44巻1号(通巻292号), pp.14-20, 2016.
・日本専門看護師協議会監, 宇佐美しおり・野末聖香編『精神看護スペシャリストに必要な理論と技法』日本看護協会出版会, 2009.
・武井麻子・江口重幸・末安民生ほか『《系統看護学講座 専門分野Ⅱ》精神看護学[1]精神看護の基礎 第5版』医学書院, 2017.
・野末聖香編著『リエゾン精神看護——患者ケアとナース支援のために』医歯薬出版, 2004.

アセスメントの基本的な視点

まず確認すべきこと

アセスメントとは何なのでしょうか。そもそも、アセスメントの意味がわからなければ、得た情報を専門的な視点からどのように業務に活かしていけばいいのかわからなくなります。まずは、アセスメントとは何かを確認しておきましょう。

アセスメントとは、情報を「①どう読むのか、②どう見るのか、③どう見積もるのか、④どう評価するのか、⑤どう査定するのか」[5)]という観点から解釈・判断していく、さらには推理・推論しながら今後の予定を立てていくことをいいます。では、アセスメントは、なぜ必要なのでしょうか。それは、得た情報を専門分析的に解釈・判断・推理・推論することで、より根拠のある質の高いケアを提供するためです。もちろん、対象は人であり、不確実性の高いものですから、アセスメントが100%正解ということはあり得ませんが、専門的な視点および熟成された柔軟な思考であればあるほど、ケアの精度は高まります。ケアの精度が高いと、対象者は快復に近づきます。

精神疾患は、慢性疾患といわれているため、発症したら一生涯現状を

5）黒田裕子『看護学生版シリーズ② わかりやすい看護過程』照林社，p.38，1994.

維持することが目標で、薬も一定量飲み続けなければならない、そのようなイメージがあるかもしれません。しかし、必ずしもそうではありません。状況によっては、病状は驚くほど軽快し、結果的に服薬も極めて少ない状況にもっていくことが可能です（人によっては、服薬しなくてよい状況まで回復することもあります）。アセスメントは、そこに向かう確率を高めるための専門分析的な視点です。精度の高いアセスメントをするためには、ケアの経験も非常に重要ですが、併せて質の高いケアを裏づける専門的な知識が欠かせません。アセスメントするにあたって、加えて押さえておくべき点は、「業務として決まっているから」「皆が言っているから」「普通はこうだから」「誰々に言われたから」「前はこうするとうまくいったから」などという方程式で考えようとする思考は一切切り捨てることです。これらの思考を説明する“根拠”がそこにあるかどうかを考え、言葉で説明できてこそアセスメントです。

アセスメント力を高めるには、かなりの専門的な学習と訓練が必要です。質の高いアセスメントを目指すうえで大切なことは、自分のなかで十分なアセスメントだと満足せず、もっとよいケアができるかもしれないという認識を念頭に、アセスメントの精度を都度高め続ける意識をもつことです。アセスメントの内容に変更があっても、それは何らおかしいことではなく、むしろそうした姿勢が、思い込みを排除することにつながり、精度の高いケアが紡ぎだされます。

2 継続的に観察するポイント

ケアの質を高めるために、観察は継続的に行われなければなりません。その理由は、対象は人であり変化するものであるということ、さらにその対象のみならず、対象を取り巻く環境自体も変化し続けるからです。かかわり始め当初、アセスメントの精度が高かったとしても、時間が経つことで、その（アセスメントの結果の）ケアが通用しなくなることも少なくありません。このように、対象の変化し続ける状況にケアを即応させるためには、継続的な観察が必要になります。継続的な観察の視点をもつことは、アセスメントの精度を高めることにつながります。

そのためには、アセスメントを時間軸で考え、2つの視点からの情報の収集と整理が必要となります。1つは、「過去の成育歴・治療歴が、現在の状況にどのように影響しているのか、また、現在の環境・治療内容が将来的にどのように変化・影響していくのか」という、過去から未来までの現象を現時点に軸を置いて考える（想像する）ことです。もう1つは、「対象者とかかわり始めてから、時間経過のなかで継続的に観察する」という、その時点ごとの（実際の）観察です。継続的に対象者を観察するためには、前者の時間的視点をもって、後者の継続的観察を併せて考える、という複雑な思考の作業が必要になります。

人は、時間軸で物事を考えることがあまり得意ではありません。ですから、対象者をアセスメントする際、（前者の）過去から未来までを想像する視点がすっぽり抜け落ちて、その時点その時点の観察のみで考えてしまうことが少なくありません。そうなれば、ケアを「したつもり」になってしまい、対象者にとって最大の利益となるようなケアは提供されません。結果的に、現状維持、もしくは悪化していた、ということも少なくありません。私たち支援者は、こうした状況に陥らないよう、広い視野からアセスメントすることの重要性を、再認識しておく必要があるでしょう。

 医師・薬剤師等の他職種に確認したいこと

精度の高いアセスメントをするためには、適切な情報の収集と整理が必要であることは先に述べました。その情報の収集過程において、1人で情報を収集するのではなく、同じ職種内でも自分1人では知り得ない情報があるかもしれないという視点はもっておかなくてはなりません。同様に、他職種でないと知り得ない情報があるかもしれないという視点をもっておくことも欠かせません。いわゆる、チーム連携という視点です。

医師や薬剤師・看護師など、それぞれの専門性が違うため、把握している情報に（よい意味で）違いがあるのは当然のことです。これら他職種から効率よく情報を収集することの必要性は、少なくとも、対象者とかかわり始めた時点から欠かせないものである、という認識はもっておくべきでしょう。他職種それぞれが把握している情報をすり合わせたうえで、その情報を各職種がどのように“アセスメント”しているのか、ということも“情報”として把握できることが望ましいといえます。簡単にいうと「他職種の考えるアセスメントの“情報”」をもとに、「チームの連携を“アセスメント”する」ということになります。

このように、チーム連携は、ただ他職種と物質的・言語的に連携をとることだけを指しません。各職種のアセスメントの中身を、どのようにして効率よく能動的に把握し、融合させるかというところに、質の高いケアにつなげる最大のポイントがあります。つまり、他職種と効率よくつながり、そこに質の高いアセスメントが備わってこそ、本当のチーム連携といえるでしょう。他職種に対しては、そうした視点をもって連携することが望ましいといえます。

精神状態のアセスメント

対象者の精神状態をアセスメントするには、診断がどのようなものであるかにかかわらず、精神状態を査定（mental status examination：MSE）する必要があります。**表2-3**の項目について、内容および程度を判断します。

ここで注意が必要なのは、これらの状態を査定する際、その症状に薬を投与する、という視点をもってはいけないということです。これらの状態は、正常な部分もあり、一般的には正常とはいえない部分もあるというところを慎重に査定します。そのうえで、正常とはいえない部分があれば、「それはなぜか」ということを、専門的な視点から考え、正常な部分も、「それはなぜか」を考えます。そして、正常とはいえない部分に対しては、（それを改善する必要があるならば）それを引き起こしていると考えられる要因に改善が図られることを目指してアプローチします。正常な部分にも、その部分の強み（ストレングス）を活用して、正常とはいえない部分の改善に役立てたり、その人の強みをさらに伸ばして、「自律性の回復を支援」[6)] します。そのなかでも、どうしても向精神薬の服用が必要であるならば、その正常とはいえない部分に、一時

6）田邉友也「本との話『精神医療の現実——処方薬依存からの再生の物語』」『精神科看護』42巻５号（通巻272号），pp.78-79，2015.

表2-3　MSEの項目

項目	内容
①外見	外見、歩き方、服装、身だしなみ、年齢相応にみえるかどうか
②運動性行動	活動性のレベル。具体的には、精神運動性興奮や精神運動制止について質問する
③気分	一定の、あるいは持続した情緒状態。悲しい、楽しい、つらい、高揚した気分などの感情の状態
④話し方	速い、遅い、促迫した、おしゃべり、無口、話すスピードなど
⑤知覚の障害	幻覚(幻聴・幻視・幻嗅・幻味・体感幻覚など)の有無
⑥思考内容	妄想、強迫観念、希死念慮、観念奔逸など
⑦思考過程	合目的的思考、抽象能力など
⑧認識	現実見当識（日時・場所・人がわかるかどうか)、記憶力（即時情報を記憶する即時記憶、1～2日前の短期記憶、数か月～数年前の長期記憶)、集中力、計算力
⑨知識と知能	語彙の使用や教育水準、知識の資源を意味する
⑩判断力	事実関係を理解し、結論を決めたり、日常生活状況のなかで判断する力
⑪病識	身体的もしくは精神的に問題があると認識することで、治療の必要性を認めること

出典：日本専門看護師協議会監，宇佐美しおり・野末聖香編『精神看護スペシャリストに必要な理論と技法』日本看護協会出版会，2009．より筆者作成

的に少しだけ薬の力を借りるといったイメージです。**表2-3**のまま項目別に精神状態をみるだけで、その要因をアセスメントせず、正常とはいえない部分に薬をあてがうといった思考には陥らないようにしてください。

そのように考えると、MSEの項目については、ある程度は知っておく必要があるものの、専門用語を使って細かく分類・表現する必要はあ

りません。支援者は、当事者という人に向き合うとき、率直に感じた印象で、一つひとつの項目について、どのような印象をもったかを、率直な表現で、言葉で具体的に整理していくだけでいいのです。重要なことは、精神状態の項目や専門用語にこだわることではなく、査定（アセスメント）して自律性の回復につながるケアを導くことです。

支援者としての向き合い方

1 利用者の心と身体のとらえ方

利用者の精神状態を支援者はどのようにとらえ、どのように向き合えばよいのでしょうか。相手（利用者）の気持ちが理解できず、他人事のようにしか感じられないと、どこか冷たい心のこもっていないケアになってしまいます。その結果、利用者は支援者を必要としなくなり、必要なケアを継続的に提供できなくなります。

利用者に支援者として向き合うために、必要なことが2つあります。1つは、本書にあるような基本的知識をしっかりと理解するように努めることです。もう1つは、これらの知識をもとに、当事者の気持ちになって、なぜ苦しんでいるのかを想像することです。精神科医療・介護の領域においても、この視点が欠けている専門家が後を絶ちません。そうした態度を受けた利用者が、その支援者から遠ざかるのも当然の反応といえるでしょう。利用者が離れていくのは、利用者の支援者への気持ちが離れるだけでなく、それまでのかかわりが治療的ではなかった可能性も考えられます（回復のプロセスとして、一時的に利用者と支援者の距離が開くこともありますが、ここで述べているのは、本質的な関係性の解消を指します）。逆にいえば、それほど専門性が高くない支援者でも、利用者を何とか理解しようとする気持ちがあれば、利用者のつらさに共感することができ、つらさに対する対処方法をともに考え、前に進むことができるのです。「自分は専門家ではないから、支援できない」とあきらめる必要はありません。表現が悪いかもしれませんが、“専門的な知識をもち合わせていない支援者”でも、専門的な視点を補う目的をもって、相手を思いやる気持ちをもち、他職種とより適切な連携を図ることでよい結果につながることも少なくないのです。

2 その人らしさを大切にしたケア

利用者の支援を考えるとき、「その人らしさを大切に」という言葉をよく聞きます。人によっては、綺麗ごとだととらえ、考えることすらしない人もいると思います。本書では、繰り返し述べていることですが、謙虚に相手を尊重しケアに当たることは、ただの美しいお花畑の物語ではなく、きわめて治療的であるということです。そう考えると、謙虚さに欠けた相手を尊重しない態度は、非治療的だということになります。支援は、この点をまずよく認識することから始まります。では、具体的に、「その人らしさを大切にしたケア」とはどのようなものなのでしょうか。以下に事例を挙げてみました。

「20年前に統合失調症と診断されている利用者。その方は、幻聴があり、イライラすることが度々ある。趣味もなく、食べることだけが楽しみである。内科的には血糖値はやや高く肥満気味、軽度の糖尿病と診断されている」

こういった方に対して支援者は、「その人らしさを大切に」という観点を誤って押し付けることがあります。時々見かけるのが、「血糖値を制御するために、無理に我慢してもらうと、精神状態も悪化してしまうんだから、ある程度自由に食べたいものを（その人らしく）食べてもらったらいいんじゃないの？」といったような、精神状態と身体状態をトレードオフで考える発想です。

ここで求められるのが、①心身の状態をどのように分析的にアセスメントするか、②利用者の気持ちになって考える（想像する）ことができるか、の2点です。専門的な視点からは、幻聴がありイライラするのは、どのような幻聴か、ということも大切ですが、いつからそうした症状がみられるのか、体重の増加時期や、食事量、食事内容、食欲なども月単位、年単位で経時的な変化を調べる必要があります。精神疾患においては、治療するための薬物療法がその副作用によって心身の状態を悪化させている場合も少なくありません。そうした視点からアセスメントしてみると、仮説として次のように考えることができます。

①　心身の状態をどのように分析的にアセスメントするか

・向精神薬の副作用による焦燥感からくるイライラ、過食（食べても食べても食べたくなる）、体重増加（以前と同じ食事量でも太りやすくなる）、高血糖（以前と同じ食事量でも血糖値が上がりやすくなる）にみられる代謝障害の可能性がある。

次に、上記アセスメントを踏まえて「その人らしさを大切にしたケア」を考えると、以下のように考えることができるようになります。

②　利用者の気持ちになって考える（想像する）ことができるか

・薬の副作用が要因となり、イライラしていたのなら、唯一の楽しみである、食べるという楽しみを奪うというのはどうなのだろうか。むしろ、薬の副作用で、過剰な食欲がわいているのであれば、それを無理に制限するのも本人にとっては非常につらく苦しいことである。薬の処方内容の適正化を主治医に検討してもらうことによって、イライラが治まり、過剰な食欲や高血糖も落ち着くかもしれない。そう考えると、服薬内容はそのままで「食べたいものを食べてもらったらいい」という考えは間違っている。

・一方で、急な薬剤調整も難しい可能性はある。であれば、まずは薬の副作用で食べたくて食べたくて仕方がなくつらい利用者の気持ちを考えてみるべきだ。単に食事の制限を課せられるほど、つらいことはない。これらの理由を、主治医をはじめとした多職種で共有して、薬剤調整が済むまで、どのようにすれば食事がコントロールできるか、ある程度は食べていいとしても、利用者の気持ちを想像する姿勢をもちながら、当面の対処方法を一緒に考えていけばいいのではないか。

・日常生活面は、食べることだけが楽しみと言っているが、昔はどうだったんだろうか。もしかすると、長期の治療で、何もできない、やれるはずがない、と思うようになったのかもしれない。この人らしさはどこにあるのか、昔の話から利用者が楽しいと思えることを、まずは一緒に探してみよう。

このように、薬の副作用や治療生活のなかにその人らしさが埋もれてしまっている可能性があるということを認識しておかなければなりません。その人らしさが埋もれてしまって見えなくなっていたところを、専門的な視点から、分析的アセスメントを行い、当事者の気持ちになって考えることで、本当の意味での「その人らしさを大切にする」という視点を導き出すことができます。また、その視点は、質の高いケアにつながります。

3

ケアマネ・医療・福祉職が押さえておきたい精神疾患とのかかわり方

精神疾患とその症状を理解する必要性

精神疾患の全体像を図3-1に示してみました。

これらの精神疾患の多くはストレスやさまざまな要因が重なり合うことで発症します。認知症は、加齢とともになりやすい病気ですが、うつ病は子どもから高齢者まで対象となります。心と身体は密接に関係しています。具体的には、がんを宣告されることによって現実を受け止めら

図3-1　精神疾患の全体像

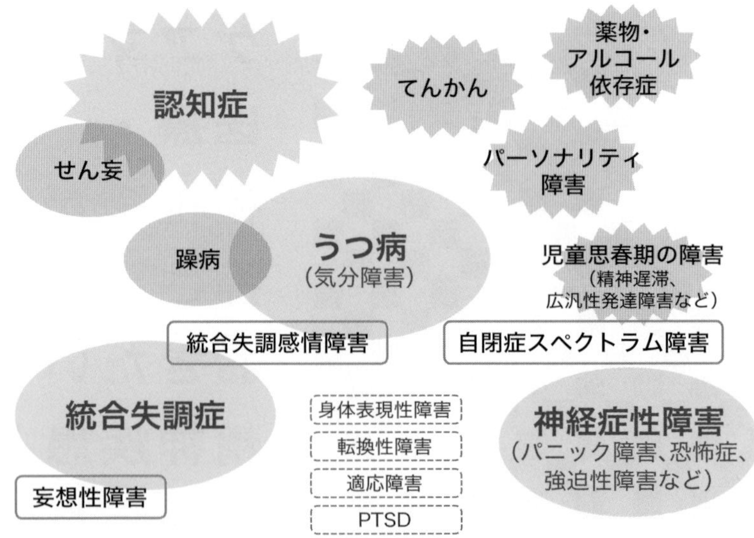

れずにうつ状態になることがあります。また、ストレスによる胃潰瘍といったように、精神的な問題によって身体的な問題が起きることもあります。さらには、うつ病と診断されていた患者が、実は「甲状腺機能低下症」という病気のために「うつ状態」となっていて身体疾患が見過ごされることや、身体疾患治療のために処方された薬の副作用によって「希死念慮（死にたくなるという症状）」が出現する場合もあります。このように、精神疾患は、いつ誰がなっても不思議はなく、おそらくは多くの人が一生のうちにかかってしまう病気と思われます。

しかし、厄介なのは、身体の問題と違って心の問題には自分自身が気づきにくいといった特徴があることです。誰もが、喉が腫れて痛みを感じる、咳が出る、高熱が出るなどの症状があれば、風邪をひいたのではないかと気づき、安静にしたり受診をしたりします。一方で、心は見えないために疲弊していることに気づかず、無理をしたり、手当てを間違ったりして、気づいたときには重い病気になっていることもあります。

ストレスによって心が疲れ果て、悲鳴を上げた状態として身体症状が出ることもあります。例えば、突然声が出なくなってしまう、食事の味がしないなどの身体症状が出現し、何らかの病気ではないかと受診しても身体疾患は否定されるといった状態です。ストレスがたまったときの心のサインとしては、不安や緊張が高まって、イライラして怒りっぽくなる、急に泣き出してしまう、気分が落ち込んでやる気がなくなる、人付き合いが面倒になって避けるようになるなどがあります。身体のサインとしては、易疲労感、頭重・頭痛、めまい、しびれ、肩こり、動悸、過呼吸発作、過敏性大腸炎などがあります。これらを知っておくことで、早期治療が可能になります。

また、支援する側にとっては、身体障害は、外見でわかりやすく本人の意思確認ができますが、精神障害は、一見普通であることから性格の問題としてとらえ、怠けているだけなのではないかと判断してしまいがちです。そうすると、問題の本質に目を向けることなく「厄介な人」とレッテルを貼ってしまい、精神障害だから仕方ないと決めつけて、その人を理解することが困難となってしまいます。高齢者の場合は、財布が盗まれたといったような「もの盗られ妄想」があると、すぐに「認知症」が疑われます。しかし、「妄想」という症状は、統合失調症、妄想性障害、せん妄、うつ病などにもみられます（**表3-1**）。どのような妄想なのか、その内容は身近なことに関係しているのか、それとも理解し難い奇異な内容なのか、妄想以外の精神症状はあるのかといったアセスメントをすることによって、支援の方法が導き出されます。そのため、精神症状の知識が必要になってきます。また、その症状があることによって、どれほど生活に支障をきたしているのかが支援のポイントとなってきます。

表3-1　統合失調症・妄想性障害・うつ病・認知症・せん妄の特徴

統合失調症	陽性症状：幻聴、被害妄想、奇異な行動、思考の混乱 陰性症状：意欲減退、無関心、感情鈍麻、記憶力低下 認知障害：記憶力の減退、融通が利かない、了解の悪さ
妄想性障害	妄想：被愛型、誇大型、嫉妬型、被害型、身体型
うつ病	抑うつ気分、思考抑制、妄想（貧困・罪業）、不安、焦燥、意欲低下、希死念慮、自殺企図
認知症	アルツハイマー：記憶障害、認知障害 レビー小体：幻視、パーキンソニズム ピック病：人格変化、わが道を行く行動 BPSD：妄想、暴言、幻覚、攻撃、拒絶、抑うつ、不安、睡眠障害
せん妄	過活動せん妄：意識障害、不安、焦燥、幻覚、妄想、興奮 低活動せん妄：無関心、無気力、動作緩慢、傾眠

図3-2　身体障害の場合

（アセスメント）
・「障害」の部分が視覚的に理解できる。
（ニーズ）
・生活面で「困っていること」が見えやすい。
（インフォームドコンセント）
・本人の意思が確認できる。

（ケアプラン）
・本人に合った、適切なリハビリテーションが提供できる。
・サービス導入がしやすい。
・支援者が共通認識しやすい。
・目標設定がしやすい。

図3-3　精神障害の場合

精神症状

障害特性＝生活のしづらさ

・家事、服装、金銭管理が不得手
・人付き合い、あいさつ、他者への配慮、気配りなどの対人関係が苦手
・生真面目さと要領の悪さが共存し、飲みこみが悪く、習得が遅い

（アセスメント困難）
・見かけは普通。
・「病気」の症状が見えづらい。
・「障害」の部分が見えにくい。
（ディマンドに振り回される）
（ニーズ把握困難）
（潜在的ニーズがわかりづらい）
・本人が困っている認識がないことが多い。
・むしろ周囲の人が困っていることが多い。
・病識をもちにくい→治療拒否、怠薬
（インフォームドコンセントが困難）
・本人の意思が確認できない。
（ケアマネジメントが困難）
・サービス導入を拒否。
・何を考えているのかわからない。
・依存傾向、サービス拒否、判断力低下などあり、支援が難しい。

在宅支援者が高齢者やその家族にかかわる際において、当事者は困っているといった認識はなく、地域の人から困っているとの相談を受け、介入しなければならない場合もあります。こういったケースの場合は、必ずしも診断名があり治療しているとは限りません。この場合、問題に目を向けるのではなく「本人の困りごと」や「隠されている不安」を理解することが大切になってきます。

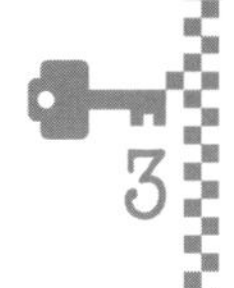

高齢者の心の健康の問題

1 精神疾患の分類

従来、精神疾患は原因別に、「外因性（器質性）」「内因性」「心因性（心理社会的ストレス）」の3つに分けられていましたが、現在では、ストレスなどの心理的・社会的な要因が関与しているとともに生物学的な異常、すなわち脳の機能異常が関与していると考えられるようになってきました。

外因性には、「症状性を含む器質性精神障害」「精神作用物質使用による精神および行動の障害」が分類されます。脳の機能障害の原因は外傷、感染性（梅毒など）、血管性（出血、梗塞、血腫）、腫瘍、変性（アルツハイマー病、レビー小体型認知症、パーキンソン病など）、てんかん性などです。精神症状や状態としては、認知症やせん妄が挙げられます。

内因性には、「統合失調症、統合失調症型障害および妄想性障害」「気分（感情）障害」のほか、「知的障害」の多くと「心理的発達の障害」「小児（児童）期および青年期に通常発症する行動および情緒の障害」が分類されます。精神症状や状態としては、統合失調症、気分障害（うつ病、双極性障害）、妄想性障害、アルコール依存症などが挙げられます。

心因性は、「神経症性障害、ストレス関連障害および身体表現性障害」

「生理的障害および身体的要因に関連した行動症候群」があります。精神症状や状態としては、不安障害、適応障害、強迫性障害、解離性（転換性）障害、身体表現性障害、心的外傷後ストレス障害（Post Traumatic Stress Disorder：PTSD）などが挙げられます。

高齢者は加齢によってさまざまな身体機能が低下し、精神・心理機能にも変化が現れます。まず挙げられるのは記憶力です。後天的な脳の障害によって認知機能が低下し、日常生活や社会生活に支障をきたしてしまう状態を「認知症」といいます。

また、これまで獲得してきたものを徐々に失うといったことや複数の身体疾患を慢性的に抱えるといったことも少なくありません。社会的役割からの引退、配偶者や友人との死別など、さまざまな喪失体験を繰り返し、心理的危機に直面します。そのため「不安」「抑うつ気分」といった気分障害をきたしやすく、「うつ病」「身体表現性障害」といった病気になりやすいといえます。

高齢者は身体機能を保つための力（適応力、防衛力、予備力、回復力）が低下していることから、環境の変化や心理的ストレスによって心身機能に急激な低下が起こりやすく、「せん妄」を引き起こしやすくなります。

精神症状や心理的反応は、その外見と態度、行動に反映されます。普段の状態を知り、「何か変、いつもと違う」と気づくことが大切です。まずは、かかわりのなかで**表3-2**のような精神症状等がないかを観察してみましょう。

表3-2　観察すべき精神症状

全般的な印象	**外見、態度、行動**：表情、身だしなみ、身のこなし、髪、爪、着衣、姿勢などがいつもと違うかどうか。 **会話**：読み書き能力の程度、会話の辻褄が合うか、話し方は流暢か、声量はどれくらいか、幼い感じはあるか、堅苦しい言葉遣いをしているか、途切れないかなど。
意識	**意識**：自分の今ある状態や周囲の状況などを正確に認識できている状態かどうか。 **注意**：思考のまとまり具合や単語の言い間違いがないかなど。 **睡眠―覚醒周期**：不眠（睡眠障害）には「入眠困難」「中途覚醒」「早朝覚醒」「熟睡感の欠如」の4種類がある。睡眠に対するこだわりの程度や入眠時や覚醒時の異常体験の有無、睡眠中の呼吸状態、日中の眠気や集中力の程度、睡眠時随伴症の有無など。
記憶	**記憶**：過去に学習した内容を保持し、それを呼び出して利用する機能のこと。「記銘＝入力」「保持＝貯蔵」「追想（再生）＝出力」の3段階の要素で成り立つ。大きく分類すると「追想障害」（記憶を思い出すことができないこと）と「記銘障害」（新しく記憶できないこと）の2種類がある。これらの記憶が障害されていないか。 記憶の欠損を補うための「作話」「取り繕い」「不機嫌（拒否）」などの有無。 **見当識**：時間（時間感覚）、場所（空間感覚）、人物（自己覚知と他者認知）、状況（置かれている状況）に分けられる。見当識障害は、通常はこの順序でみられ、時間見当識は最も障害されやすく、人物見当識は比較的よく保たれる。見当識は、エピソード記憶に最も影響を受ける。これらの見当識が障害されていないか。
知能	**知能**：抽象的な思考をしたり、課題を解決したり、環境に適応したり、新しい課題や場面に順応したり、学習するといった精神機能のこと。出来事を客観的に観察する能力や物事を別の側面や他者の視点から見ることができる洞察力、ある事態を適切に評価し、その状況下で適切に行動する判断力などが低下していないかなど。 **病識**：病気に対する洞察。病気であることの自覚、症状が精神的なものであるという気づきなどがあるかどうか。

感情	**気分**：利用者がどう感じているか主観的に伝えた内容。気分変動（安定性や振り幅）、焦燥感の有無、それらに関する様子や訴えがないかなど。 **感情**：支援者の印象でその情報を整理する。「抑うつ気分」「気分高揚」「感情鈍麻」「情動失禁」「情動不安定」「不安状態」などの有無。 **不安**：漠然とした憂慮の感覚で、不安の徴候（発汗、緊張した姿勢、息切れや息苦しさ、めまい、頻脈、振戦など）があるかどうか、不安の程度（軽度－中等度－重度－パニック）、不安を感じた状況がないかなど。
意志	目標をもって、手段を選択して、意識的に行動をすることを導く心理的な力のことをいう。意欲ともいう。これらが低下していないか。
思考	**思考過程の異常**：考える道筋や脈絡そのものに障害があること。「思考途絶」「連合弛緩」「観念奔逸」「思考制止」「作為思考」の有無など。 **思考内容の異常**：現実からかけ離れている思考、つまり妄想状態のこと。被害妄想、関係妄想、注察妄想、誇大妄想、貧困妄想の有無など。 **思考表現の異常**：自分で不合理だと思いながら特定の考えに縛られる強迫観念や支配観念の状態のこと。これらがないかどうか。
知覚	感覚器（五感：視覚、聴覚、嗅覚、味覚、体性感覚）を通して外界や自分自身の状態を知ること。わずかな物音や光にも敏感になる「感覚過敏」や、その反対の「感覚鈍麻」がないかどうか。「幻覚」は、外界からの感覚刺激なしに知覚される異常体験。「幻聴」「幻視」「幻嗅」「幻味」「幻触」「体感幻覚」「思考化声」の有無など。
自我	自我（エゴ）は「私」と感じている部分。自分が自分という感覚があるか、自他の区別がつくか、自分の感情や思考などが自分のものだという実感があるかどうか。「離人感」「非現実感（現実感の消失）」「思考伝播」の有無など。

障害の特性を理解する必要性

精神障害者が法律上に「障害者」と認められたのは、1993（平成5）年に「心身障害者対策基本法」から「障害者基本法」に題名改正されたとき、精神障害者のなかに発達障害者を含むことが明確化されたのは2010（平成22）年の障害者自立支援法（現・障害者総合支援法）の改正のときです。これまではほかの障害者と同等の社会保障を受けることができなかったといえます。

【精神保健福祉法】

精神障害者とは、「統合失調症、精神作用物質による急性中毒又はその依存症、知的障害、精神病質その他の精神疾患を有する者をいう」（第5条）とされています。

【障害者基本法】

障害者とは、「身体障害、知的障害、精神障害（発達障害を含む。）その他の心身の機能の障害（以下「障害」と総称する。）がある者であって、障害及び社会的障壁により継続的に日常生活又は社会生活に相当な制限を受ける状態にあるものをいう」（第2条）とされています。

【障害者総合支援法】

障害者とは、「身体障害者福祉法第4条に規定する身体障害者、知的障害者福祉法にいう知的障害者のうち18歳以上である者及び精神保健及び精神障害者福祉に関する法律第5条に規定する精神障害者（発達障害者支援法第2条第2項に規定する発達障害者を含み、知的障害者福祉法にいう知的障害者を除く。以下「精神障害者」という。）のうち18歳以上である者並びに治療方法が確立していない疾病その他の特殊の疾病であって政令で定めるものによる障害の程度が厚生労働大臣が定める程度である者であって18歳以上であるものをいう」（第4条）とされています。

つまり、精神障害者は、「疾患」と「障害」が共存しているといった特徴があります。また、障害は固定されたものではなく、環境にも左右されます。青年期に統合失調症を発症し、幻覚・妄想状態のために精神科病院で3か月入院治療をした人がいます。退院後は、「精神障害者保健福祉手帳1級」と認定され、精神科デイケアに通所していました。その後、地域にある就労継続支援B型事業所に行くようになり、手帳の更新時には「精神障害者保健福祉手帳2級」と認定されました。さらに、現在では一般就労を行うまでに回復し、手帳の更新時には「精神障害者保健福祉手帳3級」と認定され、障害年金受給も終了しました。このように、治療による病状の安定、精神科リハビリテーションやサポート体制によって順調に回復し、障害が軽くなり、社会参加が可能になる人も多くいます。一方で、精神科病院に長期入院したことによって社会性を失い、二次的な障害のために生活そのものが困難となってしまう人もいます。おそらく、高齢となった精神障害者が介護保険施設や在宅生活を行ううえで支援が必要とされる場合は、後者がほとんどだといえます。

日本の精神科医療は、法律の整備とともに、ようやく地域中心になってきました。しかし、障害が目に見えず、当事者とのコミュニケーションが取りづらいなどの障害特性が影響し、支援体制を確立するのが難しいのも事実です。今もなお、地域住民の理解は、偏見や差別を生みやすく、偏った認識にとどまっています。在宅サービスを利用する際には、65歳になれば障害者総合支援法に基づく障害福祉サービスから介護保険法に基づく介護保険サービスを優先的に利用しなければなりません。しかし、障害特性が調査項目に反映されず、適正な認定結果になっているとはいえないのが現状です。特記事項に反映させるためには、認定調査員が障害特性を理解したうえで聞き取りをすることや調査項目の検討も必要だと思います。例えば「金銭管理能力の低下」の場合、年金が支給されたら数日で全部使ってしまいます。これは、先を見通して物事を考え、行動するといった「現実検討力の低下」ということも影響します。そうすると、「お金がなくて困った」という問題に対して、家族や友人に金を無心して他者を巻き込んだトラブルに発展します。陽性症状に比べて、陰性症状（思考の貧困・意欲の欠如・自閉）やうつ状態は、他者への迷惑行為はないので見過ごされがちになりますが、はたらきかけがなければ寝てばかりで、入浴もしないといった生活になってしまいます。場合によっては、褥瘡ができたり、脱水になったりします。ADL（日常生活動作）は自立でも精神的な問題でその人らしい生活ができなくなってしまうのです。躁状態の場合は、逸脱行為、高額な買い物、過干渉によって周囲への迷惑行為が発生します。これらは部分的に第4群の「精神･行動障害」には該当はするものの認知症ではないので、特記事項に具体的に記載がなければ要介護認定に反映されません。このようなニーズに対して、その人に合った社会資源はないかもしれません。しかし、これらは「医療サービス」ではなく、すべて「介護の手間」に該当し、「福祉サービス」等の適用になります。

認知症

認知症の概要

私たちの生活は「憶える」ことの繰り返しです。例えば自宅の住所や電話番号、家族の誕生日、ごみの回収日、保険証の保管場所やキャッシュカードの暗証番号…皆さんは憶えていますか？　支援を行う仕事も多くのことを憶える必要があります。例えば連携を図るうえで関係者の顔や名前は憶えているでしょうし、本書に載っているような知識を憶えて支援に役立てていると思います。これをごく当たり前に感じる人は「憶える」ということが日常的にできているからです。この「憶える」＝「記憶力」は仕事を含めた社会生活を営むうえでとても大切な力です。

では、この「記憶力」が低下することについて考えてみましょう。支援者であるあなたに支援を利用する人やその家族が次のような質問をしてきたらどう答えますか。①「年をとったら記憶力は低下するの？」、②「老化によるもの忘れがひどくなった状態を認知症というの？」、③「認知症の症状はもの忘れだけ？」。

答えは**表3-3**にあるとおりです。まず記憶力は20代からゆっくりとなだらかに低下し始めます。一般的には60代以降になるともの忘れの自覚が強くなり、生活するうえでの工夫が必要になる場合もあります。これは誰にでも起きる生理的な“老化”という現象です。認知症はこの

“老化”の悪化によるものではありません。では認知症の原因は何かというと、**表3-4**にあるような“疾患”です。例えば「アルツハイマー病」「脳梗塞」「レビー小体病」「前頭側頭葉変性症」です。これらの疾患が原因で認知症を発症した場合は「アルツハイマー型認知症」「血管性認知症」「レビー小体型認知症」「前頭側頭型認知症」というように区別されます。日本における認知症の原因疾患別割合はアルツハイマー型認知症が最も多く、次いで血管性認知症、レビー小体型認知症の順です（**図**

表3-3　記憶力に関する質問と答え

質問	答え
①年をとったら記憶力は低下するの？	○　老化に伴う記憶力の低下は20代から始まってゆっくりとなだらかに進んでいきます 一般的には60代以降になると記憶力の低下を強く感じるようになります
②老化によるもの忘れがひどくなった状態を認知症というの？	×　認知症は病気で老化による記憶力の低下とは異なります 健常老化によるもの忘れと病気による異常なもの忘れがあります
③認知症の症状はもの忘れだけ？	×　認知症の症状はもの忘れ以外もさまざまあります 認知機能障害の1つに記憶力の低下があります

表3-4　認知症の原因疾患

・アルツハイマー病
・脳梗塞
・レビー小体病
・前頭側頭葉変性症
・正常圧水頭症
・慢性硬膜下血腫
・脳腫瘍
・ビタミンB_{12}欠乏症
・甲状腺機能低下症　等

3-4)。また、どの種類の認知症であっても共通していることは、原因となる疾患の影響によって「いったん発達した認知機能が低下した状態」で、なおかつ「生活に支障が出る状態」です。一方、認知機能の低下があっても生活に支障が出ていない状態は「軽度認知機能障害」(Mild Cognitive Impairment：MCI）といいます。MCIのうち50～60%はそのままにしておけば認知症（生活に支障が出る状態）に移行するといわれています。

後ほど詳しく説明しますが、認知症には治る認知症と治らない認知症があります。先ほど紹介したアルツハイマー型認知症等は治らない認知症で、現在の医療では基本的に元通りの状態に回復しません。そのため何が重要かというと、“認知症にならないよう予防すること”、これが最も重要です。MCIの時点でその進行を止めたり緩やかにしたり、さらにはMCIになる前から認知機能を低下させないといったことを個人レ

図3-4　認知症の原因疾患別割合

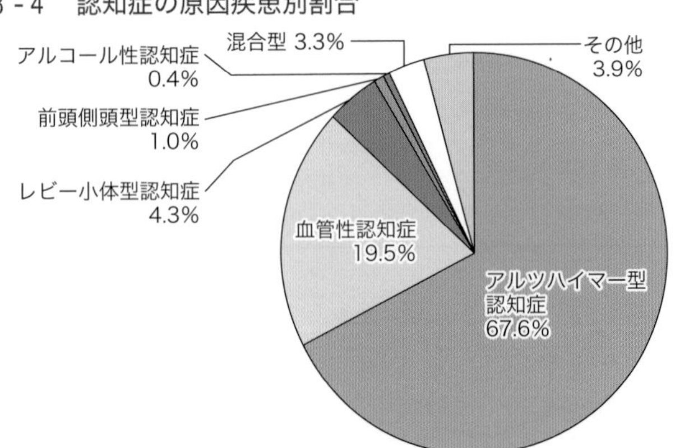

出典：厚生労働科学研究費補助金認知症対策総合研究事業「都市部における認知症有病率と認知症の生活機能障害への対応」平成23年度～平成24年度総合研究報告書を基に作成

ベルから国レベルまでで取り組む必要があります。支援者としては認知症になっていない人へのはたらきかけも大切なミッションですから、「認知症予防7つのポイント」を次にまとめておきます。

【認知症予防7つのポイント】

①生活習慣病の予防や治療：高血圧や糖尿病、高脂血症などは脳に負担をかけたり脳梗塞の原因になったりします。

②適度な運動：特に有酸素運動は脳を活性化させるとともに生活習慣病も予防できます。

③バランスのよい食事：過食を避けましょう。魚や野菜、果物、大豆などを多く摂りましょう（抗炎症作用、抗血小板作用、抗酸化作用があるため）。

④お酒は適量に、喫煙はしない：少量の赤ワインがよいといわれています。

⑤頭を使って脳を活性化：趣味を楽しむ、簡単な計算、音読、字を書く、コミュニケーションを取ることは脳を活性化させます。また、新しい事柄に取り組むと頭がフル回転します。

⑥休養をしっかりとる：よく遊んでよく休むことは心身のストレスを軽減させます。

⑦ストレスをためない：ストレスは脳によくありませんので、上記②④⑤⑥等で発散しましょう。

認知症を理解するうえで“認知機能”について知ることは大切です（**表3-5**）。人間に備わっている認知機能、このはたらきが低下することによって生活を困難にさせるさまざまな症状が出現します。その1つである「記憶障害」はとても有名な症状です。「認知症＝記憶障害」と

表３－５　認知機能

・記憶	・計算
・思考	・学習能力
・見当識（時間・場所・人物）	・判断
・理解	・言語
・実行機能	

図３－５　認知症の症状

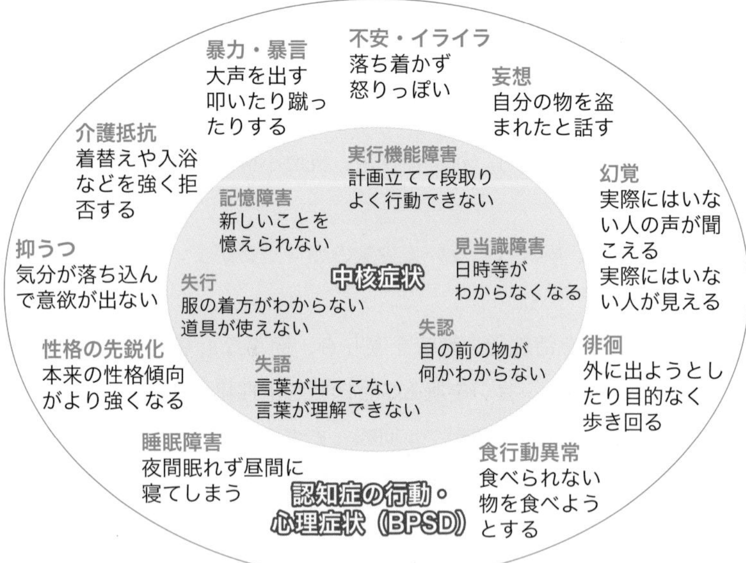

多くの方が認識していますが、認知症の症状は記憶障害だけではありません。多彩な症状を理解するために、症状を次のような2つのカテゴリーに分ける整理の仕方があります。①中核症状、②認知症の行動・心理症状（BPSD）です（図3-5）。

1 中核症状

認知症を発症した場合に共通して起こりやすい症状です。それぞれの認知機能が低下することで症状が現れます。例えば「記憶」という精神機能のはたらきが低下すると「記憶障害」という症状が出現します（表3-6）。

表3-6　中核症状

記憶障害	最近の出来事を憶えられない
見当識障害	時間や場所がわからなくなる
失語	言葉が理解できない、言葉が出てこない
失行	行動の取り方がわからない
失認	目の前にある物が何かわからない
実行機能障害	見通しを立てて順序よく行えない

(1)　記憶障害

老化による「もの忘れ」と中核症状による「記憶障害」の違いを図3-6にまとめています。老化による「もの忘れ」は、その人が体験したことの一部を忘れてしまうことです。ただし、忘れている内容は思い出すことができます。例えば、昨日友人とランチをしたのに何を食べた

図3-6　もの忘れと記憶障害

◆老化によるもの忘れ

✓体験の一部を忘れる
✓ヒントで思い出せる
✓日常生活に支障はない

◆中核症状による記憶障害

✓体験の全体を忘れる
✓ヒントで思い出せない
✓日常生活に支障をきたす

のか忘れてしまった場合、その友人からヒントをもらえれば思い出すことができます。ランチの前後に友人と何をしていたか、一緒にランチをしたお店の名前や場所など、ヒントをもらえれば思い出すでしょう。**図3-6**の抜け落ちている○になっているところは忘れてしまった体験ですが、その○の周囲のことがわかれば○の部分も思い出すことが可能になります。ヒントやちょっとした工夫で忘れていることを思い出すことができるので、生活への支障は比較的出ません。

その一方で「記憶障害」は体験の全体が抜け落ちるため、いくらヒントをもらっても思い出すことが困難です。そのため、生活に支障が出やすい状態になります。また、記憶障害の特徴として最近の出来事は忘れやすい（短期記憶障害）ですが、昔のことはよく憶えています。そして、知的に習得した記憶（知識）は徐々に失われていきますが、長い間かかって身についた習慣は失われにくいものです。中核症状がある当事者の心理的特徴については後ほど解説しますが、このような記憶障害が自分の身に起こると、非常に強い不安感や恐怖感が伴うことは理解できるでしょう。

(2)　見当識障害

見当識とは、時間や場所、人などを正確に認識するはたらきです。人はこの見当識があることで、時間という概念のもと生活行動をパターン化したり計画性をもって行動することができるのです。また、場所を認識することで今ここに留まるべきなのか、別の場所を目指して移動するべきなのかを判断できます。目の前にいる人が誰なのかを正しく認識できれば、その人との関係性に基づいたコミュニケーションが図れます。

こういったことからわかるとおり、社会生活を営むうえで見当識は当たり前のように日々はたらいている重要な機能です。この見当識が障害

図3-7　見当識障害

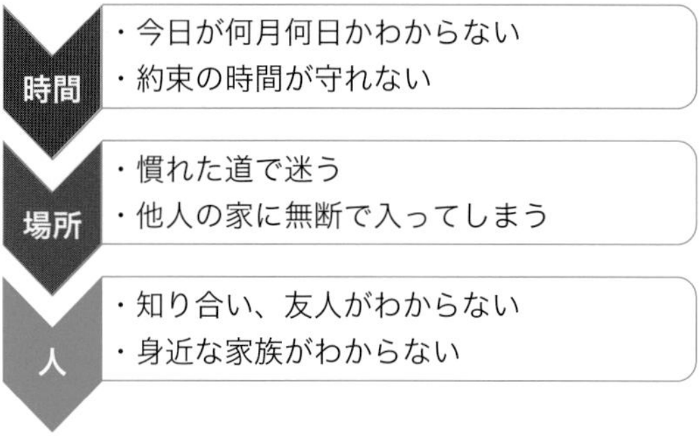

時間
・今日が何月何日かわからない
・約束の時間が守れない

場所
・慣れた道で迷う
・他人の家に無断で入ってしまう

人
・知り合い、友人がわからない
・身近な家族がわからない

されると日時や場所が正しく認識できなかったり、目の前にいる人が誰なのかわからないようになります。**図3-7**にあるとおり、一般的に見当識障害は「時間」→「場所」→「人」の順に障害が進んでいきますので、どの見当識がどの程度障害されているのかをアセスメントすることも必要となります。このような見当識障害も、不安感や恐怖感など心理的に大きな影響を与えることになります。

(3)　失語

言語に関する認知機能が低下すると失語という症状が出現し、言葉によるコミュニケーションを困難にさせます。失語は、①考えを伝える際にその言葉が出てこない失語（運動性失語症）、②相手の言っている言葉の意味がわからなくなる失語（感覚性失語症）の2種類に分類されます。物や人の名前が思い出せなかったり、字が書けなくなったり読めなくなったりもします。コミュニケーションの障害を丁寧にアセスメントしておかないと当事者のニーズを汲み取れない可能性があるので注意が必要です。

(4)　失行、失認

失行は行動の取り方がわからなくなる症状です。手足の動きは全く問題ない（身体的に障害はない）にもかかわらず、動作がスムーズに行えません。例えば、毎日している歯ブラシの使い方がわからなくなったり、服を着るという行為がわからなくなるといったことです。

そして、失認は目の前にあるものを正しく認識できない症状です。視力や聴力は低下していない（身体的に障害はない）ものの、目の前にある物が何かわからなくなったり、物と物との距離感がわからなくなったりします。自分の身体と物の位置についても同様です。例えば、認知症を患っている人が便意を感じているにもかかわらずトイレに座ってくれない、と介護者が悩んでいるとき、もしかしたらその人には（空間）失認が生じているかもしれません。自分の身体の位置と便座の位置関係がわからず、便座に座ることができないのです。イメージとしては、何もない所にお尻を置こうとしているようなものですので、尿意や便意がありいくら便座に座るよう促されても、その恐怖感から座ることを躊躇したり拒んだりしてしまうのです。こういう理解があれば言葉がけや態度が変わってくるので、認知症を患っている人も安心感をもって介護者に身をゆだねるでしょう。

(5)　実行機能障害

人が物事を計画立てて順序よく行うためには実行機能というはたらきが必要です。この実行機能が障害されると、一つひとつの動作はできても一連の行動としてスムーズに行うことが困難になります。こういったことが起きると家事や仕事、日常生活全般に支障が出ます。

料理はその代表的なものです。例えば晩御飯の献立をカレーライスとサラダに決めたとしましょう。まず冷蔵庫に余っている食材は何があるのかを確認し、そのうえで足りない食材を考えて買い物に行きます。この時、カレーライスとサラダを作るのに必要な食材をイメージして、さらにはどのスーパーに行けばより安くてよい物があるか、頭の中で計画を立てながら買い物をします。買い物が済んだらご飯を炊き、食材を切って鍋で煮込みながらアクを取ります。また並行してサラダを作り、カレーライスの具が柔らかくなったらカレールーを入れます。完成に向けて時間がどの程度かかるか計算し、今何をして次に何をするのか、一連の流れを考えながら順番に作業を進めます。これは先を見通すことができる実行機能が健常にはたらいているから行えるのです。

実行機能が障害されると、買い物をする、食材を切る、煮込む、盛り付けるといった一つひとつの行為は行えたとしても、手順がバラバラになってもともと作れていた味が再現できなくなります。私たちは日々の生活を営むうえで、要領よく、効率的に、手順を正確に、といったことを無意識のうちに行っているので、これが障害されたときは見た目にはわかりづらいですが、生活のさまざまな場面で支障をきたすことになります。そして不安や葛藤を生じさせるのです。

2 認知症の行動・心理症状（BPSD）

一般的に精神症状（行動・心理症状）をBPSD（Behavioral and Psychological Symptoms of Dementia）と呼んでいます。BPSDは認知症を患ったからといって必ず出現する症状ではなく、個人のさまざまな要因によって出現するかどうかが異なります（図3-5）。環境や周囲の接し方に影響を受けて軽くなったり強く現れたりしやすいのが特徴です。認知症が進行すると中核症状は強まりますが、逆にBPSDは軽減することがあります。BPSDは具体的には次のような症状です。

(1)　不安・焦燥

漠然とした不安感やイライラ感が出現します。人によってそのきっかけや程度、持続時間などはさまざまです。機嫌がよかったり悪かったりと波がある場合や、長時間にわたってイライラしていることもあります。また、そうなる理由がはっきりしないことや、ある程度はっきりしている場合もあります。周囲からのちょっとした刺激でその程度が強まりやすいため、静かで落ち着く環境をつくったり、興味がもてること等を提供するかかわりが必要です。安心感を得てもらうための言葉がけやボディタッチも効果的です。中核症状によって言語的コミュニケーションが負担になるようなときには、そばに寄り添いながら沈黙の時間をともに過ごしたりし、コミュニケーションの方法をその人に合わせることが重要です。論理的な説得はむしろ不安やイライラした気持ちを強めやすいので注意が必要です。

(2)　うつ状態・意欲減退

何事にも関心がもてなくなり、家にひきこもったりセルフケアが低下します。特に認知症の初期はうつ状態になりやすく、うつ病と間違えられることもあるので注意が必要です。本人が怠けているわけではありません。しかし、怠けているように見られがちです。強く活動を促すことは本人へ負担を与えるだけですので、その日の体調に合わせた活動を促しましょう。時にはしっかり休養をとってもらう促しが必要な場合もあります。ただし、食事や飲水、排泄などがおろそかになると身体状態が悪化してしまうため、この点については早めに対応しなければいけません。そのためには家族や支援者間での情報共有が大切です。

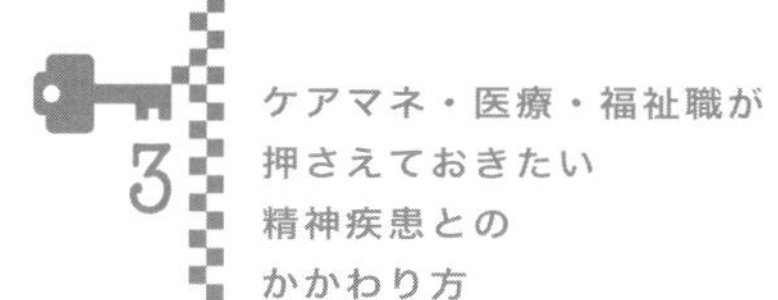

(3) 幻覚･妄想

幻覚と妄想は現実には起こっていないことを起こっていると認識してしまう症状です。多くの場合、現実的な認識に訂正することは困難です。

① 幻覚

幻覚は聴覚･視覚･嗅覚･味覚･触覚など感覚にまつわる症状です。それぞれの症状を幻聴・幻視・幻嗅・幻味・体感幻覚といい、これらを総称して幻覚と呼んでいます。現実的には聞こえない音が聞こえる、見えないものが見える、といったことが当事者に起きます。周囲の人にとって非現実的でも本人にとっては現実的です。認知症の1つであるレビー小体型認知症では幻視の症状が起こりやすい特徴があります。しかも統合失調症などの幻視に比べて、ありありとした、あたかも現実的に見ているような見え方になります。幻視により「家の中に知らない子どもがいる」「毎日泥棒が入ってきている」という体験をしている場合、本人は当然知らない子どもや泥棒に対して戸惑ったり怖い思いをします。幻視は単に見えないものが“見えている”だけの理解ではなく、見えることでの“気持ち”に焦点を当てた理解が大切です。

② 妄想

妄想は思考の症状です。非現実的なことを現実に起こったと思い込んでしまいます。例えば家族が自分のことを見捨てようとしていると信じ込み、皆が否定しても訂正が効かないといったことです。一方で誰しも経験したことがある“勘違い”は比較的簡単にその思い込みを訂正することができます。ほかの人から「それは◯◯だよ」と指摘を受けると「そう言われればそうだった」と間違っていることを受け入れられるのです。

しかし、妄想は違います。いくら事実とは異なった思い込みだと指摘を受けても訂正することは困難です。むしろ指摘を受ければ受けるほど「そんなはずはない！」とその思いは強まります。

妄想はその内容によって種類が分かれ、被害妄想・罪業妄想・血統妄想などと呼ばれます。認知症が引き起こす妄想の多くは被害妄想です。実際には何も起こっていなくても、誰かが家の中に入って物を盗んだと思い込んでしまいます。こういった被害妄想はもの盗られ妄想ともいわれ、記憶障害が原因になっている場合もあります。例えば、財布が盗まれないようにタンスの奥に隠したこと自体を忘れてしまい、探しても見つからず、誰かが盗んだという解釈で自分を納得させるといったことです。このような妄想の体験は幻覚と同様で不安や怒りなどの嫌な思いを伴います。妄想の有無を知るだけでなく、妄想によって本人の気持ちがどうなっているのかを理解することが大切です。また、妄想が生活のどの部分にどれくらい影響を与えているのかを確認することも支援計画を立てるうえで大切なポイントです。

(4)　性格の先鋭化

元来の性格傾向がさらに強くなる症状を性格の先鋭化といいます。例えばもともと怒りっぽい人がさらに短気になったり、疑い深い人がよりいっそう不信感でいっぱいになるといったことです。周囲の人からすればこの症状は病気としての理解が難しいですが、実際には数多くのケースで性格の先鋭化が出ています。

2 診断と治療

1 診断

認知症の診断は症状や検査などを総合的に判断して行われます。よく用いられる検査は次のとおりです。

・MMSE（Mini Mental State Examination：ミニメンタルステート検査）

30点満点中23点以下で認知症が疑われます。下記のHDS-Rと共通する項目が多いため併せて実施されることもあります。

・HDS-R（Hasegawa Dementia Scale-Revised：改訂長谷川式簡易知能評価スケール）

30点満点中20点以下で認知症が疑われます。

・画像診断としてCTやMRI、脳血流SPECTなど

認知症には治る認知症（可逆性認知症）と治らない認知症（非可逆性認知症）があります。**表3-4**に認知症の原因疾患をまとめていました。そのうち正常圧水頭症や甲状腺機能低下症、慢性硬膜下血腫などが原因で認知症を引き起こしている場合は、それぞれの原因疾患に対する治療を受けることで認知症は改善します。これらは治る認知症といえます。

その一方でアルツハイマー病やレビー小体病、前頭側頭葉変性症などは治療による改善が難しいです。これらが原因で認知症を発症している場合、症状は次第に進行していきます。いわゆる治らない認知症です。また、脳梗塞などが原因で起こる血管性認知症は治らない認知症ですが、元の状態に戻ることは難しいながらも適切な治療を受けることによって進行を止められる可能性があります。このように、認知症の原因になっている疾患を探ることは治療方針を決定するためにも非常に重要なことです。

また、認知症とせん妄についてはしっかりと鑑別する必要があります。症状が似ていますが治療方針が全く異なりますので、詳しくはせん妄の項目（第3章5）を参照してください。

2 治療

認知症の治療には大きく分けて「薬物療法」と「非薬物療法」の2つがあります。まずは薬物療法についてです。

中核症状に対する治療薬を抗認知症薬と呼びます（**表3-7**）。この薬は中核症状を元の状態に戻すのではなく、あくまでも症状の進行を緩やかにするものです。副作用は消化器症状（悪心・嘔吐・下痢等）が多い

表3-7　抗認知症薬の種類

抗認知症薬	ドネペジル	ガランタミン	リバスチグミン	メマンチン
商品名	アリセプト®	レミニール®	リバスタッチ®	メマリー®
効き方	アセチルコリン（神経伝達物質）を分解する酵素のはたらきを阻害してアセチルコリンの減少を抑制			受容体を阻害して神経細胞への過剰刺激を抑制
特徴	軽度、中度、高度のすべてに唯一使える	唯一、1日2回投与	唯一の貼り薬	効き方が唯一異なるので併用可能
用法用量	1日1回3mgから開始、1～2週間後に5mgに増量。最大10mg。	1日8mgから開始、4週間後に16mgに増量。最大24mg。	1日1回4.5mgから開始、4週間ごとに4.5mgずつ増量。最大18mg。	1日1回5mgから開始、1週間後に5mgずつ増量。最大20mg。
主な副作用	消化器症状（悪心、嘔吐、下痢）精神症状（不眠、不機嫌）など	消化器症状（悪心、嘔吐、下痢）精神症状（不眠、不機嫌）など	皮膚症状、かぶれ	不動性めまい、頭痛、便秘

です。また、抗認知症薬は脳のはたらきを活性化させるため、不機嫌になったり興奮したり、夜間の睡眠がとりにくくなるといった副作用も出やすいため注意が必要です。副作用を確認しながら計画的に少しずつ増量していくのが一般的です。

リバスチグミンは唯一の貼り薬で、薬の吸収を皮膚から行うので誤嚥のリスクが高い人には安全です。ただし、高齢者の皮膚はかぶれやすいため、毎日皮膚の状態を確認したり貼る位置を変えたりする必要があります。

BPSDには副作用やさまざまなリスクの観点から抗不安薬や睡眠薬は原則使用しません。比較的副作用の少ない漢方薬（抑肝散）が効果を示す場合があります。

次に非薬物療法です。薬物療法以外の治療アプローチを表3-8にまとめています。情動志向的アプローチや行動療法的アプローチは副作用

表 3 - 8　薬物療法以外の治療アプローチ

情動志向的アプローチ
・回想法：昔の懐かしい写真や音楽、昔使っていたなじみ深い家庭用品などを見たり、触れたりしながら、昔の経験や思い出を語り合う一種の心理療法。 ・バリデーション療法：大声を出したり徘徊するような行動も“すべて意味がある行動”としてとらえ、なぜそのような行動を取るのかに立ち返る。例えば、病院や施設で家に帰りたいと言っている人に「家には誰がいるの」から尋ね、家がその人にとってどのような意味があるのかを探り、共感を深める。
行動療法的アプローチ
・ある行動と同時にはできない対抗行動を考えて促す。例えば、騒いで落ち着かない人に対して会話（対抗行動）を行ったり、趣味の編み物をしてもらったりすることである。

が少ないという意味では使いやすいですが、さまざまなものに影響を受けやすいという特徴があります。当事者のその日の体調や症状の程度、周囲の環境にも影響を受けます。また一度や二度行って効果があるというわけではなく、継続的にアプローチを続けることが有効ですので、支援者で連携をとって実施することが望ましいです。

 認知症の種類による特徴

ひとくくりに認知症といっていますが認知症の原因疾患によっても特徴があります。どういった種類に分かれるかを**図3-4**で復習しましょう。認知症の原因疾患別割合はアルツハイマー型認知症・血管性認知症・レビー小体型認知症・前頭側頭型認知症が多いです。ここではこの4種類の認知症についてそれぞれの特徴を解説します。

1 アルツハイマー型認知症

アルツハイマー病が原因で認知機能が低下し、日常生活に支障をきたした状態です。主に記憶障害が表面化し次第に悪化していきます。しかし初期の段階では症状をよくも悪くも取り繕うことができることを理解しておきましょう。なぜなら治療を進めるうえでそれが妨げになる場合が多いからです。

例えば、記憶障害によって生活に支障が出ている人が、診察のときには妙にしっかりしているということが多いです。診察室の環境が適度な緊張感を与え、認知機能が一時的によくなるのです。その結果、ふだんの本人の状態と主治医が把握する状態が乖離します。取り繕う行動自体は健常な力がはたらいているからこそ取れるので、その人のよい部分としてとらえましょう。しかし、診察場面でそういった一面しか伝わらな

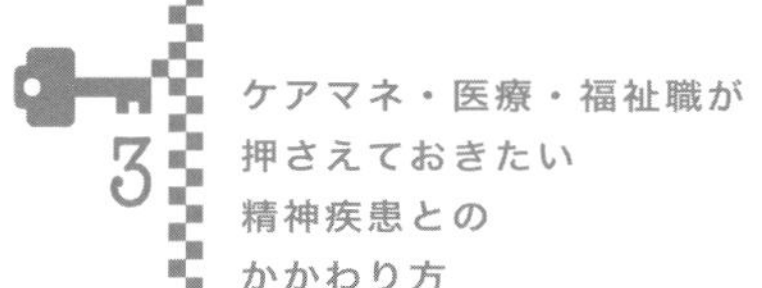

いということは治療上よくありません。障害されている部分と健常な部分を合わせて全体像を把握することが治療や支援を行ううえで求められます。個々のケースに応じて、主治医にも正確な情報が共有されるようにその方法を検討する必要があります。

2 血管性認知症

脳梗塞や脳出血などの脳血管障害が原因で認知機能が低下し、日常生活に支障をきたした状態です。症状は脳血管障害の部位や大きさなどによって異なります。また、脳血管障害の再発によって段階的に認知機能が低下していきますので、血圧や血糖値、コレステロール値などを健全な状態に保つ必要があります。そのためには生活習慣を見直したり薬物治療を受けたりしましょう。

多くの場合、記憶障害の程度は軽く、実行機能障害や集中力の低下が出現しやすいです。BPSDとして抑うつ状態や感情失禁が見られやすく、障害されている脳の部位によって片麻痺や嚥下障害、パーキンソン症状（手指のふるえ、小刻み歩行）などの身体症状が出ます。

3 レビー小体型認知症

レビー小体病が原因で認知機能が低下し、日常生活に支障をきたした状態です。ほかの認知症と比較して次の6つの特徴がありますので理解しておきましょう。

①**認知機能障害が変動**：しっかりしているときとしていないときの変動があります。日によって変わったり、1日のなかでも時間によって変動する場合があります。症状が定まらないことは周囲の人にとって理解が難しく、特に介護者は精神的な負担を強めやすいです。

②**幻視**：はっきりとしたリアルな幻視が出現します。あまりにもリアル

に見えるため、見えていることに違和感を感じない人もいます。また人によっては幻視ではなく幻聴の場合もあります。

③**パーキンソン症状**：パーキンソン病を患うと出現する症状で、振戦（じっとしようとしても手指がふるえる）、筋固縮（筋肉が硬くなる）、寡動（動きが遅くなる）、姿勢反射障害（身体のバランスが悪くなる）などです。これらの症状は生活のしづらさを強めたり、転倒・転落による骨折などのリスクも高めます。

④**薬に対する過敏性**：薬に対して過敏に反応するため副作用が出やすくなります。特に抗精神病薬への過敏性はよく知られています。

⑤**抑うつ状態**：抑うつ状態が出現して、うつ病と間違えられることがあります。高齢者に意欲の低下や気分の落ち込みがみられる際には、認知症を疑う事も必要です。

⑥**自律神経の乱れ**：自律神経の調整がうまくいかなくなり、便秘や立ちくらみ等の症状が出ます。認知症の症状にはこういった身体症状もあるということを憶えておきましょう。

レビー小体型認知症と診断を受けた人にこういった6つの特徴がまだ出ていない場合でも、今後出現する可能性があるということを知っておけば早期に対処できることがあります。

4 前頭側頭型認知症

前頭側頭葉変性症が原因で認知機能が低下し、日常生活に支障をきたした状態です。比較的若年に発症することが多いです。主に側頭葉が萎縮して言語障害がみられるケースと、前頭葉が萎縮して行動の障害がみられるケースがあります。これらをまとめて前頭側頭型認知症といいます。ここでは行動障害について解説します。

①**脱抑制**：脳の中で前頭葉は理性を司る部分です。その前頭葉が萎縮す

ることで行動を取る際の抑制が障害され、時には反社会的な行動を取ることがあります。例えば、万引きや交通違反などを繰り返し行ってしまうようなケースです。このような場合、反省を促しても社会的に悪いことだという認識は得られにくいです。

②**共感の欠如**：相手の立場に立って物事をとらえることが難しくなります。例えば、葬式などのシリアスな場面で1人冗談を言ったり笑っていたりします。

③**常同行為**：同じ行動を繰り返し取ってしまいます。例えば、毎日必ず同じ時間に歯磨きをしたり、同じコースを歩いたりすることです。

④**無気力・無関心**：気力や関心が低下し、長時間にわたって何もせず過ごしてしまいます。

⑤**食習慣の変化**：偏った物ばかり食べたり、極端な味付けをするようになります。

⑥**被影響性**：目にしたものにすぐ反応してしまいます。例えば、見た物をすぐに触ったり、見た文字を何でも読んでしまうようなことです。

【かかわり方のポイント】

支援者は上記の特徴的な症状などによって、当事者へのかかわりを困難に感じることが多いです。しかし、次のような工夫をすることで状況が好転しやすくなりますので憶えておきましょう。

前頭側頭型認知症は比較的手続き記憶（技能や一連の動作に関する記憶）が保たれているため、仕事や趣味などこれまでの生活歴からやり慣れた作業を日課にします。その日課（常同行為）に集中している間は行動障害や支援者の負担が軽減します。作業内容はシンプルで失敗の少ないものが常同化しやすいので、作業の選定は丁寧に検討する必要があります。またエピソード記憶（体験した出来事についての記憶）も比較的保たれているため、かかわる人や場所をできる限り変えないようにすることで、スムーズな作業の導入を図ることができます。作業に必要な物品はあらかじめ準備しておき、その場に来ればすぐ取り組めるようにしておきます。その場から離れようとした際には、速やかに道具を手渡したりすれば、被影響性の亢進を利用して作業を継続することができます。

4 認知症のケア

認知症を患った人にかかわる家族や支援者が憶えておくべきことについて解説します。まずはケアの基本になるコミュニケーションについてです。図3-8にあるように、認知症の進行に伴って効果を示すコミュニケーションの方法は、言語的コミュニケーションから非言語的コミュニケーションに移行していきます。発症初期はさほど認知機能が低下していないことから言語によるメッセージが伝わりやすいです。しかし、

図3-8　認知症の進行に伴って効果を示すコミュニケーションの方法

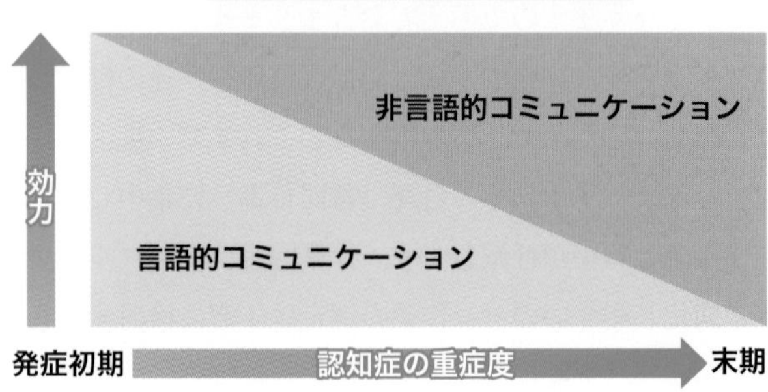

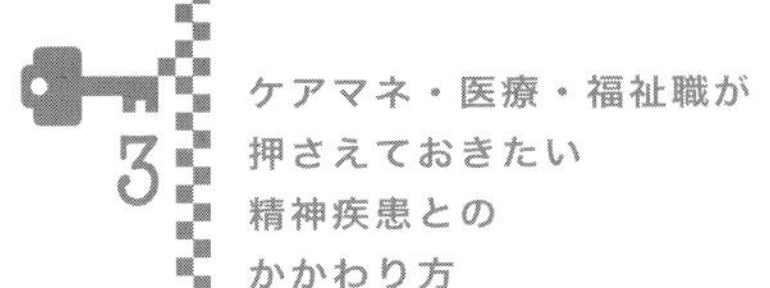

徐々に認知機能が低下していくに伴いこれが困難になります。そして言語に代わって非言語メッセージがコミュニケーションの主体になります。態度や表情など視覚からの情報が重要となるのです。どういったコミュニケーションの方法であっても一貫していえるのは“安心”のメッセージを送り続けるということです。

認知症を患った人の心理的特徴については後述しますが、不安や孤独感が強くなっていることが多いです。ケアにあたる人は「不安を上回る安心感を伝える」ことを意識づけておきましょう。

認知症の初期～中期には**図3-9**にあるように会話のなかで詳細なことが言えなくなります。そういった際、自尊心を傷つけないために、さり気なく言葉を補う会話をしましょう。当事者は会話のなかで言葉が出てこないため自信を失くし、不安やイライラ感が出現しやすくなります。周囲の人がどのようなコミュニケーションを取るかで、この自信の喪失を回避したり軽減したりすることが可能になります。**図3-10**に

図3-9　認知症初期～中期のコミュニケーション

初期～中期
話す内容の詳細さが低下する

あのーえっと…
いつものあれを見たいんだけど
ほら、あれはどこに…

いつもどおり新聞紙を
読む時間ですね、
ここにありますよ、どうぞ

そうそう新聞紙、
ありがとう

会話の流れに沿って、さりげなく言葉を補う

図 3 -10　認知症中期以降のコミュニケーション

中期〜
話題を見つけることが困難になり人との交流を避ける

当事者の生活歴から話しやすい話題を見つけ出す

黙っていてもよい交流の場をつくる

あるように中期以降は自ら話題をみつけて会話をするということが困難になり、交流の場を避けるようになりがちです。これがさらに健全な刺激を少なくし、認知症の進行を助長してしまいます。そのため、本人が話しやすい話題を見つけ、個別性の高い会話ができる場をつくることが大切です。さらには、本人が黙っていても問題なく参加していられるような安全な場であれば、そこに長く居続けることが可能になります。当事者がその人らしく生きるためには、本人を理解している環境づくりが重要です。認知症のケアはオーダーメイドなケアですので、個々に応じた環境づくりやかかわり方を検討する必要があります。

また、認知症の症状だけでなく、老化によって心身の機能が低下していることにも配慮が必要です。老化により視力や聴力という感覚器が衰えたり、情報を処理する能力が低下したりします。そのため、コミュニケーションの際に工夫が必要となります。伝える内容を短く簡潔にしたり、当事者が理解できる表現にします。また、話し言葉だけでなく、字に書いて視覚的に補うのも効果的です。さらには、話しているときの口の動きをしっかり見せたり、ゆっくりとした口調で高い音は避けるという配慮も必要でしょう。

次に認知症ケア10のポイントを**表3-9**にまとめています。

①理解と共感：ケアを行う前提は、当事者と信頼関係を構築することです。そのためには相手の気持ちや価値観に共感する感性をもつことが大切です。認知症を患うと認知機能の低下によって周囲の人には理にかなっていない行動をとることもありますが、どのようなときでも当事者なりの価値観や思考で判断していて、本人にとっては十分理論的なのです。また、自分の思いをうまく言葉で表現できないこともあるため、全体像を把握したうえでその時々のその人を理解し共感する姿勢が必要です。

②説得よりも安心を：当事者の行為が周囲の人には理にかなっていないとき、説得を試みても受け入れてもらうことは難しいです。むしろ言い争いになるだけです。結果的にその会話の内容は忘れ、怒られた感

表3-9　認知症ケア10のポイント

①理解と共感
②説得よりも安心を
③認知症の特性をケアに取り入れる
④上手な誘導で生活をパターン化
⑤できることは続け無理強いしない
⑥決して自尊心を傷つけない
⑦わからない人とせず自己決定を尊重
⑧その人らしく存在していられるように
⑨心身の状態に加えて社会的な状態など全体的にとらえる
⑩最期のときまでを視野に入れたケアを

情だけが残ります。そういったことが発展すると被害妄想につながります。このようなことから、本人の言い分を何とか論破するやりとりではなく、その場その場で本人が納得し、安心する対応を心がけるのがよいでしょう。

例えば、薬を飲んだにもかかわらず「まだ薬を飲んでいない」と言っている場合は「わかりました。では準備をするのでテレビを見て待っていてください」などと対応することが望ましいです。ほかのことに意識が向いているうちに忘れてしまうことが多いので、説得する必要がありません。ある意味ではごまかしているというこの対応に、抵抗感が芽生えることもあると思います。本人の感情が落ち着くことを優先するか、事実である正しさを優先するか、葛藤を感じる倫理観をもち続けることもケアを行ううえで大切なことです。

③**認知症の特性をケアに取り入れる**：②でも説明したとおり、認知症の特性として忘れたり、気がそれやすいことをケアに取り入れる工夫をすると、本人もケアをする人も負担が強まらない場合が多いです。また、認知症が原因で起きる周囲の人が困る行動は、いつまでも続くとは限らず、認知症がある程度進行すると落ち着くことが多いのでその点を理解しておきましょう。

④**上手な誘導で生活をパターン化**：促し方や誘導の仕方が上手になり生活をパターン化できれば介護者の負担はかなり軽減します。例えば、毎日決まった時間に散歩に行く習慣をつくったり、毎週決まった曜日はデイサービスに参加するなど、はじめは嫌がっていても慣れてくると楽しむ当事者も多いです。

⑤**できることは続け無理強いしない**：当事者の自己決定を尊重することは支援の基本です。やりたくないことは強制せず、やりたいことをやってもらいます。もちろん拒むことをすべて促さなくてよいと言っ

ているわけではありません。特にセルフケアを満たすためには、本人がやりたくないその原因を考え、原因が除去できる方法はないかを検討します。当事者と介護者の間で真正面からぶつかる「やる」「やらない」のパワーゲームは何もよいことを生み出しませんし、むしろ当事者には嫌な感情だけが残ります。

⑥**決して自尊心を傷つけない**：当事者が認知症であることを受け入れているケースは稀です。できないことが増えてきた自分ではなく、何でもできる若い頃の自分をイメージしている人が多いので、ケアをする人は、当事者の華やかだった時代を想像して、その時の人として接しましょう。つまりは、認知症の人として接するのではなく、1人の人間として接することが自尊心を傷つけないコツです。自尊心を傷つけることは感情を不安定にさせたり、セルフケアが低下したりと、認知症の症状以外で当事者も介護者も負担が増えることになります。

⑦**わからない人とせず自己決定を尊重**：認知症を治すことに躍起になりすぎていると、結果として当事者を苦しめてしまうことにつながります。治すことばかりではなく、本人が安心して穏やかに暮らしていけるようにサポートしていきましょう。そのためには介護者が1人で抱え込むのではなく、さまざまなサポートや資源をうまく利用できるように支援する必要があります。また、認知機能が低下すると本来のその人らしい決定がくだせないことがあります。その時には本人に代わって周囲の人が決める場面もあるでしょう。ここで大切なことは、周囲の人がどうしたいかではなく、その人だったらどうしたいかを中心にした考えです。どういう状況になっても当事者の権利を守ることは支援者の基本的な姿勢として忘れてはいけません。

⑧**その人らしく存在していられるように**：その人らしさを支えることは重要です。人はいつまでも自分らしくあろうと葛藤するものです。自

分らしさが脅かされると必死になって抵抗します。これは病気の症状ではなく人の心理です。しかし、認知症を患っている人が自分らしさを保つために葛藤して不安定さが出現すると、認知症の症状なのか、自然な心理反応なのかが見極められない状況になりやすいです。認知症を患ったからといって、その人らしさが全くなくなるわけではありません。その人らしく存在できるようにするためには周囲の支援が不可欠です。

⑨**心身の状態に加えて社会的な状態など全体的にとらえる：**認知症によって心身の状態がどのように影響を受けているのかをアセスメントすることは大切です。それに加えて社会的にどう影響を受けているのかも検討する必要があります。例えば、当事者が住んでいる地域で認知症はどのような認識をもたれているのか、サポートする資源はどのようなものがあるのかを知る必要があります。当事者はそういった社会的な影響を受けて生活していることも忘れないようにしましょう。

⑩**最期のときまでを視野に入れたケアを：**認知症は症状の進行とともに徐々に身体的にも弱っていきます。身体疾患を合併することは少なくありません。中期から末期には認知機能が低下してコミュニケーションが取りづらくなることも多いので、初期の段階から先を見据えてかかわる必要があります。自分らしい最期の迎え方などもタイミングを見計らって丁寧に聞き取っておく必要があるでしょう。

5 介護者へのケア

介護で疲弊している家族からよく耳にするのが「どこまでが性格で、どこからが病気なのかわからない…」という言葉です。本来のその人の部分と本来のその人ではない病気の部分を分けて理解できれば介護者自身の気持ちが少し楽になるといった思いからの言葉でしょう。実際に明確な境界線はなく、むしろ性格の特性が強まる症状もあるため、“性格”と“病気”というカテゴリーに分けるのは困難です。疲弊している家族に対して安易にこの説明をするのはよくありませんが、知識を得ることで気持ちが整理できる場合があります。

しかし、まず重要なのは介護者の気持ちを吐き出す場を作ることです。溜め込んでいる思いを吐き出すだけで心は軽くなります（109ページ参照）。その際、支援者はできるだけ口を挟まずその気持ちに寄り添い、共感することに徹しましょう。介護者は孤独感や先の見えぬ不安感でいっぱいになっています。自分の気持ちに共感してくれる人がいると、孤独感や不安感を消し去り安心感が得られます。

支援者のなかには「（介護者の）話を聴くしかできなかった」と自信なく話す人がいます。しかしそういうことを言う支援者は必ず話を聴きながら自然と共感しています。介護者はこのやり取りを通じて介護を続けていくためのエネルギー（安心感）を支援者からもらっていますので、これからは意識的に、そして自信をもって、心に寄り添って話を聴くという重要なケアをしていただきたいです。

介護者の気持ちを吐き出してもらったら、次は知識をもってもらうことです。一般的な知識については伝えるタイミングや言葉選びに配慮が必要です。感情が強まっているときは避けて、少し落ち着きつつあるときに伝えましょう。本書に載っているような知識を個々のケースに合わせて、支援者が自分の言葉でかみ砕いて伝えれば介護者も受け入れやすいでしょう。そのためには頭で考えているだけではなく、とにかく何度も実践して伝え方を上達させましょう。

事例から考える支援のポイント

□Aさん(80代、女性)のケース

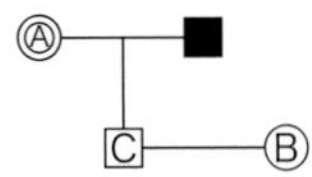

8年前にかかりつけ医からアルツハイマー型認知症の診断を受けました。その診断を受けたことをきっかけにAさんが営んでいた工場は同居している息子夫婦が引き継いでいます。Aさんは息子の嫁であるBさんに依存が強く、ちょっとしたことで被害的になって怒ったり、見捨てられたと泣いたりします。息子のCさんは工場の仕事をメインで行い、Bさんも仕事を手伝いながらAさんの介護をしていました。

主介護者であるBさんは数年間にわたるAさんの介護で精神的に疲弊していました。ケアマネジャーの促しでAさんはデイサービスに週2日参加することになりましたが、以前よりも情緒が不安定になっていきました。工場の仕事が忙しくBさんが部屋に行く時間が少し遅れると、Aさんは「私のことなんてどうでもいいんだね！」「もう死にたい…」等と怒ったり泣いたりします。Bさんがしばらく話を聴いていると機嫌は戻ります。しかし、Aさんは怒ったり泣いたりしていたことを忘れてしまうため、Bさんは「どうしてこんなに頑張っているのに、怒られたり死にたいとか言われないといけないの！」と夫であるCさんに不満を言うようになりました。

ある日、ケアマネジャーが訪問した際にBさんの表情が硬くなり言葉数が少なくなっていることに気づきました。心配したケアマネジャーは、Bさんの相談相手を増やすことと、Aさんの気持ちがBさん以外にも向くように訪問看護を紹介しました。AさんもBさんも訪問看護の利用を承諾しましたが、Bさんの表情は硬く言葉数も少ない状態が続いていました。

ある日の訪問看護の際にAさんは前日しっかり眠れなかったため訪問看護師がマッサージをしているとすぐ眠ってしまいました。訪問看護師はこの機会にBさんの気持ちを聞こうと思い、別の部屋で会話を

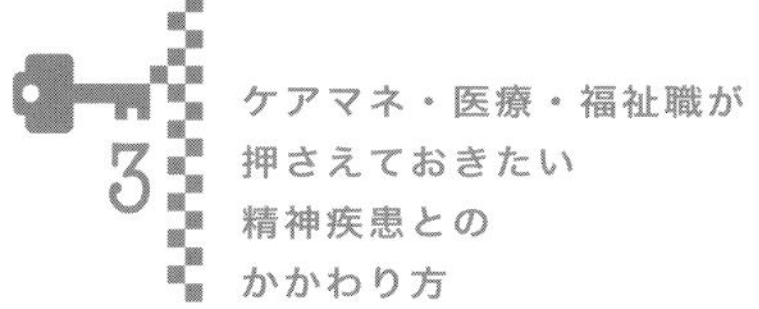

もちました。Bさんは「どうしてこんなに我慢しているのに、私ばっかり責められるんでしょう？　結局お義母さんは私がしっかり向き合っていないとすぐ機嫌が悪くなるし、旦那に言っても放っておけの一点張りで…。実際に私が放ってしまえば今以上に大変なことになるのがわかっていないんですよ」などと次々話しながら涙を流していました。訪問看護師はしばらく話を聴きました。「昔お義母さんは嫁に来た私のことを優しく受け入れてくださって、そんな人が頼りにしてくれている以上はしっかりできることをしたいって思うんです」と少し微笑む場面もありましたが、「でも頑張っても報われるどころか嫌味ばかり言われて…」と再び涙を流していました。

Bさんの精神的ケアを重点的に行う必要があると判断した訪問看護師は、それ以降もAさんとBさんにそれぞれ時間を取り、両者の心のケアを行いました。Bさんは「私のことよりお義母さんの話し相手になってもらったら助かります。訪問看護を受けた後は機嫌がよいので助かってます」と言いつつ「昨日もお義母さんが私に怒鳴ってきて…もう我慢できないです」「旦那はずっと仕事だけしています」等と次々話をしました。

その後も繰り返しBさんへのケアを行っていくと「最近お義母さんに余裕をもって話ができるようになってきたんです」と言うようになりました。ケアマネジャーが訪問した際にBさんの表情にも穏やかさが戻っていました。

ある日、Bさんは認知症のことについて知りたいと訪問看護師に言い、BさんはCさんにも声をかけて同席させました。訪問看護師は認知症や処方薬の特徴、中核症状やBPSDについて、Aさんの行動と連動させて説明しました。「だからお義母さんはあんなこと言うんですね」「そうか…性格が悪くなったと思っていたけど症状なんですね、お義母さんもつらいだろうな…」などと言ってBさんは興味深く聴いていました。Cさんは「こんなことが起きているのなら親孝行しないといけないね…お母ちゃんすごく不安だろうな…」と言っていました。

次の訪問看護の際、今までになかったことが起きました。Cさんが訪問看護に同席したいと言ってきたのです。Aさんは訪問看護師と散歩に行きたいと話していたので、3人で一緒に家の周囲をゆっくりと散歩しました。Cさんは照れくさそうにし終始無言でした。散歩中にAさんは亡くなった夫と間違えて息子であるCさんに対して夫の名前を呼んでいました。Cさんは困惑して返答するか迷っているうちに話題は変わっていました。散歩から帰ってくると家の前にBさんが待っていました。Bさんが「おかえりなさい」と言ったすぐ後、Cさんが小さな声でAさんに話しかけました。「お母ちゃん、仕事は大丈夫だから、安心して任せてな」。その言葉を聞いたAさんは目をウルウルさせて「自慢の息子なんです。この子のお嫁さんもいい娘でね。本当に私はこの子たちがいてくれて幸せなんです」と笑顔で訪問看護師に話していました。Bさんは号泣し、Cさんは照れくさそうにしていました。

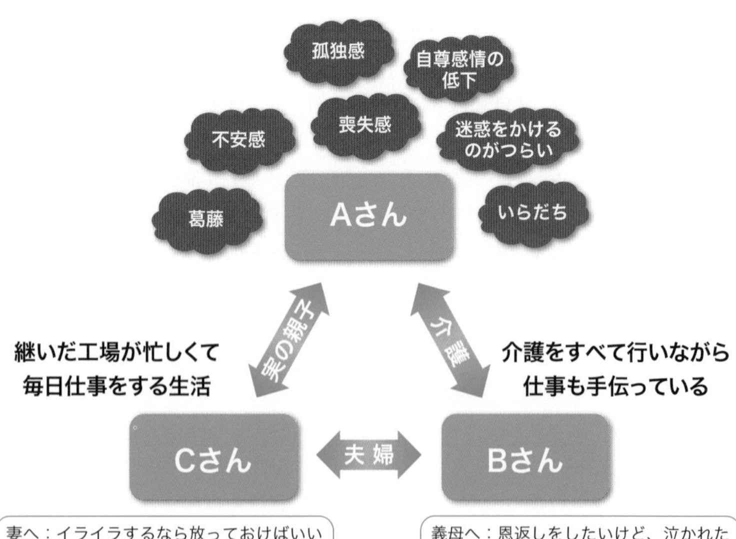

心のケア

図3-11を参照してください。ここでは人の心がコップのような器だと仮定します。生活をしているとさまざまなストレス（感情）が心の中に流し込まれますので、私たちはこのストレスに対して無意識のうちに対処しています。それがコップの下に付いている蛇口です。そこから

図3-11　心のケア

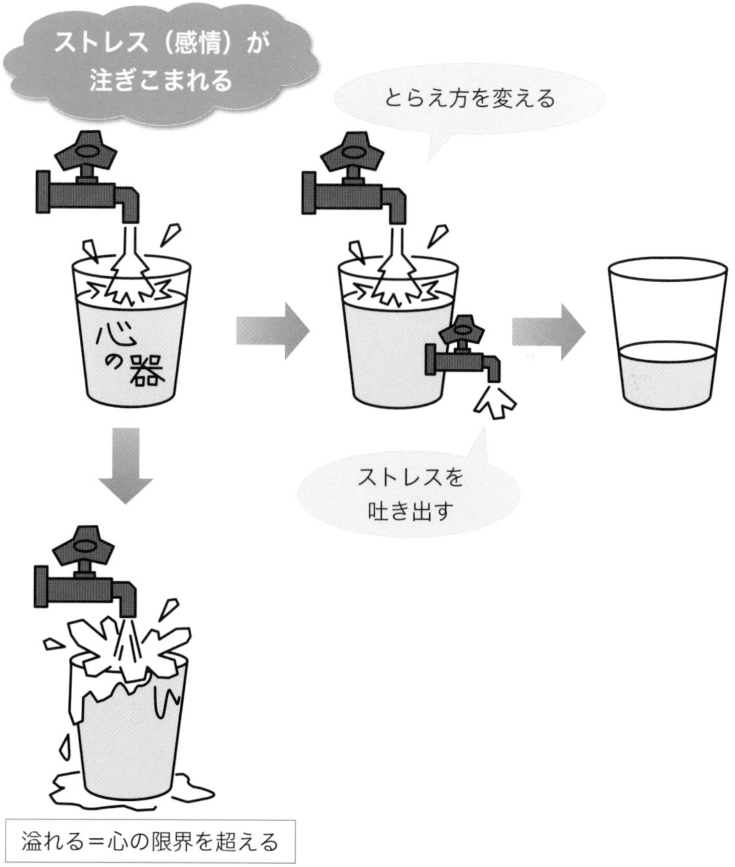

ストレスを外に出して量を減らします。そして容量以上のストレスがコップ内に溜まらないよう対処しているのです。ストレスが容量を超えて溢れてしまうと心が破綻してしまい、いわゆる精神疾患を発症するといったイメージです。そうなると元の状態に戻るのには非常に時間がかかり、当事者はとても苦しいときを過ごすことになります。これを防ぐために私たちはストレスへの対処行動を取っているのです。

対処行動とは気分転換だったり、自分が好んでやりたい行為です。仲のよい友人と話をする、好きなスイーツを食べる、スポーツジムで身体を動かす、大好きなアーティストのライブに行くようなことです。もちろん個人の好き嫌いがあるので自分と他人の対処行動は必ずしも一致しません。また、時間やお金など色々な個別の条件をクリアした対処行動を行うのですが、私たちはおおむね普段の生活のなかで無意識のうちにこれを行っています。

また、図3-11の上の蛇口のことについても解説しておきます。同じことが起きてもそれをストレスとして感じる人とさほどストレスとして感じない人がいます。例えば試験で65点を採った場合、「65点もとれた」という人や「65点しかとれなかった」という人がいます。同じ現象を同じようにストレスに感じない理由は物事のとらえ方が違うからです。

認知症を患った人に介護を行う際、介護者が当事者から暴言を吐かれたとします。「腹が立つな…なぜこんなことまで言われなければならないんだろう」と思う人がいる一方で「苦しいんだろうな…こうして誰かに当たらないといけないぐらいのつらさなんだろう」と思う人もいるでしょう。同じ現象が起きたとしても、そのとらえ方の違いによって蛇口のひねり方が変わり、ストレスの注ぎ込まれる量が異なるといったわけです。

この物事のとらえ方は経験や知識から形成されます。認知症の人の家族が介護を続けるなかで、つらいこともうれしいこともいろいろな経験をしていくことにより、介護を行ううえでの物事のとらえ方が変わります。そして知識も同様です。自ら勉強したり、誰かに教わったりして知識を身につけるのです。上の蛇口で流し込まれるストレスをある程度コントロールしながら、下の蛇口でもストレスを外に出すコントロールをして、日々心の健康を保つようにしているのです。

ちなみに、相談にのってもらうという行為は上下どちらの蛇口にも影響を及ぼします。なぜなら、悩みを話し共感してもらえるだけでストレスを発散できますし、アドバイスをもらいこれまでとは違った物事のとらえ方を見つけることもできます。先ほどの事例のＢさんはまさにこれを訪問看護師との間で行っていました。認知症を患った人にとって介護をしてくれる人は大切な人的環境です。特にBPSDの予防や軽減のためには環境の調整を図ることが重要です。そういった面からも、介護者が心のケアを受けることで余裕をもった介護が行えれば、介護を受ける当事者にとっても精神的な安定を図ることにつながります。

6 認知症を患った際の心理的特徴

皆さん、長谷川和夫医師をご存知でしょうか。認知症の診断に必要な検査を開発した医師で、認知症治療の第一人者です。認知症かどうかを診断する際に使われている認知機能検査として「長谷川式簡易知能評価スケール」があります。「今日は何年の何月何日ですか？」「100から7を順番に引くといくつになりますか？」などの質問項目で検査をします。この長谷川式簡易知能評価スケールは精神科医の長谷川和夫医師が開発しました。今では全国的にこの検査は知れ渡っていて、臨床の現場でもほぼ必ずといってよいほど利用されている検査です。

2017(平成29) 年、その長谷川医師が88歳のときに自ら認知症を患ったことを公表しました。認知症治療の第一人者が認知症になりわかったことを著書にまとめておられます。そのなかで長谷川医師は「認知症は“確かさ”が揺らぐ」[1)]と表現しています。先に述べた認知症のさまざまな症状がそう感じさせるのです。例えば先ほどの質問項目に対し日付を間違えたり簡単な計算ができなかったりと、長年当たり前のようにできていたことができなくなるのです。これは自分らしさの危機的状況といえます。

人は連続性のなかで生きています。昨日の自分と今日の自分は同一人物で、過去の体験から今日を生きます。この認識が自分らしさをつくることになるのですが、これまではっきりしていた自分自身の体験の“確かさ”がはっきりしなくなるため、強い不安感や孤独感に襲われるのです。読者の皆さんも自分自身にこの体験がこの瞬間にも起きることを想像してください。当たり前だったことが当たり前でなくなる、これは言葉では表現ができない残酷な現象です。支援者はそういった心に寄り添うことを基本的な姿勢として身につけておく必要があります。

支援者の陥りやすい心理

認知症の症状は可視化（見える化）できず、わかりにくいものです。そのようなわかりにくいものを理解しようとすると、人は無意識のうちに心理的な落とし穴に落ちることがあります。ここでは支援者が陥りや

1) 長谷川和夫・猪熊律子『ボクはやっと認知症のことがわかった――自らも認知症になった専門医が、日本人に伝えたい遺言』KADOKAWA, p.18, 2019.

すい心理について解説しますので、自分自身をもう1人の自分に監視してもらえるようにしましょう。

陥りやすい心理とはどういったことかというと、支援者が“反射的な思考”になるということです。同じようなことが起きたときに条件反射的にある偏った見方をしてしまう、これは支援を行う者としてとても危険です。

例えば、支援者であるあなたは認知症を患ったＤさんを担当しているとします。ある日あなたはＤさんと会話している際「××にお金を盗られた」という話を聞きました。以前にもＤさんは同じような話をしていて、その際に同居する家族が言っていたのは「お金を盗られたなんてあり得ない」、主治医の見解は「認知症によるもの盗られ妄想の可能性が高い」でした。さて今回Ｄさんのこの言葉を聞いてあなたはどう考えるでしょうか。妄想による言動の可能性もあります。しかし、そうではなく現実的に誰かがＤさんのお金を盗った可能性もあります。Ｄさんは周囲の人に繰り返しお金を盗られたと言っているため、家族や支援者も「また妄想を言っている…」と思ってしまいがちです。そう解釈することで自分自身の気持ちを落ち着かせることができます。しかし支援者としてはここが危険なところです。目の前で起こっている現象の分析や判断は、自分のもっている知識や経験などと照らし合わせて行っています。しかも多くの場合はこれをじっくり考えて…ではなく無意識のうちに行っています。頭の中で瞬間的、自動的に処理しているのです。

人間は体を動かすことや頭をはたらかせることをできるだけ効率的に、省エネ運転をしようとします。なぜならエネルギーには限界があるからです。毎回1から10までしっかり考えて…ではなく、1と2が一緒なら結論の10に考えが飛ぶというイメージです。これがある意味で支援者の思い込みを生み出してしまいます。知っているからこそ、経験しているからこそ、フラットな物の見方ができていない可能性があるのです。

妄想を含めた精神症状は数値化や可視化が困難ですので、アセスメントを行ううえでは正確で数多くの情報から客観的に分析する必要があります。そのためには丁寧に情報を集める努力が欠かせないのです。これまでにも同じ経験があったとしても、その都度しっかりと事実確認してアセスメントすること、これを実践するということが重要です。

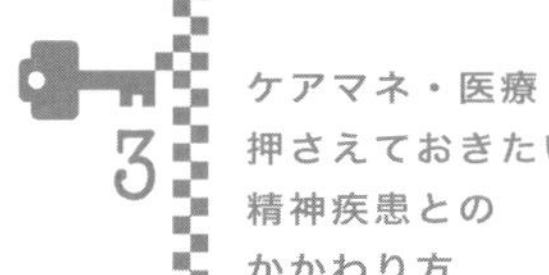

5 せん妄

1 せん妄の概要

1 せん妄の状態と原因

せん妄状態とは、意識レベルの低下を背景に、不安、イライラ、不眠を伴い、幻覚（特に幻視）や妄想を認めたり、興奮状態となったりすることです。つまり、何らかの原因で急激に脳の機能が低下し、うまく神経を伝えることができなくなっている状態をいいます。

せん妄の原因はさまざまで、脳の病気ばかりでなく、全身性の病気によっても現れます。また、食事や水分の摂取が著しく偏っているときや不十分なとき、あるいは服用している薬の影響によってもせん妄になることもあります。入院や引っ越しといった心理的ストレスによっても起こしやすくなります。

2 せん妄の種類

せん妄の種類には表3-10のようなものがあります。

表3-10　せん妄の種類

夜間せん妄	日中はしっかりしているのに、夕方から夜になると落ち着かなくなって動き回ったり、ごそごそと荷物の整理を始めたり、幻覚を訴えたり、奇異な行動をしたりする。
術後せん妄	手術の後、いったん平静になった患者が1～3日経ってから、急激に錯乱、幻覚、妄想状態を起こし、1週間前後続いてしだいに落ち着いていくという特異な病態をいう。手術による侵襲や麻酔といった直接誘因、年齢や基礎疾患などの身体的誘因のほか、臥床安静、多数の医療機器（モニター等）、点滴ルートやドレーンの留置などの誘発因子によってせん妄が引き起こされる。
薬剤性せん妄	処方薬などにより引き起こされるせん妄で、原因薬剤は多岐にわたる。高齢者では、薬物の吸収が遅延し代謝排泄が低下しているため、体内に蓄積しやすい。特に抗パーキンソン病薬、抗コリン薬、H_2受容体遮断薬、抗不安薬、睡眠薬での報告が多く、中枢神経系に作用する薬剤には注意が必要である。また、長期に服用していた薬を急に中断した場合にも注意が必要である。
アルコール離脱せん妄	アルコール依存症の人などに起こるせん妄で、手のふるえなどを伴うため「振戦せん妄」ともいう。大量飲酒していた人が「突然禁酒する」「急激に酒量を減らす」「酒量を減らしても食事を十分に摂らない」「病気や感染症になっている」といったことがあると起きやすくなる。アルコール精神病では、仕事に従事している動作（大工がくぎを金づちで打つなど）を繰り返すといった「作業せん妄」がある。

3 せん妄の症状

せん妄の主な症状を**表3-11**に、症状の出方によって分類したせん妄のタイプを**表3-12**に示します。

表3-11　せん妄の症状

睡眠・覚醒リズムの障害	不眠、生活リズムの昼夜逆転、覚醒しているときは半分眠っているような寝ぼけた状態となる。睡眠を妨げるほどの夢または悪夢で、覚醒後も幻覚として続くことがある。
幻覚・妄想	視覚的なものが最も多く、実際にはいない虫・蛇などの小動物や人が見える幻視や恐ろしい幻覚、記憶や経験を本来の出来事とは違って解釈してしまう妄想などがみられる。
見当識・記憶の障害	即時記憶および短期記憶の障害、時間に関する見当識障害を示す。現在の時間や場所が急にわからなくなったり、最近のことを思い出せなくなったりする。
情動・気分の障害	イライラ、錯乱、興奮、不安、眠気、活動性の低下、過活発、攻撃的、内向的など感情や人格の変化が起こる。
不随意運動などの神経症状	手のふるえなどの神経症状はアルコールせん妄に多くみられる。

表3-12　症状の出方によるせん妄のタイプ

過活動性せん妄（全体の20%）	大声を出して暴れたりするといった問題行動を起こすタイプ。興奮や過活動が主体で、医療・介護への協力が得られず、転倒、点滴抜去等のリスクが高まる。
低活動性せん妄（全体の30%）	混乱しているものの沈静しているタイプ。低活動で、意識障害、内的不穏がある。無関心、無気力、動作緩慢、傾眠といった症状のため、うつ病や不眠症と間違われやすい。
混合型せん妄（全体の50%）	上記2つの特徴が混在しているタイプ。

2 精神症状のアセスメント

1 せん妄か否かを見極める

DSM－5による診断基準では、A：注意の障害（すなわち、注意の方向づけ、集中、維持、転換する能力の低下）および意識の障害（環境に対する見当識の低下）、B：その障害は短期間のうちに出現し（通常数時間～数日）、もととなる注意および意識水準からの変化を示し、さらに1日の経過中で重症度が変動する傾向がある、C：さらに認知の障害を伴う（例：記憶欠損、失見当識、言語、視空間認知、知覚）、D：基準AおよびCに示す障害は、他の既存の、確定した、または進行中の神経認知障害ではうまく説明されないし、昏睡のような覚醒水準の著しい低下という状況下で起こるものではない、E：病歴、身体診察、臨床検査所見から、その障害が他の医学的疾患、物質中毒または離脱（すなわち乱用薬物や医薬品によるもの）、または毒物への曝露、または複数の病因による直接的な生理学的結果により引き起こされたという証拠がある場合にせん妄と診断されます。急性発症と変動性は、せん妄の特徴であり、特に夜間に症状が現れることが多いです。

せん妄を早期に発見することは、治療やケアを効果的にするうえで重要です。しかし、意識障害が軽度の場合は、一見意識が清明にみえ、簡単な会話も可能で、人や場所の見当識も保たれるので見逃されやすいです。いつもと違って話のまとまりが悪いなど**表3-13**に示したようなサインに気づき「何か変だ」と感じた場合は、まずは意識障害を疑い、アセスメントしてみるとよいと思います。夜間に不穏状態であった利用者が日中は落ち着いているからといって一時的なものと判断せず、継続的なアセスメントを行うことが大切です。

2 認知症や抑うつとの鑑別

せん妄との鑑別が必要な精神的疾患に、認知症と抑うつが挙げられます。それぞれの特徴を**表3-14**と**表3-15**に示します。認知症の場合、認知機能の全般的障害という共通点をもっているため、せん妄と合併す

表３-13　軽い意識障害を見分けるサイン

- 反応が乏しく、すぐうとうとしてしまう
- 何もせずぼんやりしている
- 何度も同じ質問をしてくる
- 急に死にたいと言う
- そわそわしている
- 夕方になると怒りっぽくなる
- 妙に明るく深刻味がない
- 不機嫌で怒りっぽい
- 時間と場所がわからない
- 午前中はおとなしく協調的であった人が、夜にはベッドから頻回に降りようとしたりする
- 話にまとまりがない
- 話がまわりくどい
- 最近の記憶が曖昧である
- 話題が飛びやすく注意がそれる
- 単語のとり違い、不注意が目立つ
- 他人の話を遮って喋る
- 幻覚を現実のものと確信している
- 壁や天井のシミを見て「虫がいる」、人がいないのに「人がいる」と言う

ることが多く、判断が難しくなります。家族などからふだんの様子を聞き、認知症症状が施設入所やショートステイ前に比べて悪化しているようにみえるときは、せん妄が加わっていると考えるのが妥当です。せん妄と認知症の鑑別には、意識障害の有無、認知障害の発症と経過の時間的特徴が役立ちます。

　過活動性せん妄では、利用者の変化に気づきやすいのですが、低活動性せん妄では気づきにくく、抑うつ状態と見間違われることも多くあります。抑うつ状態の場合は、認知機能低下は軽度で、抑うつ感等の自覚症状があるのが特徴です。

表 3-14　せん妄と認知症の鑑別

	せん妄	認知症
発症	急激な発症	徐々に発症
原因	ほとんど常に、他の病態（例：感染、脱水、ある種の薬物の使用または中止）	通常は慢性脳疾患（例：アルツハイマー病、レビー小体型認知症、血管性認知症）
症状の特徴	症状は日内でも変動するが、可逆的で、短期間で消失	症状は慢性的な経過をたどり、不可逆的
睡眠・覚醒リズム	リズム障害や昼夜逆転が起こる	疾患からの睡眠障害はない
認知機能	一過性の見当識障害や、短期記憶障害を生じる	早期では、長期記憶は保持されていることが多く、軽度の認知症では見当識障害もみられないことがある

表 3-15　せん妄と抑うつの鑑別

	せん妄	抑うつ
希死念慮	抑うつ感、気力の低下、希死念慮なし	抑うつ感、気力の低下、希死念慮あり
認知機能	注意力、記憶力、見当識障害あり	認知機能低下は軽度、見当識障害なし

3 アセスメントに欠かせない情報

以下に、精神症状のアセスメントのポイントを挙げておきます。

・いつ頃から発生したのか、どのくらいのスピードで進行したのか
・飲んでいる薬、最近飲み始めた薬、最近飲むのをやめた薬について
・体調の変化：脱水、便秘、貧血、低栄養、睡眠不足、アルコールの多飲、痛みなど
・環境の変化：入院、施設入所、引っ越しなど

 せん妄状態のある人へのはたらきかけのポイント

1 現実への適応を助ける

時間、場所、人などの見当識をつけられるように、例えば「今日は7月7日の七夕の日ですね」と日常生活のなかでさりげなく語りかけます。「今日は何月何日ですか？」といった質問は混乱を招くことがあるので注意しましょう。大きめの時計やカレンダーを見えるところに置く、認知をゆがめないためにメガネや補聴器を使えるようにする、昼と夜の区別がつくような環境をつくるなどの工夫をしましょう。

2 コミュニケーションを工夫する

短く簡潔で、具体的な言葉を用いる、一度にたくさんの質問はしない、言葉だけではなく目に見えるもので補強する、など認知障害に応じたコミュニケーションの取り方を工夫しましょう。幻覚や妄想に関しては、訂正や議論をせず、体験している感情に耳を傾けるようにします。

3 支持的で穏やかな環境を提供する

ゆっくりとした声で話しかけ、落ち着いた、優しい態度で接します。ショートステイなどの慣れない環境においては自宅での生活に近い環境設定を心がけましょう。家族の写真、好みの枕や寝具など日頃から慣れ親しんでいるものが使用できるようにします。家族の面会などで安心感につながるとともに、見当識を高めることにもつながります。

4 危険物の除去とセルフケア支援

転倒転落のリスクや自傷他害の危険性のアセスメントをして安全な環境を保ち、利用者の興奮を引き起こす要因を明らかにして排除します。栄養や水分の摂取状況、睡眠や休息、活動状況、排泄パターン、身体や口腔内の清潔・身だしなみ、ほかの利用者や職員との対人関係などからセルフケア状況をアセスメントし、どこに援助が必要なのかを明らかにします。

事例 から考える支援のポイント

□Eさん(85歳、女性、独居)のケース

Eさんは、要支援2、ADL（日常生活動作）はほぼ自立、高血圧がある程度です。

先日、暑い日に畑仕事に没頭したため、軽い熱中症になりました。入院するほどではなく、点滴をした後ショートステイを利用することになりました。

ショートステイが3日経過した頃から、しだいに不穏な行動が目立つようになってきました。もともと温厚な性格ですが、「家に帰らないと孫が待っている」と焦ったように訴えるようになりました。面会に来た娘が「もうみんな大きくなり、小さい子はいない」と伝えますが、夜になると様子がおかしくなり「ベランダから男が来て自分の荷物を盗もうとした」と怒りをあらわにしています。また、昼間はウトウトし、「早く帰って、孫の宿題を見てやらないといけない。寝ている場合じゃない…」と言います。娘は、Eさんが認知症になったのではないかと心配しています。

アセスメントの思考過程

認知症に似た症状であるものの、短期間に発症したことを考えると、まずはせん妄の可能性が疑われます。「ベランダから来る男」は幻視、孫のことは見当識障害と考えられます。慣れないショートステイの環境、これまで自分でできていたことができなくなった不安などが誘因になったと考えられます。

・「ベランダから来る男」を幻視ととらえることで、そのつらさを共感すること。
・過去に孫の面倒を見ていたEさんにとって「孫の宿題を見てやらないと」というのは日常的なこと。自身の役割が果たせないことで、焦りや怒りが生まれている。
・Eさんにとってショートステイは初めての体験で、高齢に伴う適応能力の低下を考えると、かなりのストレスフルな状況であることを理解すること。

支援方法

せん妄であれば一過性の症状であることを、まず家族には説明しました。幻視があることについては、決して否定はせず、孫の面倒を見なければならない不安や焦りを受容するようにかかわりました。また、自宅で使っていた枕などの身近なものを娘に持ってきてもらいました。その後、しだいに「ベランダから来る男」や孫のことを訴えることはなくなり、もとの温厚な性格へと戻っていきました。

統合失調症

統合失調症は、おおよそ100人に1人がかかる病気であると推定されています。その原因は解明されていませんが、神経発達障害などの脳神経における素因と人生において大きな変化となる出来事や生活環境が複合的に絡み合うことで統合失調症の発症をもたらすと考えられています。代表的な症状としては「陽性症状」「陰性症状」「認知機能障害」の3つが挙げられます（図3-12）。

陽性症状とは、通常はない状態がでてくることを意味します。幻覚は「外界刺激がないにもかかわらず起きる知覚様の体験」（幻聴、幻視、幻

図3-12　統合失調症の一般的な症状

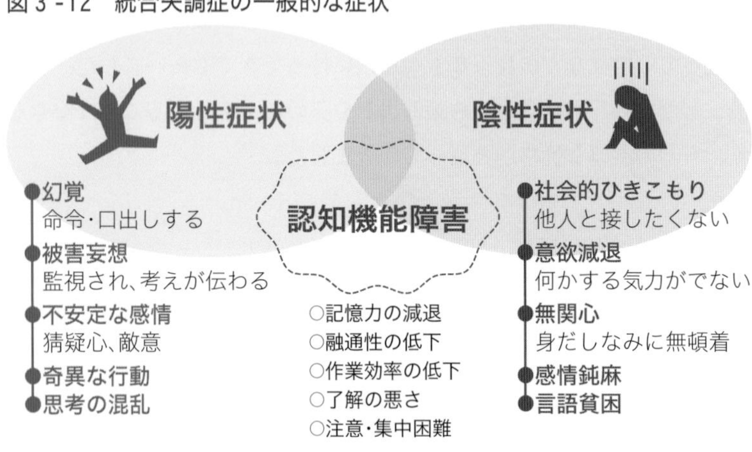

ムンクの『叫び』

嗅、幻味、体感幻覚）です。妄想は「相反する証拠があっても変わることのない固定した信念」（被害、関係、発明、宗教、誇大など）です。

ムンク（Munch,E.）の油彩絵画の『叫び』（1893年）は、「幻聴体験」を表しています。幼少期に母親を亡くし思春期に姉の死を迎えるなど病気や死と直面せざるを得なかったムンクが「愛」と「死」とそれらがもたらす「不安」をテーマとした作品です。これは、ムンクが感じた幻覚に基づいており、日記にそのときの体験を次のように記しています。

「私は二人の友人と一緒に道を歩いていた。日が暮れようとしていた。突然、空が赤くなった。私は立ち止まり、疲れを感じ、柵によりかかった。そのとき見た景色は、青黒いフィヨルドと町並みの上に炎のような血と舌が被さるような感じだった。友人は気にせず歩いていたが、私は不安に襲われてその場に立ちすくんだ。そして私は自然を通り抜けていく無限の叫び声を聞いた（感じた）」[2)]

陰性症状とは、通常ある機能が失われていることを意味します。思考の貧困、感情の平板化、意欲の欠如などが含まれます。社会生活において必要不可欠なコミュニケーション能力や他者との情緒的な交流の能力

2）1892年１月22日に書かれたムンクの日記
https://www.artpedia.asia/work-the-scream/（最終アクセス2020年７月20日）

に大きく影響するため、生活面に大きな影響を与えます。

認知機能障害は、情報処理能力、注意力・記憶力・集中力・問題解決能力などの高次能力の障害で「生活のしづらさ」につながります。

 病気の症状の経過と特徴

統合失調症の症状の現れ方や経過は人によってさまざまです。一般的には、前駆期（前兆期）、急性期、回復期、慢性期の4つの段階で経過しますが、それぞれに症状は違います（図3-13）。また、回復期や慢性期に病気を誘発するようなストレスがかかると、再び急性期の症状へと戻ります（再発）。前駆期は「眠れなくなる」「物音に敏感になる」「落

図3-13　統合失調症の病期（症状経過）

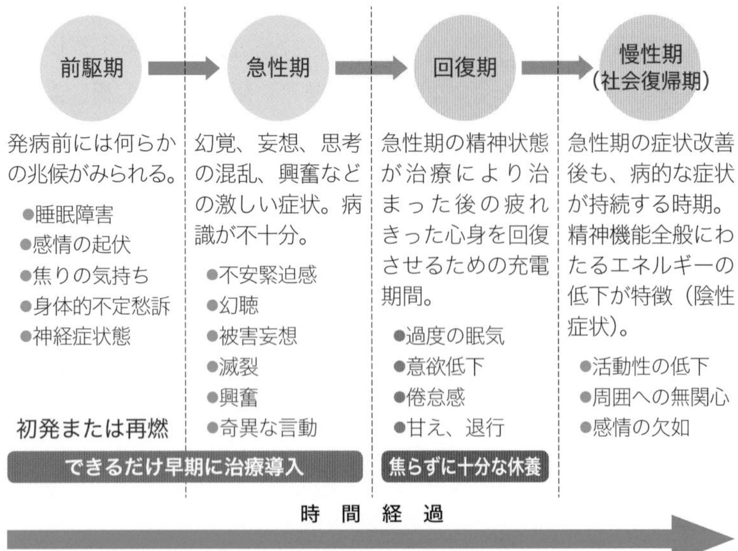

ち着かない」「集中できない」など人それぞれの前触れのような変化がみられます。急性期には、幻覚や妄想が出現し、回復期はエネルギーの消耗によって過度の眠気に襲われます。慢性期には、意欲低下や感情鈍麻、認知機能障害が主体となり、社会適応が困難となります。大半の人は、生涯にわたって包括的かつ継続的なケアを受け、治療薬の服用を維持する必要があるとされています。これらのプロセスを利用者とともに振り返り、特に前駆期にはどのような症状があるのか、その時どのような支援をしてほしいのか聞いておくと支援しやすいと思います。

【高齢者の統合失調症の特徴】

妄想の内容としては「嫌がらせをされる」「家の境界線を越えて侵入される」「物を盗られる」といった被害関係妄想が強く、心気妄想、嫉妬妄想、誇大妄想などがみられます。高齢者でみられる妄想は、現実的、具体的であることが特徴で、その人の日常生活に即した、いかにもありそうな内容がみられます。また、妄想の対象も隣人や家族、配偶者など身近な人がなりやすいといわれています。

高齢者の統合失調症は、症状の進んだ認知症に非常によく似ています。一番よく似ているのは、「思い込み」をいくら周囲がそうではないと説得しても、本人が決して受け入れない点です。普通の人であれば、現実と頭で考えていたことの差異が非常に大きければ、現実のほうを事実として認知します。高齢者の場合は、妄想が体系的で、ある程度独特のストーリーをもっているのが特徴です。「いつも嫌がらせをされている」と訴える場合、いつものところに置いてあった物品が、いつの間にか移動して隠されていた、そういった話の流れがあります。実際は、単なるもの忘れなのですが、物が見つかった後も「誰かが隠している」というふうに考え、それが「自分を貶める存在があり、その存在のせいだ」と思考が変異していきます。

認知症と高齢者の統合失調症は、記憶力に大きな違いがあります。アルツハイマー型認知症の場合は、記憶は症状の進行によって喪失が多くなり、新しい記憶ができないのに対し、高齢者の統合失調症の場合は、記憶の変化に柔軟性がないのが異なる点です。つまり、新しい記憶を組み合わせて認知し、記憶力として脳の中で神経同士の連携を取ることができていないのです。認知症は、本当に記憶力が欠如しているのに対して、高齢者の統合失調症の場合は、記憶力はそれなりにあります。

2 服薬支援のあり方

統合失調症は、病気（脳の病気）と障害（生活のしづらさ）を併せもつ疾患です。病気の治療には抗精神病薬が不可欠となります。支援者は、服薬中断＝病状の悪化を連想するため、薬をいかにして利用者に「飲んでもらうか」にこだわりがちです。しかしながら、飲まないのには必ず理由があります。まずは、利用者の「飲みたくない」気持ちを理解しようとする努力が大切です。「飲ませる」ではなく、納得して服薬できるように「自己決定を支える」服薬支援をしましょう。その支援プロセスが利用者との信頼関係を構築していくことにつながります。

主な副作用を**表3-16**に示します。便秘による「イレウス」、血糖値上昇による「糖尿病」、パーキンソン症状による「誤嚥」などを引き起こす危険性があります。「悪性症候群」は、服薬中断などでも起こり、生命の危険性を伴います。「アカシジア（静座不能症）」は、足がムズムズしてじっとしていられない症状のため病状悪化と間違われやすいので注意が必要です。

表 3 -16　抗精神病薬の主な副作用

タイプ	主な副作用
第一世代 （定型抗精神病薬） ・クロルプロマジン、ハロペリドールなど	●過度の鎮静 ●錐体外路系の症状 ・パーキンソン症状（振戦、筋固縮、無動、姿勢反射障害などを示す） ・遅発性ジスキネジア（舌、口唇、下顎の不随意運動や、四肢の振戦を示す） ●プロラクチン上昇に伴う症状 ・乳汁漏　・無月経 ●自律神経失調症 ・頻脈　・口渇　・便秘 ●悪性症候群（錐体外路系の症状、自律神経症状、発熱、頻脈、筋拘縮、意識障害が出現し、腎不全に至ることもある）
第二世代 （非定型抗精神病薬）	
SDA ・リスペリドンなど	●アカシジア(静座不能症) ●プロラクチン上昇に伴う症状 ・乳汁漏　・無月経　・射精不能
MARTA ・オランザピン、クエチアピンなど	●体重増加 ●コレステロールや血糖値の上昇（オランザピンとクエチアピンは糖尿病のある患者には禁忌）
第三世代 （ドパミン・部分アゴニスト） ・アリピプラゾールなど	●アカシジア(静座不能症) ●不眠、不安 ●胃腸症状(吐気)

統合失調症の行動特性

身体障害者と違って精神障害者は「障害」が目に見えないために理解が難しく、一見普通に見えるために怠けていると思われがちです。どのような「障害（生活のしづらさ）」があるのか下記に示します。

① 適度に休むことができず、疲れやすい

ペース配分ができないために適度に休むことができません。そのため緊張状態が続き、その結果疲労を蓄積してしまいます。

② 状況の把握が苦手で、臨機応変な対応が難しい

周囲の状況をうまくつかめません。考え方が頑なで、いつもと同じ行動パターンでしか動きません。変化を嫌い、融通がききません。

③ 状況の変化に脆く、課題に直面すると混乱してしまう

新たな状況に対する判断や決断ができないため、1人で対応できずにパニック状態になります。2つ以上の問題を解決するのも苦手です。

④ 過去の経験に照らし合わせて行動できず、同じ失敗を繰り返す

過去の経験から得られた知識や教訓を活かすことが苦手であるため、同じ失敗を繰り返しやすいという傾向があります。そのため何度言ってもわからないと思われがちです。

⑤ 方便としての嘘をつくことができずに、断れない

微妙な言葉のニュアンスが理解できないため、人に頼まれるとうまく断る術がなく、すべて引き受けて疲れ果ててしまうということがあります。

⑥ 自己像が曖昧で、受動的な態度が目立つ

自己像が曖昧で自分というものがなく、他人の意志に左右されやすい、あるいはすべて他人任せにする傾向があります。

1 事例から考える支援のポイント

□Fさん(70歳、女性、統合失調症、精神障害者保健福祉手帳1級、独居)のケース

通院先の精神保健福祉士より「自宅の風呂が壊れていることもあり、数か月入浴していない。自宅も散らかっており生活面の支援が必要になった。要介護1と認定されたので支援をしてほしい」との依頼がありました。本人は困っているという認識はなく「自分でできる」と言っています。2匹の猫を飼っており、夜中に餌を買いに行くこともあります。

皆さんは、この情報からどのような支援を考えますか？

発病して数十年が経過し、実生活に大きな影響を与えるような症状は治まり、思考能力の低下や無気力、感情表現の欠落などが主で、「残遺型」と思われます。生活障害に対して支援の必要性がありますが、本人が困っているといった認識がないことや環境の変化に弱いことからサービス導入には時間がかかる可能性があります。

アセスメントの思考過程

入浴と他者との交流を目的にデイサービスを提案しましたが、「留守をしている間に猫がいなくなってしまうので行けない」「私は施設には入らない」と言っています。通所デイサービスは入浴のためで施設入所ではないことを説明しますが理解できません。まずは、デイサービスを見学してもらい、車で送迎すること、施設入所ではないことを根気よく説明しました。何とか利用に至りましたが、入浴を終えると「猫が心配だから帰る」と言ってデイサービスの職員の手を振り払って外に出ていこうとします。

❶　このような場合「通所拒否」「理解力不足」とアセスメントしがちですが「どこに連れて行かれるのか不安」といった思いの表出であると思われます。

❷　「説得」ではなく「不安」を理解しつつ、安心できる環境の提供が必要となってきます。

そこで、まずは本人が理解できる「入浴だけ」の利用を約束しました。職員や環境に慣れた段階で「入浴して昼食まで」を提案しました。当初は、入浴後は喫煙をするのみで他者との交流は全くみられませんでした。数か月後にはほかの利用者同様に活動に参加し、笑顔もみられ、最後まで利用できるようになりました。すると今度は「明日、迎えに来てくれる？」と確認の電話をするようになりました。

分析・統合

サービス導入が難しいのは、行動特性の②と③（130ページ）が影響していると考えられます。猫が心配なことも事実ですが、うまく不安な気持ちが伝えられずに拒否的な態度を示していると考えられます。支援者は表出された言葉に振り回されず、何が不安なのかを推し量りながら理解する努力が必要です。焦ってサービス導入を図ると失敗します。1つずつ丁寧に行っていくことが大切です。

妄想性障害

妄想を症状とする疾患

妄想は、外的現実（意識されている世界）についての間違った推理に基づく信念で、患者の知能や文化的背景に一致せず、正しい論証によって訂正できないものです。妄想を主症状とする精神疾患には、統合失調症、妄想性障害、双極性障害、うつ病、妄想性パーソナリティ障害、認知症、せん妄などがあります。原因となる疾患によって生じる妄想の種類には違いがあり、統合失調症に多いのは被害妄想、関係妄想、誇大妄想などで、うつ病では罪業妄想、心気妄想、貧困妄想とされています。

妄想性障害の概要

妄想性障害は、1つまたは複数の妄想が持続するもので、一般的には成人期（50～60代が多い）に発症し、社会的機能は著しく損なわれることはありません。幻覚はないことが多く、あったとしても、妄想のテーマとの関連性が示唆されるものです。また、統合失調症の妄想と異なり、「世界の秘密を知ったので命を狙われている」といったような荒唐無稽な内容ではなく、現実的にあり得るようなテーマであることが多いのが特徴です。妄想以外の症状は乏しいため、日常生活は多少の支障がありながらも普通に送れているという人がほとんどです。

妄想性障害は、単身者や社会的に孤立した人が多い傾向があり、何らかのきっかけで、身体的な苦痛、不快感や違和感を電波・電磁波、光線などによるものと感じて、被害妄想が発展していくのではないかと考えられています。多くの人は、自分が精神的な病気であるという認識はありません。妄想性障害の人に認知機能障害が合併すると、理性的なコントロールが効かなくなるため、妄想が前面に出てくることになります。そのため妄想の内容によっては、他者との関係においてトラブルが起きてしまいます。

なお、要介護認定のための主治医の意見書において「老年期精神病」という病名をみかけることがありますが、精神疾患の標準的な診断基準において、そのような診断名はありません。幻覚（幻聴が多い）や妄想などの精神症状は認められるが認知症ではないといった病態を総称して使われていると思われます。妄想以外の症状をほとんど認めない場合は「妄想性障害」が疑われます。また、既存の妄想性パーソナリティ障害から妄想性障害が生じることがあるとされています。

【中高年になって不思議なことを言い始めたり、周囲とトラブルになる場合】

それまでは問題なく人生を生きてきた評判のよかった人が、中高年になってから、突然問題を起こすことがあります。おかしなことを言い始め、近所から苦情が来ることもあります。例えば、近所の人みんなが自分に嫌がらせをするなどのことを言い始めます。確かに、事実かもしれません。でも、よく話を聞くと、とてもそれが事実とは思えない内容に発展します。通りすがりの人も含めてすべての人が自分に嫌がらせをするといった話です。本人はとても悩み苦しんで、どうにかしようとするのですが、その言動によって、かえって近隣とのトラブルにもなります。このような場合に考えられることの1つは、認知症です。ただし、認知症だと生活のさまざまな面で問題が起きてきます。次に考えられるのが、統合失調症や妄想性障害による妄想です。妄想型の統合失調症や妄想性障害は、中高年になってから発病することもあります。いずれにせよ、必要なのは叱責や説教、説得ではなく、治療です。社会的に地位のある人だと、ご近所トラブルではすまない大きなトラブルを起こしている場合もあります。

1 妄想のタイプ

妄想のタイプによって**表3-17**のように分類できます。

表3-17　妄想のタイプ

被愛型	ある人から自分は愛されていると思い込む。そのため対象者に頻回に手紙やメールを送ったり、家や職場に押しかけ対象者に接触しようとしたりすることもあり、問題となる。
誇大型	自分は飛び抜けた才能をもち、重要な発見をしたなどと思い込む。
嫉妬型	配偶者や恋人が浮気をしていると思い込む。明らかな証拠がなくても「間違いなく浮気をしている」と信じ込んで疑わず、いくら相手が身の潔白を証明しても納得しない。
被害型	自分を陥れるような陰謀があり、邪魔され、騙されているなどと思い込む。被害の受け方はさまざまだが、「嫌がらせを受けている」「毒を盛られている」「監視されている」「騙されている」などがある。不満を感じているだけであれば大きな問題にならないが、相手に暴力を振るったり、裁判をしようとしたりといった行動化が認められることもある。
身体型	自分が悪臭を放っている、自分の身体は醜く人を不快にさせている、皮膚や皮下に虫が入り込んでいる、身体のある部分がいびつであるなどの身体の機能や感覚に関係したと思い込む。

「被愛型」「嫉妬型」「被害型」では、怒りや暴力的な行動が起こりやすく、訴訟や敵対的な行動（例：政府に抗議の手紙を何百通も送る）を起こすことがあります。病識がないため精神科受診を勧めても拒否されることが多いと思います。しかし、妄想による他害行為がある場合は、エスカレートしていきますので精神科受診が必要です。本人の同意が得られなくても精神保健福祉法により家族または市町村長の同意で精神科病院に入院することが可能であるため保健所の保健師と連携を図ることが大切です。

2 妄想の程度

妄想の程度と、日常生活への影響をまとめると**表3-18**のようになります。

表3-18　妄想の程度と日常生活への影響

重度	妄想に完全に巻き込まれている	日常生活が円滑に送れない場合がある
中等度	妄想が現実の世界や他者を信頼することと共存している	妄想内容に利用者が疑問を感じている。その場合は、認知にはたらきかけると有効である
軽度	妄想を体験しない、または妄想に煩わされない	妄想と共存した日常生活を送ることが可能である

3 統合失調症・アルツハイマー型認知症との違い

同じような症状を示す妄想性障害と統合失調症・アルツハイマー型認知症の違いを**表3-19**に示します。

統合失調症については、前節で取り上げましたので、そちらをご覧ください。

表3-19　妄想性障害と統合失調症・アルツハイマー型認知症の違い

	妄想性障害	統合失調症	アルツハイマー型認知症
発症年齢	成人期中期から後期（50〜60代）	思春期から30歳くらいまで	70歳前後、若年性は40〜60歳
妄想の内容	現実味を帯びた、奇異ではない内容 【妄想のタイプ】被愛型、誇大型、嫉妬型、被害型、身体型 【例】「隣人に農薬を撒かれて攻撃されている」	突拍子もない、奇異な内容 【妄想の種類】被害妄想、関係妄想、誇大妄想など 【例】「隣人が別の人物にすり替わって自分を殺そうと狙っている」	現実味を帯びた、奇異ではない内容 【妄想の種類】もの盗られ妄想、カプグラ症候群（家族・恋人・親友などが瓜二つの替え玉に入れ替わっているという妄想）、幻の同居人、鏡徴候（鏡に映っている自分の像は自分ではなく他人だと現実に思い込んでしまう妄想）など 【例】「財布を盗まれた」「隣の部屋に誰かが住んでいる」「娘が誰かとすり替わっている」

妄想以外の症状	ほとんどない	【陽性症状】幻覚（幻聴、幻視、幻嗅、幻味、体感幻覚）、させられ体験など 【陰性症状】意欲減退、無関心、感情鈍麻など	記憶障害、見当識障害（時間、場所、人）、失認、失行、失語、実行機能障害、判断力障害、うつ、BPSDなど

 妄想性パーソナリティ障害

妄想性パーソナリティ障害（猜疑性パーソナリティ障害）は、周囲の人々を疑い、言葉の裏に悪意があるのではないかと常に考えてしまいます。相手の些細なひと言にも不信感や猜疑心を抱きます。この病気は、友人や仲間、職場の同僚の誠実さを疑う、批判に対して過剰反応し相手に敵意をもち続ける、根拠もないのに配偶者や恋人の浮気を疑うというような特徴があります。そのため自分以外はすべて敵で、周囲の人がいつも自分のことを騙そう、貶めようとしているのではないかという妄想状態に陥っています。

妄想性パーソナリティ障害は、性格上の問題を有していて、他者の発言や行動の誠実さや正しさを全く信用できなくなるという人格構造の偏りがみられます。現実を検討する能力そのものが障害されているわけではありませんが、現実社会や他者の言動を客観的に正確に認知することができなくなります。絶えず主観的なものの見方をしているために、自分が常に正しい、他者が自分を騙そうとしているという偏った認知を修正することが相当に困難になります。一見すると妄想性パーソナリティ障害の人は攻撃的ですが、それはすべて自分を守るための行動です。出

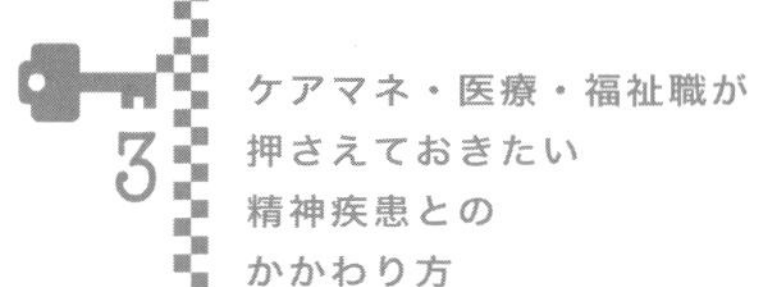

会う人すべてを敵と思うことで安全性が保証されると感じているため、対人関係において過剰防衛の傾向がみられます。そのため、最も危険なのが「親しくなる」ということです。親しくなればなるほど「今の親しい状態から裏切られるのではないか。きっと、裏切られる」と思って猜疑心が膨らみます。ちょっとしたことでその猜疑心が爆発すると、今度は束縛や復讐といった手段に出ることになります。つまり、適度な距離を保ち、何とかしようと戦おうとしないことが大切です。

事例から考える支援のポイント

□Gさん(88歳、男性、妻と二人暮らし)のケース

Gさんは、人付き合いがあまり得意でなく、畑で野菜をつくるのが好きでした。ある日突然、妻に向かって「お前とは一緒に暮らすことはできない。出て行け」と怒鳴り、手を振り上げるようになりました。取り合おうとしない妻に対してさらに激怒し、「お前とは離婚する」と言って裁判所に出向いて書類をもらってきたり、「出て行かないならこの家を燃やす」と言って家の中で妻の服を燃やしたりする行為が始まりました。なぜ離婚をしたいのか尋ねると、「妻は、庭師とできている。そんなひどい奴とは思わなかった。男女たる者が2人きりで1つの部屋にいるとは何事か」と言って怒っています。妻の話では、庭の木の剪定に来た庭師に支払いをしていただけだと説明しても全く理解しないといいます。心配して家に来た娘に対しては、「不貞をはたらくような女とは暮らせない」と何度も主張をしています。嫉妬型と思われる妄想以外の記憶障害等はありません。

□Hさん(65歳、男性、妻と二人暮らし)のケース

Hさんは、自動車販売会社の所長を務め、60歳で定年退職をしました。昔から気に入らないことがあると妻に手を上げるような性格でした。数年前より隣人が嫌がらせをすると訴えるようになり、隣の家との境界に高い塀をつくっています。「隣の家から光の攻撃を受けている。家を新築したので妬んでいるに違いない」と言い、今度は監視カメラを設置し、部屋から明かりが漏れないようにカーテンをして隣人の行動を見張るようになりました。妻の話によると、家の建築中に隣の家の人と「その歳で改修ではなく新築を建てるとは、お宅は景気がいいね」と立ち話をしたことがあり、それ以来「妬まれている」と言うようになったとのことです。妻が「そんなことはない」と否定するとさらに怒り出すので怖くて何も言えないといいます。最近では、「証拠をビデオに撮った」と言って警察署に行ったり、隣の家に乗り込んで苦情を訴えたりするようになりました。被害型と思われる妄想以外の症状はありません。

妄想性障害の対応方法

Gさんの事例は「妻が不貞をはたらいている」といった妄想から妻への攻撃、さらには家の中で服を燃やすといった危険行為へと発展しました。Hさんの事例は、「光の攻撃を受けている」といった妄想から塀を立てる、監視カメラを設置する、さらには直接苦情を言いに行くなど近所を巻き込んで攻撃をするようになりました。どちらのケースも妄想に伴った「他害行為」と判断できます。

妄想性障害は、本人の自覚苦悩や他覚的症状に応じて、統合失調症に準じた薬物療法が用いられます。しかし、薬の効果は極めてよくないのが実情です。妄想以外には大きな問題はないので、家族と協力しながら環境調整を行っていくこと、妄想に基づいて大きな問題を起こさないよ

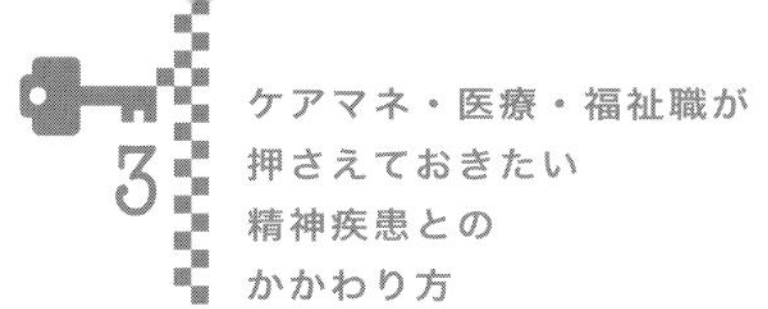

うな体制をつくることが求められます。

本人にとっては、妄想は事実なので「そんなことはあり得ません」と否定をするとわかってもらえないという気持ちになります。また、「奥さんが浮気しているのですね」「嫌がらせされているのですね」と肯定すると妄想の考えを強めることになります。否定も肯定もせず、気持ちに焦点を当てて共感し、苦しみを理解することが大切です。

うつ病

老年期になると「体力や気力の衰え」「健康への不安」「親しい人との死別」「一人暮らしの孤独感」などによってうつ病になることが多いとされています。しかし、高齢者の場合は、身体症状が強調されるために、うつ病がみえにくく、認知症と間違われて診断されることもあります。「もの忘れが増えた」＝「認知症」と決めつけてしまわず、喪失体験や「うつ症状」などをアセスメントすることが重要になってきます。

うつ病は、気分障害の一種です。気分障害の種類については図3-14を参照してください。

図 3 -14　気分障害の種類

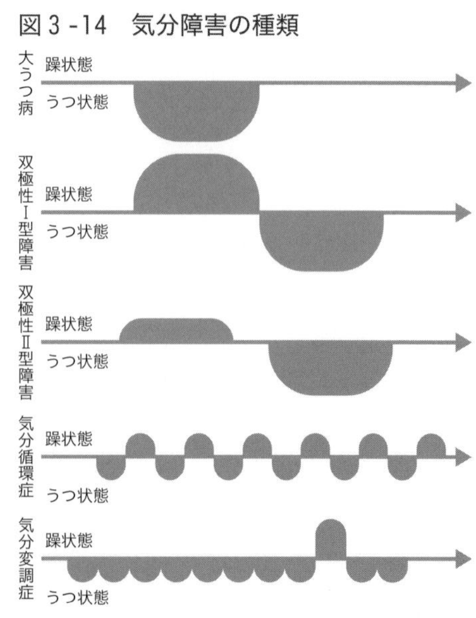

うつ病は、「環境要因」「性格傾向」「慢性的な身体疾患」などの複数の要因がきっかけとなって発症します。また脳の神経伝達物質のうち、セロトニン、ノルアドレナリンが機能しなくなってしまうために

憂うつや意欲の低下などの症状が現れます。つまり、エネルギーの欠乏により、脳というシステム全体がトラブルを生じてしまっている状態と考えられます（図3-15）。

「悲哀」「抑うつ」「焦燥」の観察をしてみましょう。このようなうつ症状は、うつ病以外の精神障害（全般性不安障害、身体表現性障害）や

図3-15　うつ病状態の脳のシステム

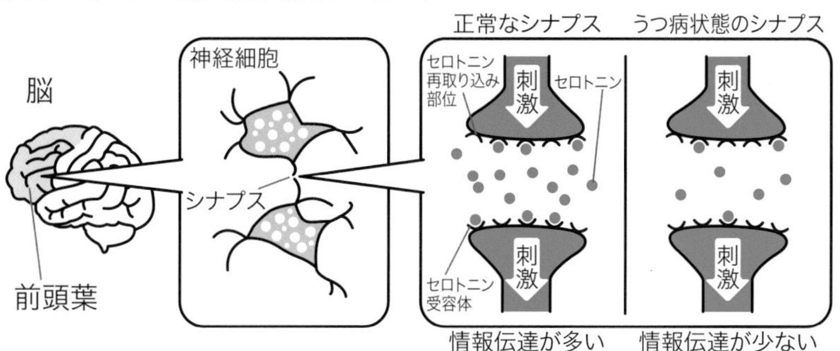

図3-16　うつ病・うつ状態の症状

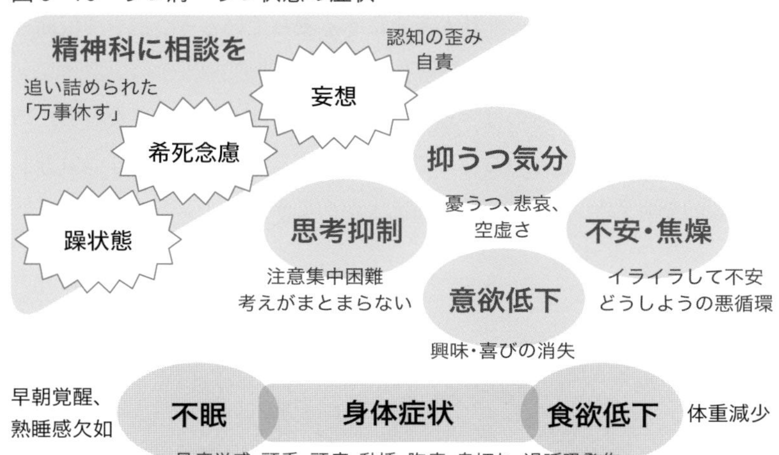

うつ病を招きやすいとされる病気（パーキンソン病、アルツハイマー型認知症、がん）などによってもみられる症状です。

悲哀：理由もなく物悲しい気分が押し寄せ、空虚で涙が止まらない状態です。

抑うつ：気分も意欲も行動もすべて低下し、疲れやすく、おっくうで何もかもが面倒になる状態であり、興味も喜びも減じてしまいます。

焦燥：中年期から老年期に多くみられ、行動が伴わない焦りからイライラして落ち着かなくなります。

1 高齢者のうつ病の特徴

高齢者の場合は、抑うつ気分のような精神症状が目立たないため、一見うつ病にみえないのが特徴です。うつ気分はあっても行動は普通でよく話もできるという人もいます。また、頭痛、肩こり、脱力感などの身体症状を盛んに訴える場合があります。このような「症状」という仮面によって、うつ病本来の症状がみえにくくなっているうつ病を「仮面うつ病」といいます。

認知症と誤診されるのは、思考の抑制症状や注意力の低下などのために認知機能が低下しているためです。認知症との違いは「抑うつ気分」「悲観的な訴え」「不安」「不眠の訴え」があるかがポイントとなります。

うつ状態のアセスメントとケアのポイント

1 身体状況のアセスメントとケアのポイント

うつ状態では食欲が低下し、体を起こすのもおっくうになり、食事量減少、体重減少につながり、栄養不良や脱水による生命の危険性が高くなります。まずは、食事摂取量、体重、脱水状態、排泄状態についてのアセスメントを行いましょう。トイレへの歩行が可能であっても同じ姿勢で臥床しているために褥瘡ができている場合もあります。うつ状態のときは、自分の体調不良を訴えることができないことも多いので、生活状況を確認しながら全身の観察を行いましょう。自分は罪深い（罪業妄想）、お金がない（貧困妄想）といったことから食事をしない場合もあります。つらい気持ちに共感しながら、食べやすいものを工夫して促していきましょう。

2 セルフケア能力のアセスメントとケアのポイント

抑うつ気分や意欲の低下のために、今までできていたセルフケアが一時的にできなくなります。洗面・入浴・更衣ができているか、身なりへの気遣い、口臭や体臭はないかなどについてアセスメントを行いましょう。清潔を保つセルフケアができないのは、症状が重いためか、依存心が強くてできないのかを判断し、1人でできない部分を援助し、症状改善とともに、できる部分を徐々に増やしていくようにします。行動が遅くても焦らせず、利用者のペースを大切にします。援助を行う場合は、日内変動（夕方から少し調子がよくなることが多い）を確認して利用者の負担にならない時間帯を選びましょう。

3 睡眠状態のアセスメントとケアのポイント

ほとんどの人に睡眠障害があります。寝つけない（入眠困難）、眠りが浅く何度も目が覚める（中途覚醒）、早朝に目が覚めてしまう（早朝覚醒）といった睡眠障害のパターンのアセスメントを行いましょう。睡眠時間、睡眠リズム、熟睡感なども観察します。睡眠薬の適切な処方において重要な情報となります。物音に敏感になっていることも多いので利用者の声のトーンに合わせた話し方やゆっくりと落ち着いた態度で接します。

4 生命の危険性のアセスメントとケアのポイント

うつ状態で最も危険なのは「死にたくなる」症状です。希死念慮（死について思いを巡らす）があるか、自殺企図（死を念頭に行動に移す）があるか、過去に自殺企図の既往があるかのアセスメントを行いましょう。また「死にたい」という訴えがないからと安心してはいけません。身体症状の訴えがある場合も注意が必要です。うつ状態の自殺は、行動化できるほどの力がある初期と回復期に危険性が高くなります。自殺の危険性が高い場合は、危険物となり得る所持品などを置かないようにします。本人や家族が精神科病院の受診や入院を拒否する場合もありますが、直ちに専門医と連携を図ることが大切です。

5 不安のアセスメントとケアのポイント

不安の程度は軽度、中等度、強度、パニックのどのレベルか、ゆっくり休めているか、他者との交流はどうかなどのアセスメントを行いましょう。できる限り安心できる静かな環境を提供し、混乱させるような要因（騒音や照明、活動）を減らします。支援者の言動も刺激になるため落ち着いて話しましょう。不安な気持ちが話せるときは、いつから不安になっているのか、何かきっかけはあったのかなどを本人のペースに合わせて質問し、気持ちを受け止めることが大切です。

事例から考える支援のポイント

□Iさん(60歳、男性、相談者は妻)のケース

この数か月、夫の様子がおかしいようです。仕事から帰っても口数が少なく、食事の量が減ってきました。どこか具合が悪いのか聞いても大丈夫だと言います。半年前に弟が急死したことがショックで元気がないのか、夏バテしているのか思案しています。一度、内科を受診したときは「夏バテ」と言われて点滴をしてもらいました。近所の人からかかってきた電話の伝言を忘れていたり、買い物をしておつりをもらい忘れたりしたこともありました。先日は、職場から「どうやって家に帰ったらいいかわからないと言っているので迎えに来てほしい」と電話がありました。どうしたのか聞いても今は言葉になりません。

食欲低下、抑うつ気分といった「うつ状態」と記憶障害、見当識障害といった「認知症状態」があります。弟の急死というエピソードがあるため「喪失体験によるうつ病が考えられる」と判断しがちです。しかし、認知症の症状が急速に進行していること、本人にうつ感はないことから「精神的な病気」と決めつけず、まずは身体的な病気の可能性を疑う必要があります。明らかな麻痺や言語障害などは見当たりませんでしたが、脳神経外科を受診した結果「脳腫瘍（左前頭葉の3分の2)」と診断されました。腫瘍による脳の圧迫により認知症とうつ症状がみられていたことになります。「自宅にこもっていないで通所サービスを利用しましょう」とサービス優先アプローチを行う前に、専門職としてきちんとアセスメントを行いましょう。まずは、身体疾患を疑う、否定された

うえで精神疾患の可能性を考えることが原則です。

□Jさん(90歳、男性、相談者は県外に住む娘)のケース

昔から毎日、バイクで釣りに出かけるのが好きでした。先日、接触事故を起こしたのでバイクを処分しました。それ以来、自宅に閉じこもりがちで足が弱くなってきて転倒するようになりました。あちこち具合が悪いと言っては内科や外科を受診していますが、どこも悪くないと言われ「ヤブ医者ばっかり」と不機嫌になっています。「死にたい」と言ったことはありませんが「自分が寝たきりになったら誰が面倒をみてくれるのか」と口にします。

事故をきっかけにして大好きだった釣りができなくなったことは「生きがいの喪失」と考えられます。身体症状を訴えて受診しても問題はないと判断されたことからも「仮面うつ病」が考えられ、精神科受診を勧めましたが「息子の許可が必要」と受診に結びつきませんでした。かかりつけ医より抗うつ剤を処方されましたが「飲んでもよくならない」と服用を中断し、数か月後に自殺されるという結果になってしまいました。一般的に抗うつ剤は、即効性はなく数週間かけてゆっくり効いてくるので、自己判断で中止しないことが大切になってきます。自殺の予測は難しく、支援者の責任ではありません。しかし、このような事態が起こり得るということを頭に入れておきましょう。

身体表現性障害

1 概要

身体の病気と感じさせるような身体症状があり、内科や整形外科等で診察や検査をしても原因がわからないうえ、症状に伴う苦痛、不安によって生活に支障が出ている状態のことを身体表現性障害といいます。例えば胃腸の痛みがあって内視鏡の検査をしますが、痛みの原因になる炎症部位などは認めません。しかし痛みがつらくて家事や仕事が手につかず、胃がんではないかという不安で何に対しても集中できずにイライラしているようなケースです。

人によってめまいや動悸、身体の痛み、下痢や便秘、吐き気や腹痛など多彩な症状が出現します。身体表現性障害の理解の仕方としてわかりやすいのは、予定が迫ってくると心身の不調が生じるという誰にでも起こる体験です。例えば人生を左右する試験が近づいてくると、お腹や頭が痛くなったり、気分が沈み込んだりフワフワした感じになるということです。誰にでもこういった心身の不調は起こるものですが、この延長線上に身体表現性障害があると考えればわかりやすいでしょう。

当事者は身体症状の原因を突き止めるために多くの時間やエネルギー、お金等を消費し、生活にも支障が出ます。複数の医療機関にかかっても原因はわからず、その結果、不信感や絶望感を抱くようになります。生活上のストレスや心理的な負担が身体症状と関連していると思われる場合もありますが、特定の心理的要因がはっきりしない場合も少なくありません。身体症状の原因が精神的な病気であると言うと、当事者はなかなか納得できない場合が多いです。当事者にも周囲の人にも精神疾患の理解が得られるよう支援しながら、精神的な面からのアプローチが生活の改善に役立つかもしれないという可能性を一緒に考えていくことが大切です。

2 症状と診断

1 症状

身体症状：痛みや胃腸症状などのさまざまな身体症状が続きますが、適切な診察と検査を行っても身体疾患や薬の影響として十分に説明がつきません。

病気不安：自分は重篤な病気になっている、病気にかかりそうだという気持ちが非常に強くなる症状です。身体疾患は実際に存在しないか、もし存在していたとしてもごく軽度の疾患で、重篤だと非常に強く信じ込んでいる気持ちとは大きく乖離している状態です。

転換性障害：力が入らない、筋肉に強い引っ張り感がある、歩けないなどといった運動に関する症状や、皮膚感覚がおかしい、聞こえない、見えない、といった感覚の症状も出ます。ほかにも意識を失ったかのような症状や筋肉が痙攣するような発作に似た症状も出現することがあります。あるいは、声が出ない、のどの中に何か塊があるという感覚もしばしばみられる症状です。

身体醜形障害：自分が醜い、身体のどこかが歪んでいるなど、自分の容姿に対する囚われがある症状です。そのために準備や確認作業が増えて生活に支障が生じたり、苦痛を感じる場面が多くなります。

2 診断

心身の疲労や環境変化などのストレスが症状の形成に関与していると考えられています。しかし、必ずしもストレスが原因とは言い切れず、実際の脳の中でどのようなことが起きているのか解明されていません。診断においては、まず身体症状を起こすような身体疾患が存在しないということが大前提です。あらゆる検査でそれが除外されたにもかかわらず、さまざまな身体症状が持続しているときに初めて身体表現性障害と診断されます。さらにうつ病や不安障害など別の精神疾患が合併するケースもあります。

3 治療

心身のどちらからも治療を進めていくことが必要です。心と身体は自律神経系や内分泌系、免疫系などを介して密接に関与しています。身体をしっかり休養できる場をつくることが大切です。環境が当事者に対しストレスを与えている場合は、その環境を整えることを検討します。身体醜形障害の場合、物事のとらえ方に偏りがあるため、治療には時間がかかることが多く、慢性的に経過しがちです。精神療法的治療（認知行動療法や森田療法など）が重視されます。

また、身体表現性障害では症状の慢性化に伴い、ストレスの蓄積からうつ病や不安障害を合併することもあるため、この合併症の治療も並行して行う必要があります。身体表現性障害に用いられる精神的な症状に対する薬は抗うつ薬、抗不安薬、睡眠薬などです。身体的な症状に対する薬は制吐剤、胃腸薬、筋弛緩薬（頭痛や肩こり）などです。

4 対応のポイント

表3-20に身体表現性障害を患った人への対応のポイントをまとめました。

前述したとおり身体的な検査で異常は認めません。だからといって気のせいだとか、気のもちようで何とかなるといったニュアンスで対応することは絶対にしてはいけません。当事者に苦痛があって生活に支障をきたしているのであれば、誰もそれを否定する必要はなく、一緒に何ができるかを考えることがより前向きなかかわりです。しかし、これは難しさもあり、支援者が魔法のような解決策を提供できるわけではありません。だからこそ当事者の思いに耳を傾けて一緒に悩むスタンスを取りましょう。当事者にとって一緒に悩んでくれる人がいるという安心感は何よりの支えです。

また、身体表現性障害は「抱えきれなくなった苦悩や葛藤が身体症状として置き換えられた」ととらえるようにしましょう。同じように当事者にもそう理解できるようなかかわりをします。「抱えきれない思い＝ストレス」が身体症状と関係することを当事者が理解し、ストレスのコントロールで身体症状の改善が図れるように支援する必要があります。

しかし、当事者にその苦悩や葛藤を直面させるような安易なかかわりは控えなければなりません。無意識のうちに抑圧している思いですので、それに直面するということは非常にリスクを伴います。精神療法や心理カウンセリングの経験がある人は大丈夫だと思いますが、そうでない人は当事者自身が口にするまで待つこと、そして口にした際はしっかりと支えることを心構えとしてもっておきましょう。

当事者に孤独感や不安感があるとそれ自体が精神的な負担になって身体症状を強めます。当事者のつらさを認めることや共感することは、誰

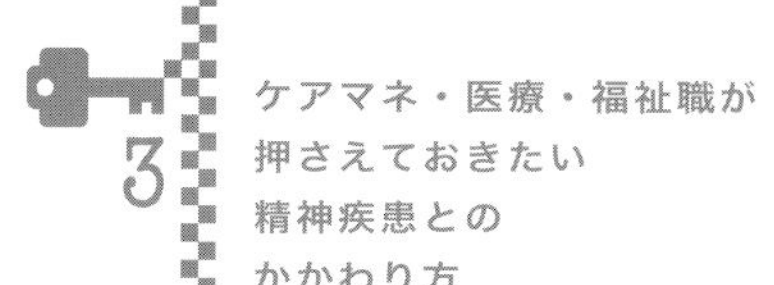

にも苦しみがわかってもらえないという孤独感や不安感を回避する非常に大切なケアです。

そして、身体症状が出現するきっかけや強まる条件などを本人自身が自覚していない場合が多いです。身体症状が強まる→不安になる→じっとしていられない→交感神経が優位になる→さらに身体症状が悪化する、といった悪循環が起きます。時には周囲の人が休養を取るように促さないとこの悪循環から抜け出せないため気をつけておきましょう。

最後に、薬物療法はあくまでも補助的なものであって万能ではないということも理解しておきましょう。これは支援者もそうですが当事者もそう理解しておけるようにかかわりましょう。

表3-20　対応のポイント

・安心を提供する
・症状は苦悩や葛藤が置き換えられたものとしてとらえる
・症状とストレスの関係性を気づいてもらえるようにする
・苦悩や葛藤へ安易に直面させない
・身体症状のつらさを認めて共感する
・症状が強いときは休養を促す
・薬物療法に過度の期待を抱かないようにする

事例から考える支援のポイント

Kさん(70代、男性)のケース

Kさんは若い頃から定年まで1つの会社に勤務し誰からも頼りにされる管理者でした。仕事は朝から晩まで忙しかったのですがKさんはやりがいをもっていました。定年退職後はしばらく家で何をするでもなく過ごし、そのうち昼間からお酒を飲むようになりました。妻は不安になりシルバー人材センターに登録することを提案しましたがKさんは応じませんでした。

しかし、70歳になって自ら行動を起こし、デイサービスの送迎バスの運転手を行うことになりました。最初は張り切って出勤し妻にも仕事内容のことを自慢げに話していました。半月ぐらい経ったときから話す内容が変わり「朝の送迎が終わると次の送迎まで何時間も待機するので張り合いがない…」などと活気なく話していました。デイサービスフロアの隅に待機場所があったため、利用者への対応に追われる職員をKさんは目の前で見ていました。しかし業務が送迎に限られているので何もすることができず、見て見ぬふりをして待機しているという状況が続きました。

そして2か月ぐらい経ったときからKさんは出勤の時間が迫るとめまいや動悸、頭痛やしびれが出てくるようになりました。総合病院で検査をしましたが特に異常は認められず、その後も同様の症状で具合が悪くなり、業務が運転ということもあってKさんは仕事ができなくなりました。外出するのもめまいや動悸が出現しないか不安になり、受診以外にはほぼ外へ出なくなりました。Kさんはどこかにがんや悪い病気が隠れているはずと考えていましたが、妻には心配をかけたくないため何も言わなくなりました。1人で別の病院を数か所受診しましたが、異常は見つかりませんでした。納得できずに医師に詰め寄ることがあり、その医師の紹介で精神科を受診し、その結果、身体表現性障害と診断を受けました。

アセスメントとその後の経過

Kさんにとってデイサービスの業務内容や環境は会社員時代と全く異なる状況です。もともと管理者として権限をもち、自分の判断で物事を動かしていたり部下に頼りにされていたりしたこともあって、自己評価や自尊感情は高まっていたと考えられます。また、1つの会社を勤め上げたことに誇りをもち自己肯定感も向上していたでしょう。定年後に再び仕事に就いたときにはそんな華々しい時代をイメージしながら、嬉しさと期待があったと考えられます。

しかし、理想と現実には大きなギャップがありました。仕事人間であったKさんにとっては自分らしさが揺らぐことであり、自尊感情も低下するような思いになったと考えられます。また、1つの会社を勤め上げたという誇りもあって、安易に仕事を辞めるようなことはせずに葛藤を抱えたまま続けていたのではないかと思われます。その結果、葛藤が身体症状として置き換えられるようになり、精神科への受診という運びになりました。

精神科の診察で医師は苦痛を感じているKさんに「めまいや動悸がするのはつらいですね…」と症状を認めてつらさに共感しました。決して否定することなく、Kさんが感じていることをありのまま認めて理解したのです。そして医師は、Kさんの症状の発生に関係する要因について話をしたのち、生活のなかでこういった症状が出た場合の対策を一緒に考えました。その際、対策は失敗することもあるという前提で話されていました。Kさんは自尊心が高く、必ず成功させなければという思いが強かったからでしょう。

妻はKさんが長くひきこもっているため、気分転換にスポーツジムや映画館へ行くことを勧めました。しかし、Kさんはそれを拒否しました。身体症状で実際につらさがあったことや、妻の提案を素直に受け入れることができない心理的な抵抗もあったと考えられます。精神科の主治医は妻に対して、周囲からの提案（外発的動機づけ）ではなく、自分でやろうと思ったこと（内発的動機づけ）が見つかるまで根気よく待つことが必要と説明し、妻もKさんのペースを見守ることにしました。しかし、その後もKさんのひきこもり生活が続きました。

精神科への受診から半年ほどしたときKさん自身から「散歩に行ってくる」という言葉が聞かれ、はじめは心配した妻も同行していました。めまいなどの身体症状は少しありましたがそのうち距離は延びていきました。ある日、散歩に行った先で盆栽をしている同年代のＬさんに出会いました。何気ない会話から盆栽について教わるとＫさんは少し興味がわきました。その後は１人でＬさんのところへ行き遅くに帰ってくるという生活になりました。その後、徐々に身体症状が出現する頻度や程度は減少し、さらに半年ぐらい経ったときには身体症状は消失しており、Ｋさんは何事もなかったように生き生きとした毎日を過ごしていました。盆栽は失敗しながらも楽しんでいる様子で、妻にはいずれコンクールで金賞をとると笑顔で話しています。

このようにＫさんは症状の強い時期には本人のペースで休養をとり、また主治医の共感などで安心して生活を送ることができました。そして、妻も根気よく待ちながらＫさんを支えるなかで、Ｋさん自身がやろうと思った盆栽という活動を通じて身体表現性障害が改善したのです。

10 アルコール依存症

アディクション（addiction）とは、あるものを特別に好む嗜癖のことをいいます。嗜好との違いは、好きの程度の相違というよりもむしろ好んだ結果の是非であり、自他にとって好ましくない事態を招きます。つまり、「のめり込む」「はまる」そして「抜け出せなくなる」依存状態のことをいいます。医学モデルでは嗜癖を「依存症」という言葉を用いて説明し、「疾患」の枠組みをもってそれぞれの嗜癖を定義しています。

依存症とは、「喪失の病」であり、「家族の病」であり、「生き方の病」

表 3 -21　依存症の「病」

喪失の病	職場の人や友人、家族との信頼関係を失い、夢を失い、最後には命を失う。
家族の病	本人の問題行動に振り回されるという意味と、そもそも家族自体が病んでおり、その結果として本人が問題行動を呈しているという意味がある（家族システムが機能不全に陥っているという意味）。
生き方の病	アルコールへののめり込みさえなければ、すべての問題が解決するということではなく、その人が生き方の問題や生きづらさをもっているからこそアルコールに依存するという意味である。根っこにあるのは、依存という形で顕在化する心性、つまり依存性そのものである。

です（表3-21）。依存症は、自己制御を失った「コントロール不全の病」でもあります。

1 依存症（アディクション）の種類

①**物質依存**：アルコール依存症、ニコチン依存症、薬物依存症などです。

②**行為・過程依存**：ギャンブル依存症、買い物依存症、虐待（児童、配偶者やパートナー、高齢者）、窃盗や万引き癖、性犯罪、過剰な性行動、摂食障害、リストカットなどの自傷行為、インターネット依存などです。

③**対人関係依存**：人に対する依存であり、あらゆる依存症の底辺にある病理です。対人関係依存の原型は共依存です。共依存とは、人に依存する人と人から必要とされることに依存する人同士の組み合わせです。

2 依存症（アディクション）の特徴

・インスタントな高揚を求める。

・対象にのめり込むことで気分が大きく変化する。

・習慣化し、固定化する。

・徐々にエスカレートして進行し、放っておけば崩壊に至る。

・それなしでは自分を保てないように感じる。

・どんな犠牲を払っても続けようとする（暴力で金を無心するなど）。

・自分の問題を否認する（飲酒問題の否認、病気の否認、断酒の必要性の否認）。

・家族などの周囲の人が、その問題に振り回されて、困ったり悩んだり

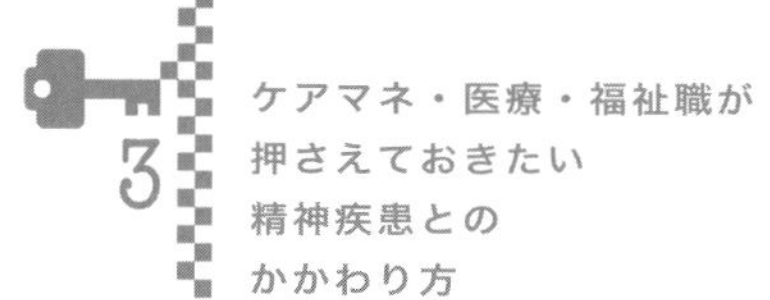

することが多い。

・周囲の努力が逆効果になることが多く、さらに依存症を進行させる悪循環が生じる。

 根底にある生きづらさ

依存症者は、以下に示すような生きづらさが根底にあり、無意識のうちにそうした世界や困難を回避しようとして依存症にはまっていきます。発達障害のなかで、注意欠陥多動性障害（ADHD）は、衝動的な特性をもち、依存症との合併が多いことが知られています。米国では、ADHDの15.2%が物質関連障害を合併しているという研究もあり、治療を求めて医療機関を受診するギャンブル依存症者のうち25％はADHDであったという報告もあります[3)]。それは、「自制心のコントロール困難」「衝動性」「こだわりが強い」「脳に刺激を求める行動を取る」といった特性が影響していると思われます。

・他者と対等な関係を築くことが不得手で、対人関係においてストレスを抱えやすい。

・対人関係を構築するのに過剰なエネルギーを要する。

・否定的な自己概念が強く、他者の反応に敏感で、見捨てられ不安に陥りやすい。

・現実の等身大の自分と「こうあらねばならない」というこだわりのギャップに苦しむ。

3）依存症対策全国センター「依存症と重複しやすい発達障害」
https://www.ncasa-japan.jp/notice/duplicate-obstacles/developmental-disorder（最終アクセス2020年７月20日）

アルコール依存症と治療

アルコール依存症とは、アルコールによって得られる精神的、肉体的な薬理作用に強く囚われ、自らの意思で飲酒行動をコントロールできなくなり、強迫的に飲酒行動を繰り返す精神疾患です。さらに、嫉妬妄想や易怒性などの精神症状がみられる場合は、アルコール精神病です。親しい人との死別、失職などの強いストレスや退職などが依存症を形成する多量飲酒のきっかけになります。高齢者の場合は、加齢に伴う脳機能低下に加えてアルコールによる脳萎縮の進行によって、認知機能が低下します。そのため自らの力で飲酒問題を認識し、解決することが難しくなります。依存症者は、自分が依存症者であることを認めたがらず、いつでもやめられると考えています。少し（適正飲酒あるいは節酒）なら飲んでも大丈夫だろうと思います。しかし、依存症者はそれでは済まなくなります。

依存症の治療は、アルコール離脱と断酒継続を目的とした治療です。再発（スリップ）はしばしばみられ、初期の離脱症状（手のふるえ・発汗・不眠）であれば外来治療も可能ですが、幻覚やてんかん発作、自殺企図、身体衰弱がある場合は、入院治療が必要となります。

アルコール依存症の治療の3本柱は通院・抗酒薬・自助グループといわれています。治療プログラムには、酒害教育、集団精神療法（ミーティング）、認知行動療法、作業療法などがあります。内科入院のきっかけは、連続飲酒による下痢、脱水症、急性膵炎、肝臓機能増悪などがほとんどです。このような急性症状は身体からのSOSです。身体症状だけ治療して、また酒が飲める状態にして退院させてしまうことがないように、問題に患者自身が直面化し、早期に専門的治療へ導入する必要があります。

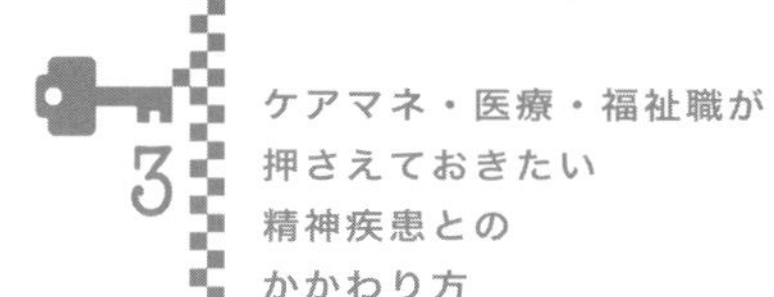

1 底つき体験

「人生のどん底を見た」という体験や「自分ではどうにもならない。回復したい」と思うターニングポイントが「底つき体験」というものです。いくら周りが「このままではダメ」「治療が必要」と勧めても結局は本人が本気で変わる決心をしなければ依存症から抜け出すことはできません。そのため飲酒する本人を支援することは、かえって断酒の動機づけを遅らせてしまいかねない行為であることに注意が必要です。しかし、発達障害者や認知機能が低下した高齢者には通用しないことも多いのが現状です。

2 抗酒薬（嫌酒薬）

薬剤（シアナミド、ジスルフィラム）を服用します。アルコールの分解（アルデヒド脱水素酵素）を阻害するので、飲酒すると急性中毒症状を呈し、その恐怖から飲酒行動を抑えようとするものです。生命にかかわる危険があるので慎重な投与が必要です。最近は飲酒欲求を減らすアカンプロサートという薬も使われています。

3 自助グループ

AA（Alcoholics Anonymous）や断酒会は、孤独から解放されるメリットがあります。同じ目的をもった仲間が集まって体験談や悩みを話し、聞き、共感することで依存症からの回復に役立つとされています。ここでは「言いっぱなしの聞きっぱなし」で行うミーティングが原則とされています。

4 アルコール依存症の治療プログラム

プログラムには、お酒を飲まない時間の過ごし方、アンガーマネジメント、ストレスマネジメント、思考ストップ法（飲みたくなったときの対処法）、SST（Social Skills Training：社会生活技能訓練）などが取り入れられています。

5 HALT

Hungry（空腹）、Angry（怒り）、Lonely（孤独）、Tired（疲労）の頭文字をとった言葉で、再飲酒となるきっかけになりやすいといわれています。

6 家族支援

アラノン（Al－Anon）は、身近な人のアルコールの問題に影響を受けている、または受けたと感じている人たち、依存症者の配偶者や親の立場、友人、子どもの頃に親などのアルコール依存症の影響を受けたと感じているアダルトチルドレンの人たちがお互いの問題を解決していく自助グループです。

家族のとっている役割は、「叱責」「小言」「懇願」「攻撃」「距離を置く」「尻拭い」であり、親（または妻）として、できることはすべてやり尽くしています。そして、それがうまくいかないことはわかっていてもほかの方法を知らないために、延々と繰り返すことしかできないのです。この悪循環に気づき、共依存関係を改善させる方法として、CRAFT（Community Reinforcement and Family Training：コミュニティ強化と家族訓練）という認知行動療法があります。

 アルコール依存症者の特徴と支援方法

1「心」：不安から支援者を巻き込む傾向

「見捨てられる不安」と「相手をコントロールしたい願望」が特徴的です。支援に入ったヘルパーに「気にくわない」などと暴言を吐く、「もう死ぬ、救急車を呼べ」と命令するなどの言動を通じて、支援者をコントロールしようとします。こうした行動に支援者が振り回されると本人は無意識に安心感を得ることになります。病的な状態での言動に振り回されず、適度な距離を保ちながら必要な支援だけを行い、お酒が抜けたときに今後のことを話し合っていくことが大切です。

2「身体」：低栄養などに注意

お酒中心の生活で食事をしない場合は、脱水や低栄養になりやすくなります。また、肝機能障害などの身体疾患の合併、コルサコフ症候群（健忘・作話・見当識障害）、認知症による混乱など心身の状況のアセスメントが重要となってきます。身体疾患の治療だけで終了すると「飲める身体に戻すだけ」になってしまうため、内科受診をきっかけにして専門領域と連携しなければなりません。

3「暮らし」：できていることに着目して支援していく

衛生面で問題があったり、言動が攻撃的であったりしても、彼らが自身の生活を何らかの形で維持できている点を見出していきます。

① 「支援者に自分の困難を知らせることはできる」「最低限の食事摂取はできる」などを基底にして、本人と周囲が少し努力をすれば可能となる支援は何かを考えていきます。

② 多職種による情報の共有と役割分担が大切です。日常生活支援、医

療機関受診、施設利用などの担当者を決めておき、各支援者は「今ここで」なすべきことに専念します。

事例から考える支援のポイント

□Mさん(70歳、男性、独居)のケース

Mさんは、元大工で若い頃から飲酒の機会が多くありました。飲酒に伴う家族への暴力や、借金のため離婚し、現在は独居、生活保護を受給しています。「好きなことをして死ねたら本望」が口癖で病院には行かずに飲酒中心の生活をしています。飲んでいなければ、ADL(日常生活動作)はほぼ自立しています。最近は、夜間に大声を出して近所から苦情が上がり、部屋は散らかり、尿失禁がみられるようになったりしたため介護保険を申請しました。断酒の意思がないため、仲間と楽しく酒が飲めることを目標に飲酒量を減らす約束をして、訪問介護で掃除・洗濯を行う支援を開始しました。その結果、生活環境は整ってきましたが、仲間との飲酒が増えて泥酔状態となり、ビールの空き缶が散らかり、ヘルパーへの暴言が増えるといった問題が起きるようになりました。

この支援の問題は？　悪循環が起きている！

覚醒しているときは飲み続け、泥酔して目覚めてはまた飲酒をする(連続飲酒)。

⇒ヘルパーが汚れ物を洗濯し、部屋を掃除し、着替えと温かい食事を用意する。

⇒目覚めると安心して再度連続飲酒をする。

このようによかれと思って行った支援が、結果として、飲酒行動を支えることになってしまうことを理解しておきましょう。

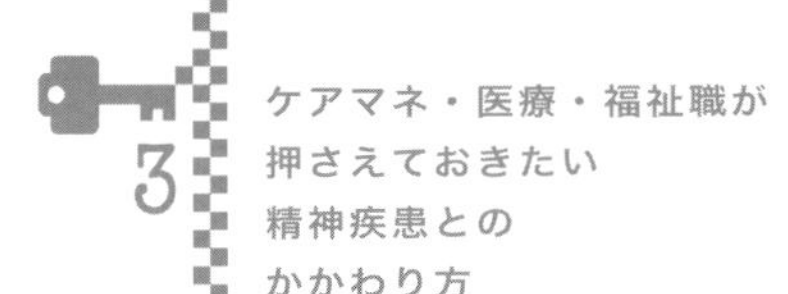

支援者が理解しておくこと

① アルコールが一滴でも体内に入ると、大脳から「もっと酒をよこせ」という強力な指令が発信されます。この指令は、発信元である大脳が機能を休止するまで、すなわち泥酔して眠りこけるまで出し続けられます。「ちょっと一杯」のつもりが泥酔になってしまいます。

多量飲酒者は「節酒」が目標でも構いませんが、依存症者の場合は、「断酒」を目標にします。身体合併症がない、人間関係や社会的に悪影響がない場合でなければ節酒は難しいといえます。

② アルコールを飲み続けることを可能にする（支援者の）行為を「イネイブリング」といい、それをしてしまう人のことを「イネイブラー」といいます。本人の飲酒に振り回されて世話を焼いたり、面倒をみたりして、結果的には「酒をもっと飲めるようにしている人」のことを指します。

支援者に「放っておけない」といった感情があれば、一見、献身的にみえますが、実は、自立や対等とはかけ離れた「支配・被支配」という「関係性」への依存が起きます。つまり、「ケア」という名の支援者と利用者の共依存関係です。

③ 「仲間と楽しく酒を飲みたい」は、要望であってニーズではありません。アルコールの問題の「否認」です。本人の要望に巻き込まれるのではなく、専門職としてアセスメントを行ったうえで必要な支援を検討しなければなりません。アルコール問題に隠れた「不安」を理解しながらかかわることが重要となります。また、生活援助の必要性はあっても手を出しすぎず、本人のもっている力に視点を当てながらかかわることが大切です。

図3-17　イネイブリング

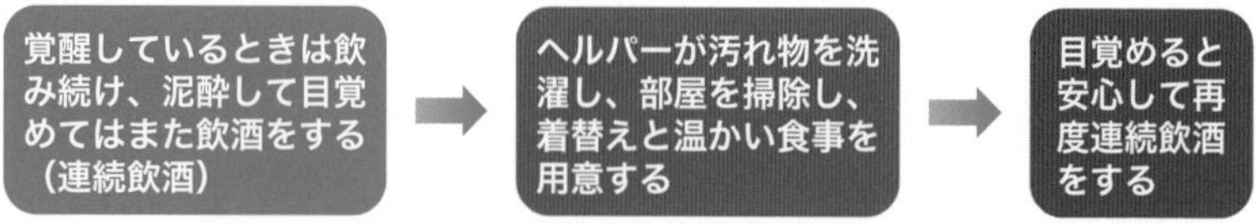

覚醒しているときは飲み続け、泥酔して目覚めてはまた飲酒をする（連続飲酒）	→	ヘルパーが汚れ物を洗濯し、部屋を掃除し、着替えと温かい食事を用意する	→	目覚めると安心して再度連続飲酒をする

イネイブリングとは、依存症者が特定の物質や行為に依存することを助長させてしまう行為をいう。また、助長行為をしている人のことをイネイブラーという。

パーソナリティ障害

1 パーソナリティ障害の概要

パーソナリティ障害は、平均的な行動パターンから際立って偏った行動パターンをとることを指します。極端で衝動的な言動や行動がみられ、対人関係がうまくいかないようなときは、単なる性格の問題ではなく「人格」の障害、パーソナリティ障害の可能性があります。ものの考え方や感情のバランス感覚がなく、衝動をうまく抑えられない、他人と柔軟にかかわれないなど、社会生活を送るうえで支障をきたす場合に診断されます。つまり、人との関係のなかで、何かしらのトラブルが起きやすい障害を指します。過剰な被害妄想や演技がかった態度、感情のコントロールが効かないといった症状の出方は、一般的に**表3-22**のように大きく3つのグループに分けられ、10種類に分類されています。

パーソナリティ障害は、広義の意味では精神疾患ですが、統合失調症のように「脳の病気」のため内服治療が必要といった狭義の精神疾患ではないため、基本的には「入院治療」の対象にはなりません。精神症状や自傷他害行為がある場合は、精神保健福祉法において入院の対象となりますが、一時的な保護に過ぎません。また、本人は自分自身が問題と考えていないことが多く、自ら受診することもないため診断名がついていない人がほとんどです。

表3－22　パーソナリティ障害の分類

群	類型	中心的特徴
A群 奇妙で風変わり	妄想性 パーソナリティ障害	広範な不信感や猜疑心、他者への疑念や不信。自らの正当性を強く主張し、周囲との摩擦を引き起こす。
	統合失調質 パーソナリティ障害	感情表出に温かみが乏しい。非社交的、孤立しがちで他者への関心が希薄。
	統合失調型 パーソナリティ障害	思考が曖昧で過度に抽象的で脱線する、感情が狭くて適切さを欠き、対人関係で孤立しやすい。
B群 演技的・感情的で移り気	境界性 パーソナリティ障害	暴力、浪費や薬物乱用など他者や自己を危険にさらす衝動的行動、自傷行為や自殺企図。コントロールできない激しい怒りや抑うつ、焦燥。孤独に耐えられず、周囲の人を感情的に巻き込む。過大評価と過小評価の両極端の他者評価。
	自己愛性 パーソナリティ障害	周囲の人々を軽視し周囲の注目と賞賛を求め、傲慢、尊大な態度を見せることが特徴。
	反社会性 パーソナリティ障害	他者の権利を無視。侵害する反社会的行動、衝動的な暴力などの攻撃的行動。他者の感情に冷淡で共感を示さない。
	演技性 パーソナリティ障害	周囲の人々の注目や関心を集めるための派手な外見や大げさな演技的行動。外見や身体的魅力にこだわる。
C群 不安で内向的	依存性 パーソナリティ障害	他者への過度な依存。自らの行動や決断に他者の助言や指示を常に必要とする。他者の支えがないと、無力感や孤独感を抱く。
	強迫性 パーソナリティ障害	一定の秩序を保つことに固執。融通性に欠け、几帳面、完全主義や細部への拘泥、頑固。過度に良心的、倫理的、吝嗇（りんしょく）、温かみのない狭い感情。
	回避性 パーソナリティ障害	失敗することへの恐れ。周囲からの拒絶などの否定的評価や強い刺激をもたらす状況を避ける。対人交流に消極的。自己不確実感および劣等感。

※　似たような言葉に「気質」「性格」「人格」があります。気質は「先天的な感情の傾向」、性格は「その人固有の感情・意志の傾向」、人格

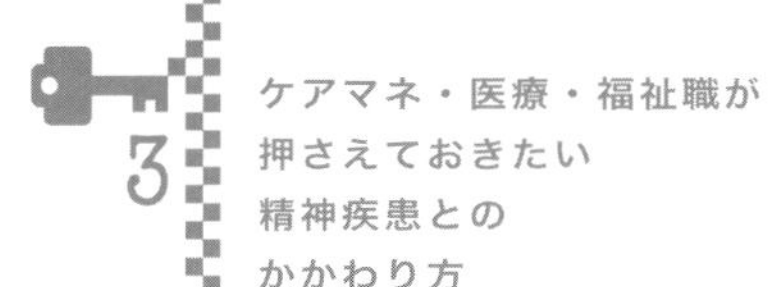

は「独立した個人としてのその人の人間性、人間としてのあり方」を指します。気質＞性格＞人格の順に「生まれもっている部分で変えにくい」とされています。現在では、気質・性格・人格をひっくるめてパーソナリティと表現される場合もあるようです。

 主なパーソナリティ障害の特徴と対応のポイント

1 自己愛性パーソナリティ障害

①**批判をしない**：自己愛性パーソナリティ障害の人は、心のなかで思い描いている理想が崩れることを極度に恐れます。うまくいかないと「自分には何の取り柄もない」と極端に落ち込みます。また怒りや喪失感を他人に向けて発散し「バカにされた、変に思われた」とすぐに傷つきます。このように、他人より優れている自分と、全くダメな自分、この極端な2つのモードを行き来する構造が特徴です。そのため最もしてはいけないことは、異議を唱えたり、批判したり、悪い点を指摘することです。こちらがよかれと思ってしたとしても、相手からすれば、プライドを傷つけられた、自分を貶めたととらえてしまいます。

②**賞賛する**：上手に付き合うコツは、その人のよい所やプライドをもっていることをフォーカスして賞賛することです。ふだんからその人の言葉に耳を傾け、認めてほしいと思っていることが何なのか見抜くことが求められます。そして、そのことを心から評価し、褒めます。自分のことを評価する人を評価しますので、そのような関係を築くことが大切です。つまり、相手から「敵」ではなく「味方」として見てもらえるようにふるまうことが鍵になります。

2 境界性パーソナリティ障害

感情、対人関係、自己イメージ、行動など、広い範囲にわたる不安定さを特徴とします。表面的には華やかで、他人を惹き付けるような魅力をもち、深みのある会話ではありませんが、興味深い会話を提供し、話し方も上手です。しかし、自尊心や自己顕示性が妙に高すぎたり、逆に急に依存的になったりするため、対人関係においてほどよい距離をとることができず、ほとんどが対人関係づくりに失敗します。

第一に、激しく上下に揺れ動く不安定な感情をもち、他人に対して甘えていたかと思うと急に怒り出すといったように、依存と攻撃が繰り返されます。

第二に、慢性的な空虚感や孤独感をもっていて、こうした気持ちに耐えられなくなると、自分の身体を傷つける、過食、大量飲酒などが起こります。

第三に、見捨てられることに対する激しい不安があり、気が狂わんばかりの努力、例えば自殺をほのめかして、相手を自分につなぎとめようとします。

第四に、手首を切る、アルコールや麻薬の乱用、大量服薬など、自己破壊的な衝動行為や浪費、性的逸脱などがみられます。

一度相手に依存してしまうと「別れる恐怖」が心を支配するようになります。その結果、相手と何かうまくいかない体験をすると「別れるなら死んだほうがまし（希死念慮）」「振り向いてくれるなら何でもする（自傷行為）」といった極端な行動を起こすことがあります。これはわがままな行為ではなく、見捨てられないための努力であることを理解しておく必要があります。

また、見捨てられたくない気持ちは「こき下ろし（脱価値化）」という状態に移行することがあります。「あの人は私にとって価値のない人だった」と思うことで、見捨てられる体験を阻止しようと自分から別れたりします。この場合、「大好き」が「大嫌い」になるわけですから、過度な攻撃（他害行為）を向けることもあります。このような状況は、支援者との関係でも生じ、「○○さん大好き」から始まった関係は「この利用者はいい人だからがんばって支援してあげなくては」という支援者の気持ちを増強します。しかし、あるとき発したひと言で突然こき下ろされ、怒りを向けられるようになったりします。そうするともう支援したくないといった感情を抱くようになります。自分に向けられた称賛や尊敬に一喜一憂せず、極端な気持ちがはたらいたときは「心の注意サイン」が点灯していると思いましょう。

3 パーソナリティ障害者との距離のとり方

パーソナリティ障害者との間に一貫して安定した治療的・援助的対人関係を結ぶことは困難なことが多いので、支援者がやってはいけないことを自覚して対応することが大切です。知らず知らずのうちに周囲が利用者を依存的にさせ、無理な要求などをエスカレートさせてしまうことも多いので、適切な距離感と客観性を保つことが重要になります。

【パーソナリティ障害者への支援のポイント】

・激しい言動、行動ばかりに目を奪われず、心の底を見つめ、心の裏の隠されたメッセージに耳を傾ける姿勢が重要です。
・自分が理不尽なことを要求されていると感じたら、いきなり遠ざかるのではなく、時間的にも距離的にも少し間をおいて接してみることが大切です。

- 目安としては「遠すぎず少し近め」がよいとされています。
- 自傷行為、自殺企図がみられたときも下手に慰めたり、励ましたり、叱ったりせず、何も言わずただそばに寄り添うことです。
- 利用者の要求や1人になることの不安に対して共感的理解を示す一方で、明確な線引きをします（例えば、時間外のヘルパー利用は認めないなど、ここまでは許せるが、これ以上は許せないという基準）。これは「限界設定＝リミット・セッティング」といい、一貫性のあるはっきりとした態度を維持することが大切です。
- 「できることをやり、できないことはやらない」「深追いはせず、拒絶もしない」というのが長く続けるコツです。
- 約束を守ることが重要です。どんなにその個人と接することに困難を感じていても、支援者は誠実に、約束したサービスを実行します。約束にないことを行わないことも「約束を守る」ことの一環です。
- サービス内容やその頻度については、緊急時などの例外を除き、原則を貫いて提供し続けます。そして一定の時期に再評価し、見直すという作業を繰り返します。
- 言動や行動がころころ変わり予測がつかないこと、頻繁に常識を逸脱するようなことを平然とやってのけてしまうことが多いので、そうした言動や行動に振り回され、一喜一憂していると周囲はへとへとになって疲れ切り、次第に対応も投げやりになってしまいがちです。相手に振り回されることなく、専門職としてのかかわりを心がけましょう。

1 事例から考える支援のポイント

これまでの支援を振り返ってみて、利用者や家族に振り回される、途中で話がすり替わり意見が食い違う、言われのない苦情や攻撃を受ける、自殺をほのめかされどうしたらよいかわからないといったようなことはないでしょうか。よくある例を示します。

① 家事援助のため訪問したヘルパーに「今日は何も頼むことがないわ。その代わり今から1時間、私の話を聴いてちょうだい」と要求をします。
② 業務を終えて次の利用者宅に行こうとするヘルパーに「お願い、あと5分だけ私のそばにいて」と懇願するという事態が生じます。ヘルパーが応じないと「担当ヘルパーをクビにしろ」「問題にしてやる」などのクレームの電話が、事業所や行政担当者に寄せられることになります。
③ いきなり「この間、○○って言っただろう」と文句を言ってきました。そのような事実はないと説明をしましたが「確かに言った。では、俺が狂っていると言うのか」と興奮し始めました。その後は「支援者が障害者に狂っていると言うとは何事か」と話がすり替わり、話がかみ合いません。
④ 「今、手元にある安定剤を全部飲みました。死にます、さようなら」などという電話を支援者や知人にかけまくるということも稀ではありません。
⑤ 対人関係は不安定で、崇拝するかのように評価していた友人に対する見方が些細なことをきっかけに一変し、相手を口汚くののしるといった状態を呈します。

①〜③の例は、自己愛性パーソナリティ障害と思われます。前述したように適度な距離をとり、限界設定をすることが大切です。

④⑤の例は、境界性パーソナリティ障害と思われます。希死念慮の訴

えがあると支援者としては飛んでいかざるを得ません。しかし、うつ病とは違い「死ぬ」という訴えをすることで支援者をコントロールしている行為です。だからといって、その訴えを無視してしまうと手遅れになってしまうことがあるのも事実です。対応は非常に難しいと思いますが、見捨てられるのではないかという不安からの行動であることを理解したうえで対応しましょう（行政やサービス事業所の批判、サービス担当者の巻き込まれなどを伴った事例の具体的支援方法については『ケアマネ・福祉職のための精神疾患ガイド』を参照してください）。

12 自閉症スペクトラム障害

1 自閉症スペクトラム障害(Autism Spectrum Disorder:ASD)の概要

2013年に出版されたアメリカ精神医学会の「DSM－5」において、これまでアスペルガー症候群、高機能自閉症、注意欠陥多動性障害などさまざまな診断カテゴリーで記述されていたものが「自閉スペクトラム症／自閉症スペクトラム障害」の診断名に統合されました（**図3-18**）。つまり、「連続体」を意味する「スペクトラム」という言葉を用いて障害と障害の間に明確な境界線を設けない、虹の色が連続して変わるように、特性の出方が人によって強く出たり弱く出たりしているというとらえ方になりました。しかし、今でも通称「広汎性発達障害」や「大人の発達障害」といわれています。

特徴としては、ウィング（Wing,L.）の「3つ組の障害」という視点で考えるとわかりやすいと思います。

①**社会性の質の違い**：周囲の人とかかわるときに適切にふるまうことができず、相手と関係を築くこと、築いた関係を維持していくことが難しい。

②**コミュニケーションの質の違い**：相手が言っていることや感じていることを理解したり気づいたりすることが難しい。また自分が言いたい

図 3-18　PDDからASDへ

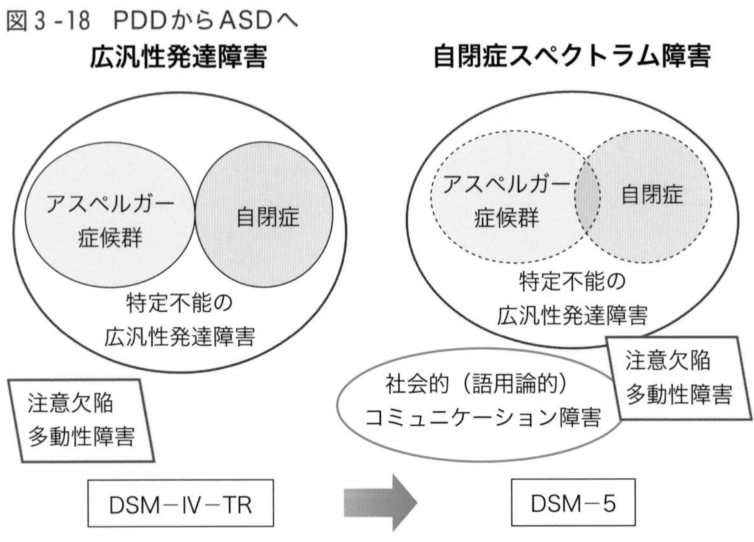

図 3-19　自閉症スペクトラム障害の特性

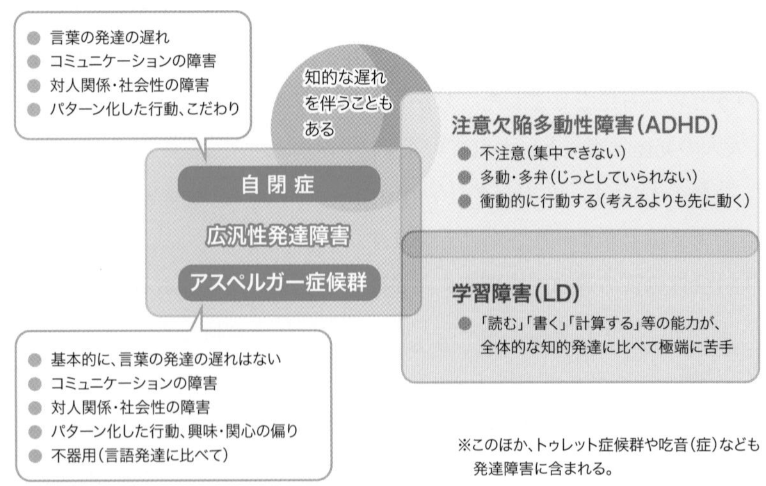

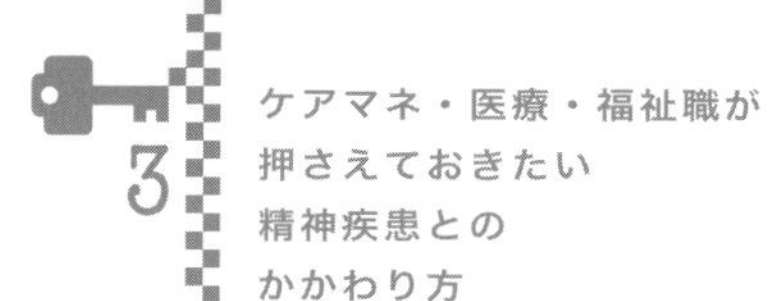

ことや感じていることを相手にわかりやすく伝えたり表現したりすることが難しい。

③想像力の質の違い：自分が見たり予想したりしていた以外の出来事や成り行きを想像したり納得したりすることが難しい。自分の興味のあることや心地よいパターンの行動に強いこだわりがあり、想定外の行動を取ることに抵抗を示す。

2 発達障害の種類

発達障害の多くは、就学し勉強についていけない、社会性が乏しく孤立するなどで小学生の頃に発覚します。しかし、知能に問題がない自閉症スペクトラム障害（ASD）や注意欠陥多動性障害（ADHD）の場合は勉強ができるため、無事に進学し、大学まで進むことも少なくありません。子どもの頃に発達障害を見過ごされて大人になった人たちは、成育環境において特性に合った対処や理解を得られず、否定や失敗の経験を積み重ねて現在に至っています。結果として、多くの人が自尊心低下などにより二次的に発症する併存症（うつ病、不安障害など）などの問題を抱え、大人になっても社会適応が難しいのが現状です。

1 自閉症（AD）

1つの物事に異常に執着、過集中、没頭します。何度も同じ行動を繰り返します。会話によるコミュニケーションは苦手かできません。常同思考で一度ついた考えが変えられず、環境の変化を嫌い、臨機応変に行動できません。予期せぬ出来事が起こったときにパニックになります。時にものすごい暗記力、計算力など並外れた能力をもつこともあります(サバン症候群)。

2 アスペルガー症候群（ASP：高機能自閉症）

知能は正常もしくは高いのですが、基本は自閉症と同じ常同思考があります。言動能力に優れ、会話は可能ですが、相手の気持ちをくみ取ることができずに、言われた言葉をその言葉どおりに受け取ります。場の雰囲気を読むこと、他人に気を遣うこと、人の顔色を読むことが苦手です。冗談や慣用句、友情や愛情が理解できません。物事に優先順位がつけられず、同時に2つのことができません。幼少期から強迫観念を認めることが多いとされています。

3 注意欠陥多動性障害（ADHD／ADD）

不注意、衝動性、多動が特徴（多動が目立たないものはADD、女性に多い）で、落ち着きがなく、じっとしていることができません。興味をもったものには集中できますが、そうでないものは注意力が続きません。自己管理ができず、時間や金銭の管理が甘く、片づけが苦手で、忘れ物が多く、頭に浮かんだことを即座に行動に移します。失言が多く、感情のコントロールが苦手ですぐに感情的になります。行き当たりばったりの行動が目立ちます。子どもの頃の嫌な思い出ばかり心に残ってしまいます。

4 学習障害（LD）

「読む」「書く」「計算する」「推論する」「聞く」「話す」の基本的な学習能力のうち特定の能力に困難さがあります。文字をスラスラ読めない、変な所で区切る、濁音が発音できないなどの読字障害（ディスレクシア）や字が正しく書けない、左右逆文字、鏡文字を書いてしまう書字障害などがあります。

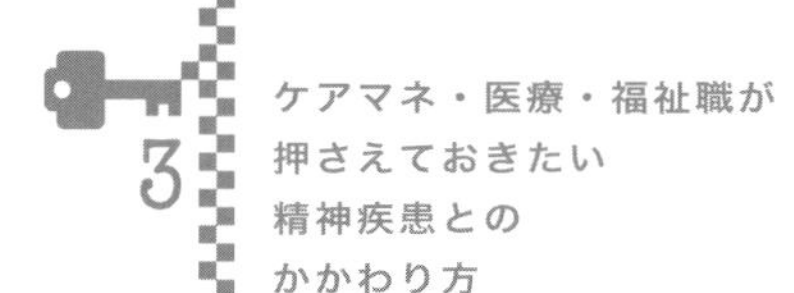

5 発達性言語障害（言語性LD）

人の話を最後まで聞けません。雑音のなかで会話に注意を向けることができない、音を言葉としてとらえられないといったことがあります。

6 発達性協調運動障害（DCD）

体のバランスが悪く、よい姿勢がとれません。よく転んだり、体をぶつけたりします。緻密な動作ができず、すべて粗雑な動作になります。箸やはさみをうまく使えない、書類を整理することや服をたたむことがきれいにできません。

3 発達障害の理解

OSとは、オペレーティングシステムの略で、直訳すると「操作するためのシステム」となります。パソコンを操作できるようにするために端末全体を管理し、制御しています。つまり、OSが入っていないパソコンはただの空の箱になります。ハードを「脳の構造と機能」、ソフトを「対人関係や仕事の仕方」、OSを「認知や情報処理」として考えてみましょう。

これまでの「精神疾患」は、OSやソフトが誤作動を起こしているといったとらえ方になります。一方「発達障害」は、ハードやソフトが独特といったとらえ方になります。Windows® とMacintosh® は同じパソコンであっても、機能そのものが違います。機能が違うパソコンにソフトを入れても不具合を起こして使えません。しかし、壊れているわけではありません。つまり、発達障害は病気ではなく、脳のメカニズムが違うということです。私たちが「OS」「ソフト」の部分を十分に理解してかかわることが大切になります。

図3-20　発達障害の脳のメカニズム

表3-23　ASDとADHDの「ソフト」と「OS」

	独特なソフト	独特なOS
ASD	「空気」・場・文脈が読めない、冗談が通じない、気持ちがわからない、こだわりが強い	心の理論、遂行機能、感覚過敏、中枢統合性理論、顔・表情・感情の認知共鳴
ADHD	忘れ物が多い、片づけが苦手、中途半端な仕事がたまる、文章を書くのが苦手、嗜癖が生じやすい	注意のコントロールの困難、遂行機能の困難、内的言語の乏しさ、ワーキングメモリーの乏しさ、我慢が苦手

大人の発達障害は、言い換えれば、認知（知覚・理解・記憶・推論・問題解決などの知的活動）の能力の高い部分と低い部分の差が大きいことをいいます。個人の発達特性を適切に理解し、環境を調整できれば、個性として活かされます。

【発達障害の生きづらさや生活の困難さを生み出す要因】

①**「心の理論」の障害**：自分とは異なる他者の見え方、感情を理解することの困難さ。相手の神経を逆なでするような発言を知らず知らずのうちにしてしまって反発されてしまう。

例：「先生は年齢のわりには加齢臭がしないですね」

「僕は自分のことで精一杯で、被災地の人の気持ちなんて考えるゆとりはありません」と「道徳の時間」に自分の思いを素直に答えて怒鳴られる。

②**実行機能の障害**：自分の行為を計画（プラン）、実行、監視（モニター）、修正する心理機能の脆弱さ

例：弁当屋のアルバイトで退職に追い込まれた後、アスペルガー障害と診断された男子学生→仕事で正確さとスピードを同時に求められても全く対応できず、パニックになってしまう。

③**全体知覚の困難さ（→状況判断の困難さ）**：部分と全体との関係をとらえることが困難であり、優先順位をつけることが困難である。また、その結果、客観的にはあまり重要ではない事柄に強くこだわりをもってしまう場合もある。

例：買い物で商品を買ったり、レストランでメニューを選んだりするのにとても時間がかかってしまう（多元的な比較の尺度のなかで順位づけをすることは容易ではない）。

例：会社の社長が訓示を社員に話しているときに、「そんなくだらない話を聞くぐらいだったら、システムの修復をさせてほしい」と発言して顰蹙を買ってしまう。

④**タイムスリップ（フラッシュバック）**：過去の経験とその時の感情が、あたかも今起こったかのように感じられ、それに合わせて行動する。

例：「あなたが大きくなったら教えてあげるから…」という言葉をずっと覚えていて質問してくる。突然、何年（時には10年以上）も前の話を持ち出してきて、「あの時、こう言った」「あの時、やってくれなかった」と親を激しく責める。

⑤**二分法的思考・評価（all or nothing）の強さ**：「勝つか、負けるか」「相手が自分よりも上か下か」という二分法的評価の強さ。権威主義

的傾向の強さ。結果として、年齢が上がるにつれて「障害者」に対する強い差別意識が生まれ、自分の発達障害の問題を認めることが一層困難になってしまうこともある。

⑥周囲からは理解されにくい独特の論理的思考：周囲とのトラブルになったり、その独特の論理で一気に行動して、自分を追いつめてしまう事態もある。

例：「俺がこんな風になったのは、すべてあいつのせいだ。あいつを殺してやる！」

特徴から考える支援のポイント

これまでの支援を振り返ってみて、利用者や家族に、以下のような特徴はなかったでしょうか。なぜか気持ちが通い合わない、こだわりがあるため一方的な注文をされる、10か0といった考え方で融通がきかないといったようなことはなかったでしょうか。よくある特徴の一部を示します。

(1)　2つのことが一度にできない

・ワーキングメモリーの不調が関係しているため並列作業が苦手：電話を聞きながらメモが取れず、別の仕事を始めると前にやっていたことを忘れてしまいます。

⇒聞くことと、書くことの同時処理をしながら、耳からの情報だけで状況を把握し、対応しなければならないため、ほとんどの人が苦手です。電話よりメモ、メールが効果的です。

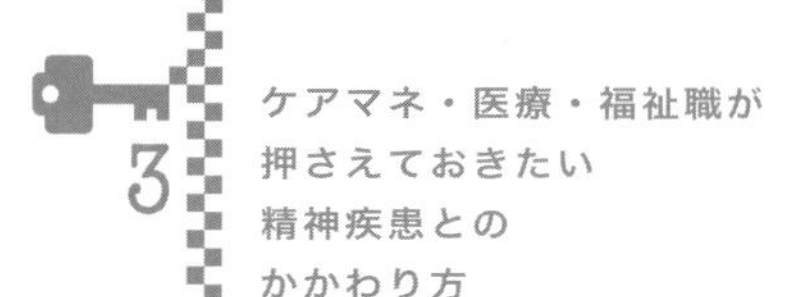

(2)　予定の変更ができない

・ワーキングメモリーの容量が少ないため注意の切り替えがうまくいかない：急なスケジュール変更を嫌がる、仕事の途中で邪魔されると怒り出す、綿密な予定表を組んでいて融通がきかないといったことがあります。

⇒逆に予定表に組み込まれれば、忠実に行うといった特徴になります。

(3)　整理整頓ができない

・物を置けるだけ置いて整理できない（ADHD）：映像記憶に優れた人はそれでも必要なものを見つけられますが、物を捨てられない（ASD)、片づけられないので物を買わないといったこともあります。

⇒注意力・集中力の問題もありますが、こだわりや視覚認知、空間認知の問題で片づけがうまくできないこともあります。片づけ方が初めから決まっていたり、教えてもらったりするとある程度は片づけられるようになります。

(4)　細かなことに著しくこだわる

・優先順位がつけられない、自分の思い込みに固執して聞く耳をもたない：起こってもいない未来のことを激しく心配します。

⇒「木」を見て「森」を見ずといった感じになりがちです。指示は1つずつ、優先順位をつけて話すようにしましょう。

(5)　人の気持ちが読めない

・他の人に全く配慮ができない、もしくは相手の気持ちを過剰に気にします。

⇒ニュアンスが読めずに言葉どおりにとらえてしまうのでわかりやすい

表現を心がけましょう。

(6)　感覚の過敏性

・ほかの人は気にならない音、匂い、気温などで不快になる場合があります。

⇒どのような過敏性があるのか知ったうえで、環境設定をしましょう。

症状性精神障害

1 概要

脳以外の身体の病気が原因で精神症状が出現した状態のことをいいます。原因は代謝性障害、内分泌疾患、膠原病、医原性精神病の大きく4つに分けられます（表3-24）。

脳は非常に繊細な臓器です。内分泌機能、栄養状態、酸素供給、体温などの影響を受けやすく、これらが変化をきたすような病気などがあると精神症状が出る場合があります。このような身体疾患に伴う精神障害を症状性精神障害といいます。誰しも身体疾患になることで不安や気分の落ち込みは出てくるものですが、そういった自然な心理反応のレベル

表3-24　症状性精神障害の原因

代謝性障害	尿毒性脳症、肝性脳症、低血糖性脳症、糖尿病性ケトアシドーシス、急性間欠性ポルフィリン症、ウェルニッケ脳症、電解質代謝障害など
内分泌疾患	甲状腺機能低下症／亢進症、副甲状腺機能低下症／亢進症、下垂体機能低下症、月経関連障害、クッシング症候群など
膠原病	全身性エリテマトーデス精神病、ベーチェット病など
医原性精神病	手術後症候群、ICU精神病、ステロイド・インターフェロンなどの薬物による精神障害など

ではなく、持続的で病的な症状（幻覚や妄想、興奮など）が出てくる場合を指します。

2 症状

急性期には意識障害を中心にせん妄やもうろう状態、アメンチア（軽度意識混濁、思考や注意力散漫により周囲の状態が理解できずまとまりのない行動）、幻覚を呈します。意識障害が改善した後の慢性期には記憶障害などの認知機能障害を呈します。次にそれぞれの原因疾患による特徴を解説します。

下垂体機能低下症：脳腫瘍などによるホルモン分泌低下に伴い精神的不活発や易疲労感、抑うつ、無関心、多幸、不安、焦燥感などを出現させます。重篤な機能低下では意識障害をきたします。

甲状腺機能亢進症：バセドウ病によるものが多く、症状としては過度の緊張感や不安、焦燥感などです。躁状態になることが多いですがうつ状態では幻覚妄想をきたします。甲状腺クリーゼではせん妄を主とした意識障害が出現します。甲状腺機能亢進症は手指の振戦や発汗、頻脈などの症状を引き起こすので、パニック障害と間違えられやすく注意が必要です。

副甲状腺機能亢進症：活動性の低下、無気力、不安、焦燥感、抑うつ時に幻覚妄想などの精神症状を引き起こすことがあります。

副甲状腺機能低下症：テタニー（手足の筋肉が痙攣を起こした状態）、痙攣発作がしばしばみられます。てんかんに間違えられやすいので注意が必要です。抑うつ、不安、焦燥感などが出現します。

クッシング症候群：副腎皮質ホルモンの慢性過剰分泌によるものです。

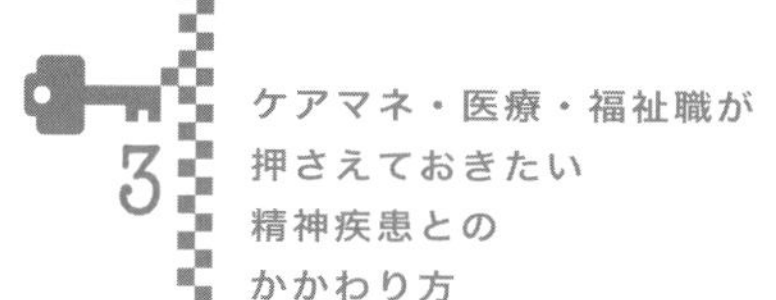

抑うつ、焦燥感、不安、幻覚妄想など多彩な精神症状が出ます。特に抑うつが顕著で希死念慮を生じることもあります。

全身性エリテマトーデス精神病：全身性エリテマトーデスとは、全身の臓器に再燃と寛解を繰り返す慢性の炎症性疾患で、多彩な症状をきたします。急性錯乱状態、不安、パニック状態、強迫観念、抑うつ、幻覚妄想、認知機能障害などが出現します。

ステロイド精神病：クッシング症候群と同様の病態を生じさせ、不眠、躁状態、うつ状態、幻覚妄想、昏迷などの症状をきたします。ステロイドの大量投与で精神症状が出やすくなります。

治療と対応

治療は主に薬物療法（と点滴）と精神療法です。抗精神病薬は強い不安や興奮といった症状に対して用いられます。代謝および栄養障害を随伴させる疾患においては点滴などで対処します。これは、脳を含む全身の代謝を改善させることを目的として行われ、非常に重要なことです。症状性精神障害は身体疾患の治療による改善度に大きく左右され、軽度の場合は身体疾患の改善とともに精神症状も消失します。内分泌疾患などの慢性疾患では精神症状が繰り返される場合があります。一方で身体疾患の治療をするにあたって、精神症状により安静や積極的な治療を行うことが困難な場合は、原疾患の治療が遅れてしまい予後不良になりやすいです。そのため身体疾患の早期発見、早期治療とともに精神症状に対する対症療法も並行して行うことが重要です。

4

家族との関係性を読み解く方法

家族を理解するために必要な知識

在宅支援者は、その出発点が「利用者」の健康や介護問題であったとしても、対象の生活のなかに入るがゆえに、否応なく家族とその生活が見え、結果、個人と同時に家族アセスメントをし、援助しなければなりません。支援者としては利用者との距離が近くなると「家族はこうあるべき」「家族としてもっとこうしてほしい」という考えに、知らず知らずのうちに支配されてしまいます。

また、「家族」に対する勝手な思い込みや、一面的な解釈が邪魔をしてしまいます。今、目の前にいる家族は、私たちが理想とする家族ではありません。利用者の家族として「こうあるべき」を押し付けてしまうことで、家族の心は閉ざされてしまいます。もし、あなた自身が「厄介な家族」と感じていたとしたら、それはさまざまな危機的な状況に直面し、どうしたらよいかわからず、苦悩している姿なのです。時として支援者に攻撃的になったり、「一切連絡してこないでください」と投げやりだったり、家族関係が希薄な場合もあるでしょう。私たちにも生きてきた歴史があるように、家族にも生きてきた歴史があります。私たちは、家族の代わりになることはできません。何でもかんでも家族の代わりにやってあげる、サービスで埋め尽くすのではなく、家族が本来もっている力を引き出し、家族としての役割を果たすことができるように支援することが望まれています。友人になるわけでもなく、家族の役割を果たすのでもなく、ともに考えていくパートナーとして歩んでいくことが大切です。

もし、「この人には私がいないと…」いう思いがよぎり、家族同然のように利用者にかかわっていたとしたら、それは誰のためなのか、もう一度考えてみる必要があります。利用者のためと言いながら「自分のため」ということもあります。もともと、医療職や福祉職の人は、患者や要介護状態の人の世話をすることや困った人のために尽くすことが好きで職業選択をしていることが多いと思います。そこでは「転移」感情が起こりやすくなります。「転移」は、患者の側から治療者へ向けられる治療の範囲を超えた不適切な形での感情移入や感情の移転が進んでいくことを指しています。

こうした「転移」と呼ばれる心のはたらきのあり方とは逆に、治療者（支援者）から患者（利用者）の側へと無意識のうちに向けられる不適切な形での感情移入などの心の動きのことを意味する自我の防衛機制のはたらきの一種として、「逆転移」があります。ケアマネジメントプロセスにおいては、支援者側は利用者が抱えている心理的な問題や生活課題を解決へと導いていくために、利用者自身の心の深層部分へと踏み込んでいく形で利用者の心と深くかかわっていくことになります。そのプロセスにおいて支援者側が利用者の心の側へと深く寄り添っていく形で、ある程度の感情移入が生じていくというのは、支援者が利用者のことを思い、真剣に取り組んでいるがゆえに起きることで、必要不可欠な当然の心理現象であるとも考えられます。

しかし、「逆転移」という支援者側の心のはたらきが現実的な問題となって表れてくるのは、支援の範囲を超えて、利用者の思いや存在そのものに「過度な肩入れ」をしてしまい、自分自身が支援者としての中立的な立場を見失ってしまうほどまでに利用者側への感情移入が進展してしまうようなケースに限られると考えられます。強い影響力をもった利用者の心の状態に対して支援者の心が深く感化されることによって、利用者の側の心の性質が支援者側の心の内へと取り入れられ、両者の心の状態の同一化が進展し、それによって、支援者側の利用者に対する深い愛情や依存心といった強い感情移入が生じます。本来の利用者と支援者との間の心理的な関係が逆転することによって生じる心理現象としてとらえることができます。

「家族はモビール（＝mobile）のようである」ということを聞いたことはありませんか。モビールとは、直訳すれば「可動性のある」という意味です。つまり、利用者と家族の関係は「変化していくもの」ということになります。モビールは両端に2つ、そしてその下にも、またその下にもぶら下がり、まるで家族構成のように見えます。モビールは、バランスを取りながら、まとまっています。しかし、何らかの衝撃で1つが揺れるとその波動で全体が揺れはじめます。家族は、よくも悪くも影響し合い、揺れながら、まとまろうとする力が本来はあります。

つまり、家族は主体的な存在であり、家族自身の力でさまざまな状況を乗り越えていくことができる集団なのです。しかし、家族のなかで誰かが病気や要介護状態になるなど、家族の力で解決できない状況があるときには、安定することはなく、バランスを失ってしまうため、その家族をケアしなければなりません。「意見がばらばらで家族として機能していない」「利用可能なサービスを活用せず、誰の助けも得ようとしない閉鎖的な家族」とレッテルを貼るのではなく、家族というまとまりとして暮らしていく力、家族内に発生した問題や課題を克服していく力が弱くなっているととらえてみてはどうでしょう。家族の「問題解決能力」「対処能力」「適応能力」を高めるために何が必要なのか、どのレベルの援助がどの程度必要なのか。そして、現在の家族にできることは何か、あるいは限界はどこまでかを見極めておくことも必要になります。支援者として、家族ケアに必要な情報を収集して家族像を形成し、家族の問題を見極めて支援することが大切です。そのためには、以下の視点で家族をアセスメントしていかなければなりません。

① 今この家族にどのような出来事が降りかかり、そのことによって家族全体にどのような影響を与えているのか。

② 今の出来事に対し、家族はどこまで対応が可能か。家族の強みと弱みは何か。

③ 家族の発達課題の段階は何か。

④ 家族は、過去にどのような危機に直面し、対応してきたのか。

⑤ 家族なりの対応によって、適応できているのか、あるいは不適応状態なのかどうか。

1 家族の定義

病院という枠組みではなく、地域で働いているとさまざまな家族に出会います。私たちは、どのような場合に「家族」と考えているのでしょうか。一般的に家族とは、「血縁関係にある者で構成される集団」と定義されることが多いと思います。同じ家に住んで同居している人や生計が同じ人に限らず、別居している人や生計が別の人も含まれます。しかし、「困ったときに助け合う」「精神的な絆がある」「共有しているものがある」「互いにありのままでいられる」といったように情緒的な結びつきを考える人もいるかもしれません。家族ケアに関する学問領域では、血縁関係の有無に限らず、情緒面の結びつきや生活をともにしていることを家族としてとらえます。

2 家族生活力量

家族は、家族に何らかの健康問題が発生したとき、その健康問題に対処し、解決しようとするだけでなく最小限にとどめようとします。しかし、あまりにも急激な発生や複数の問題が重複する場合などにおいては、家族の生活力量では対処することが困難となり、家族は深刻な機能不全状態に陥ります。時として、問題を否認する家族、ケアマネジャーにすべてを押し付けて目の前の問題に取り組もうとしない家族、それぞれの家族の意見がばらばらで家族としての機能を失っている家族などに遭遇します。このような家族は、家族内に発生した問題や課題を克服していく力が弱くなっていると考えられます。このような視点から考えられた概念が「家族生活力量」です。

3 危機理論

危機理論の創設にかかわったキャプラン（Caplan, G.）は、「危機状態とは、人生の重要目標が達成されるのを妨げられる事態に直面したとき、習慣的な課題解決方法をまず初めに用いてその事態を解決しようとするが、それでも克服できない結果発生する状態である。危機状態になると、混乱と同様の時期がしばらく続き、その間、打開するための様々な試みがなされる。しかし、結果的にはある順応が、その人自身や周りの人にとって最も良い結果をもたらすか、またはそうではないかもしれない結果で形成される」と定義しました。

通常、人は恒常的な精神のバランス機能をもっており、問題に直面したときは一時的に逸脱することがあっても、やがて平衡状態になります。しかし、あまりにも問題が大きく、それまでの解決方法では乗り切れないような事態に直面すると、心のバランスが崩れ、危機が促進されます。これが心の危機状態です。

例えば、ある日突然、夫が脳出血で倒れ、救急搬送されるといった事態が起きたとします。この「状況発生」という危機をもたらす要因が加わることで、人はストレス状態によって苦痛を感じることになります。このとき、問題解決への対処のレパートリーがうまくはたらけば、危機を回避することができますが、そうでない場合は危機状態になります。また、危機に対する新しい対処法をとることができれば、健康な状態へと移行することができますが、有効な対処ができなければ、より不健康

表4-1　危機モデル

危機モデル	危機プロセス	特徴
キャプラン	緊張のうちの発生→緊張の高まり→急性の抑うつ→破綻や病的パターンの発生	危機状況から精神障害へのプロセス 4～6週間で何らかの結末を迎える
フィンク	衝撃→防御的退行→承認→適応	マズローの動機づけ理論に基づく 危機から適応へ焦点を当てる 脊髄損傷患者を対象とした研究
ションツ	最初の衝撃→現実認知→防御的退行→承認→適応	フィンクのモデルに類似 危機状態のプロセス 乗り越えがたい障害との直面
コーン	ショック→回復への期待→悲嘆→防衛→適応	突然の身体障害を受けた患者 障害受容に至るプロセス
キューブラー・ロス	否認→怒り→取り引き→抑うつ→受容	死にゆく患者の心理的プロセス 死の受容過程
山勢	受動的対処→情動中心対処→問題中心対処→適応	個人のコーピングに焦点を当てる 救命救急センターに入院した患者を対象

な状態へと陥ってしまうことになります。

危機モデルは、危機のプロセスを模式的に表現したもので、危機の構造を明らかにし、援助者が何をすべきかを示唆するものです。日本では、フィンク（Fink, S. L.）の危機モデルがよく知られており、臨床現場でも活用されています。これは、危機から適応へと向かう障害受容の4段階プロセスモデルです。理論的土台としてはマズロー（Maslow, A. H.）の動機づけ理論を採用し、4つの段階は、ショック（衝撃）—防御的退行—承認—適応と経過します。フィンクは、承認の段階を「ストレスの再現」とも記述しており、最も重要なケアであると述べています。キューブラー・ロス（Kübler-Ross, E.）の死にゆく患者の心理

図4-1　キューブラー・ロスの5段階モデル(死の受容モデル)

●第1段階：否認と孤立(denial & isolation)
自らの命が危機にあり、余命があとわずかである事実に衝撃を受け、それを頭では理解しようとするが、感情的にその事実を否認(逃避)している段階。

●第2段階：怒り(anger)
自分が死ぬという事実は認識できた。しかし「どうして悪いことをしていない自分がこんなことになるのか」「もっと悪いことをしている人間がいるじゃないか」というような怒りにとらわれる段階(悲しみ、孤独、パニック、後悔、絶望など)。

●第3段階：取り引き(bargaining)
信仰心がなくても、神や仏にすがり、死を遅らせてほしいと願う段階。

●第4段階：抑うつ(depression)
自分なりに神や仏に祈っても、死の回避ができないことを悟る段階。

●第5段階:受容(acceptance)
それまでは、死を拒絶し、なんとか回避しようとしていたが、生命が死んでいくことは自然なことだという気持ちになる。自分の人生の終わりを、静かに見つめることができるようになり、心に平穏が訪れる。

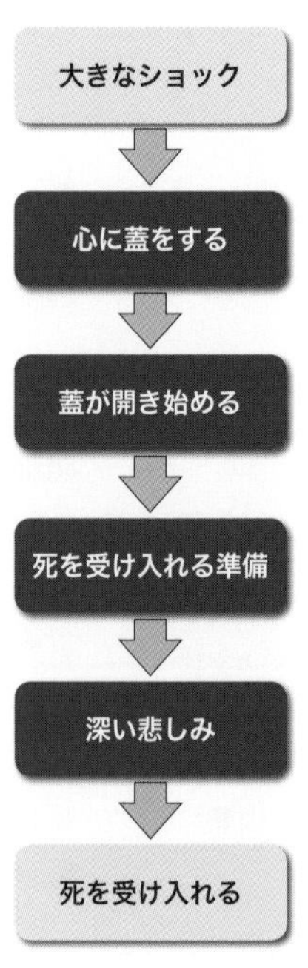

プロセスの5段階モデルは多くの方がご存じだと思います。支援者が利用者や家族の危機に介入する場合、危機に関する要因をまずはアセスメントする必要があります。そのうえで、支援者自身が取り扱える状況かどうかの判断も必要です。要介護状態の利用者とその家族はさまざまなストレスを抱え、精神的危機状況になります。対応するのが難しい心の問題について、危機理論に基づいたモデルを活用することは、支援者として何をすべきかを考える物差しになり得ます。

事例から考える危機モデル

□Aさん　45歳　男性　要介護2

ある日、仕事中に激しい頭痛を訴え意識消失がみられたため救急搬送されました。「脳出血」の診断で緊急手術が行われました。右片麻痺の後遺症があり、リハビリテーションを受け退院となりました。「なぜ自分がこんな目にあわなければならないのか。バリバリ働いていたのに、もう終わりだ」と言い、デイケアを勧めますが拒否をしています。

→フィンクの危機モデルで考えてみたとき「衝撃」の段階だと思われます。

参考文献

・山勢博彰編著『救急・重症患者と家族のための心のケア――看護師による精神的援助の理論と実践』メディカ出版, 2010.

家族システムとしての理解

システムとは、いくつかの意味のある関係で結びついたサブシステムから構成されるものを指します。家族システムは、夫婦、父子、母子、きょうだいがそれぞれ特異なサブシステムにより構成されます。その諸部分は、それぞれが独立して機能することもあれば、全体が連動することもあります。

ケアマネジャーは、立案したケアプランによって利用者の生活課題を解決するために、訪問診療、訪問看護、訪問介護、福祉用具レンタル、デイサービスなどさまざまなサービス事業者と連絡を取り合い、協働し合うことで在宅サービスは機能しています。このようにさまざまな人が関係し合うことで1つのものが機能しているという考え方が一般システム理論です。これを家族に応用し、家族をシステムとしてとらえる考え方が「家族システム理論」です。家族システム理論では、家族のメンバーが互いに関係し合うことで家族が機能していると考えます。家族のメンバーに起きている問題、あるいはその解決方法を、メンバー個人の特性のみで考えず、家族メンバー間の関係性や社会と家族の関係性を含めてとらえていくのが特徴です。家族をシステムとしてとらえたときの介入のポイントとしては、「個々の家族メンバーに対する介入」「家族メンバー間の関係性」「社会のなかの家族」が挙げられます。

 個々の家族メンバーに対する介入

家族は集団であるため、家族をケアする際は複数のケア対象者が存在します。要介護者が「父親」である場合、それを支えている「妻」、それを傍観している「長男」といった、家族を構成している個々のメンバーの身体状態・精神状態に着目し、ケアを行います。要介護者の家族メンバーだけでなく介護を担っている家族の身体状態・精神状態にも着目することが重要です。

 家族メンバー間の関係性

コミュニケーションが活発な家族、言い争いが絶えない家族、無関心で会話がない家族など家族の様子はさまざまです。ひきこもり者の場合、家族の威圧的な態度や価値観の押しつけによって次第に喋らなくなるなど、家族メンバー同士の関係の悪化によってひきこもりが長期化すると考えられます。そのため、家族メンバー同士の関係は、介入する重要なポイントとなります。

 社会のなかの家族

家族は、地域社会のなかで生活をしています。家族内だけの関係性ではなく、その家族が地域の人々とどのように関係しているかについても重要な介入のポイントになります。社会のひきこもりに対する偏見によって孤立している家族、高齢化によって社会につながりにくくなっている家族なども存在するため、多職種の支援者たちとのネットワークが必要とされます。

家族システムの特性

1 全体性

全体性とは、家族に起きた出来事は、家族メンバー個人に起きたことでも全体に影響するということです。例えて言うならば、家族はモビールのようにバランスをとっています。家族全体の揺れは下のほう、端のほうに大きく出ます。家族のなかで一番弱い立場にある人にこそ大きな問題が表面化してしまいます。しかし、震源地はほかのところにあったりするものです。

2 境界の存在

システムとして家族をとらえるとき、家族と外部の間には境界が存在します。これは扉のようなものとイメージできます。その境界は開いたり、閉じたりしており、開くことで外部とのかかわり、外部からの情報を得ることができます。境界が閉じたままであれば、家族の結束力（凝集性）は高まりますが、外部とのかかわりや情報は得られず、風通しが悪くなり、家族は孤立していきます。反対に境界が開いたままになっていると、多くの情報は得られますが、家族内の凝集性は高まりにくく、家庭内で膨大な情報の統合ができなくなった結果、混乱を招く可能性があります。重要なのは、境界の開閉にバランスがとれているかどうかです。

3 円環的因果関係

1人の家族に起こった出来事は、ほかの家族メンバーの反応を次々に呼び起こし、結果的に最初に原因になったメンバーにも影響が及びます。

【例1：直線的因果律（原因→結果）】

結果が生じるには、特定の原因が存在すると考えます。

・要介護状態の父親が口をきかないのは、自分（長男の嫁）のことを嫌っているからと考え、声がかけられなくなり、次第に介護をしなくなった。

【例2：円環的因果律（原因→結果・原因→結果・原因）】

人間関係や出来事は相互に関連し、循環していると考えます。直線的因果律は、円環的因果律の一部でしかないという考えです。

・父親が口をきかないのは自分（長男の嫁）のことを嫌っているからと考え、声がかけられなくなった。→父親は、何か言いたくてもそんな長男の嫁を見て、自分は見捨てられたと感じてしまい、ますます心を閉ざしてしまった。→その結果、長男の嫁は、自分の介護が気に入らないのだと思い込み、次第に介護をしなくなった。

このように原因と結果を一方向で考えず、見方を変えることで表出していた家族の問題は、家族メンバーのなかを巡り巡った悪循環の結果であることが見えてくる場合があります。

4 非累積性

非累積性は、家族システム全体の機能は、個々の部分の差や総和ではなく、それ以上であるという考え方です。つまり、「1+1=2以上」ということです。家族は境界を開閉することで外部に助けを求め、凝集性を高めることで家族としての力を強め、問題解決に向かうことができます。

5 恒常性

恒常性は、家族には安定を保つための適応力があるという考え方です。家族はシステムの内外からフィードバックを受けています。フィードバックがはたらくことで、家族に起きた出来事に対して少しずつ適応し、安定を維持できるようにしています。家族の病気や死などのライフイベントによって家族は少しずつ形を変えていきます。家族はそのたびに危機状態になりますが、外から助けを得ることや家族内で協力することで適応し、安定を維持する力をもっています。

6 階層性

階層性は、システムである家族には上位のシステムがあること、そしてその影響を受けるという考え方です。家族は地域のなかに存在しており、外部から得られる情報量・援助の量や質などは、地域によってさまざまです。これによって、要介護状態の家族を家族全体で支えられるかどうかが違ってきます。家族システムは地域というシステムに大きく影響を受けていることがわかり、地域システムは家族システムの上位にあるといえます。

事例から考える支援のポイント

母親が、「ひきこもり25年の息子がいます。過去には暴力がありましたが、今はありません。昼夜逆転しているので、ほとんど顔を合わせることはありません。コンビニ等には外出しています。私が要介護2になり、家事ができないのでヘルパーさんに来てもらおうと思うのですが、大丈夫でしょうか？」と、ひきこもり相談窓口に相談をしました。

皆さんだったら、どのような対応をしますか

○対応1：「最近は暴力がないのですね。それならヘルパーの利用は大丈夫だと思いますよ」

○対応2：「息子さんが外出できるくらいなら、家族同居なのでヘルパーは利用できませんね」

対応1は、「今は暴力の問題はないからヘルパーの利用は可能」、対応2は、「介護保険上は利用が難しい」というように、表面的な問題をどうするかといった対応に過ぎません。一体この家族のニーズは何で、どう対応すべきなのでしょうか。

母親の訴えをもとに、もう少し丁寧に子どもがひきこもった経緯や親とのコミュニケーションについて聞いてみました。家族システムで考えてみると、以下のようになります。

家族システムで考えてみる

大学を卒業して就職した息子が、1か月で仕事を辞めてしまいまし

た。家族は、一時的なもので、そのうち働くだろうと思っていました。しかし、一向に働く気配はなく、毎日ゲームばかりしています。そのため、「いつになったら働くの。親はいつまでも元気じゃないのよ。大学まで行かせたのに将来どうするの」と小言を言い始めたら、「うるさい。こうなったのも親のせいだ」と暴力を振るうようになりました。何かを言うと不機嫌になり、怖いので何も言えなくなりました。腫れ物に触るような対応をしています。今は、食事も別で、全く会話はありません。

この内容を「円環的因果関係」で示すと以下のような図になります。

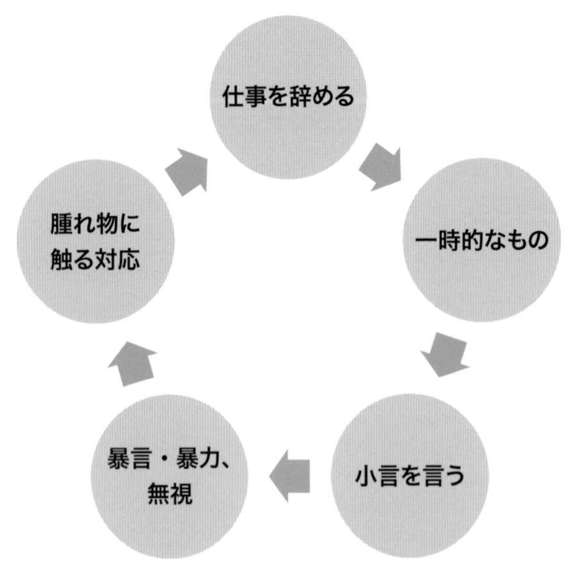

この「悪循環」の流れを理解しなければ支援は難しいといえます。

ひきこもりの概要

ひきこもりの定義

「ひきこもり」という言葉は、DSM-Ⅲに記されたSocial Withdrawalという言葉が直訳されて使われるようになりました。これは、統合失調症やうつ病の精神症状の1つに過ぎず、状態像ということです。また、ひきこもりは，日本固有の問題であると考えられがちで、日本の文化が影響しているのではないかと論じられることがありますが、そのようなことはありません。最近では、アメリカ、韓国、インド、ロシアなどでもひきこもり症例が報告されるようになり、世界的な問題になりつつあります。

この現象を社会からの居場所を奪われた存在として考えるならば、ホームレスやネットカフェ難民も同様の問題であるといえます。社会から排除された人たちの居場所が「家の中」か「路上」か「ネットカフェ」かの違いだけなのではないでしょうか。いずれになるかは、社会文化的な影響が大きいのではないかと思われます。個人主義的な文化が優位な地域ではホームレス、家族主義的な文化が優位な地域ではひきこもりが増えるのではないかと思われます。ひきこもりを「社会的排除」という視点でとらえるとすれば、包括的支援の対象として考えていかなければなりません。

厚生労働省は、ひきこもりを「様々な要因の結果として社会的参加（義務教育を含む就学、非常勤職を含む就労、家庭外での交遊など）を回避し、原則的には、6カ月以上にわたって概ね家庭にとどまり続けている状態（他者と交わらない形での外出をしていてもよい）を指す現象概念である」[1)] と定義しています。つまり、外出できるかどうかではなく、家族以外とのかかわりがない状態、または家族とのかかわりももたない状態を指します。「家から一歩も出ない」が定義ではないということを理解しましょう。

 8050問題

2019（平成31）年3月29日に内閣府は、40～64歳のひきこもりの人が全国で61万3000人いるとの推計値を公表しました[2)]。2015（平成27）年度の調査で推計した15～39歳の54万1000人[3)] を上回る結果となり、合わせて100万人を超えるひきこもり者がいることになりました。近年、40～50代のひきこもり者を支える親が70～80代にさしかかり、精神的・経済的に限界を迎えた、いわゆる「8050問題」が深刻化しています。長年にわたってひきこもっている子どもを抱え、誰にも助けを求めることができないまま将来を悲観して孤立した状態にある家族は少なくありません。「自分に万一のことがあったら、残された子どもはどうなるのか。わが家はどうなるのか」といった親亡き後の不安も抱えています。

1）厚生労働省「ひきこもりの評価・支援に関するガイドライン」2010.
2）内閣府「生活状況に関する調査報告書」2019.
3）内閣府「若者の生活に関する調査報告書」2016.

つまり、ひきこもり者の高齢化が進み、親も年老いていくなか、「親子共倒れの危機」に直面しているといえます。後期高齢者の親世代がひきこもる子どもの生活を維持するという状態は、すでに限界に来ています。親が元気な間は、親の年金で暮らすことができますが、親の介護がのしかかれば、双方の生活は破綻しかねません。また、子どもが将来受け取るはずの年金の保険料は滞納していることが多いのが現状です。

親が歳をとり、年金生活になってもなお子の面倒をみなければならない状態は、すでに限界を迎えています。数年前より、親の遺体を放置した「死体遺棄」「母娘の餓死」「無理心中」「親子殺人」など、ひきこもりに関連した事件が相次いで明るみになっています。これらは、家族だけの問題ではなく、支援が行き届かず、親子ともに社会から孤立した結果ではないかといえます。

近年、ケアマネジャーの事例検討会において、要介護者とひきこもりの子どもとの同居ケースが挙がるようになってきました。「同居情報はあるが子どもの姿を見たことがない」「子どもを1人にはできないと親が入院を躊躇する」「経済的不安から自身のサービスを拒否する」「施設入所した親を子どもが経済困窮を理由に連れ戻そうとする」などが挙げられます。虐待の通報事例では、親が子どもからの暴力を否定するなど介入の難しさや共依存関係が挙げられ、支援に苦慮していました。また、「2階に住んでいる息子の顔を20年見たことがない親」の事例では、「自分が死んだら、おそらく息子は、母親を殺して自分も死ぬだろう」といった父親の発言から事件になり得る危険性がありながらも連携先がなく、どう支援したらよいかわからないと困惑する場面もありました。このように、80代の親を支えているのは、介護保険制度であり、その中心はケアマネジャーです。

ひきこもり問題への治療的支援の流れ

ひきこもり外来を開設している中垣内は、ひきこもり治療における依存症モデルを提唱しています。ひきこもりは、依存症と同様に「否認」の病理が基本的にあります。ひきこもっている事実を「自分はひきこもりではない」と否認する、「その気になれば抜け出せる」と過小評価する傾向は、アルコール依存症と同様です。また、家族との関係においては共依存的になりやすいという点でも似ています。ひきこもり者は、経済的のみならず心情的にも親に依存しており、母親は「ダメな我が子の面倒をみる母親」という役割に依存しているため問題意識をもつことが難しくなります。そのため、相談機関や医療機関への受診行動も遅れるとされています。

一方で、家族が県内にあるひきこもり地域支援センターや保健所に相談しても、話を聞くだけで終わってしまうこと、精神科に相談しても「本人を連れてこなければ診察ができない」と言われ、なかなか治療につながらず、あきらめてしまうことがあります。また、暴力行為があり、警察官通報によって精神科救急につながるケースもありますが、明らかな精神疾患での自傷他害行為でなければ入院の対象にはなりません。発達障害の特性によるための暴力の場合、初診では理解されにくいことも多いため、事前に医療連携を図っていなければ対応は難しいといえます。

家族支援としては、同じ問題に苦しむ家族の集まりとして「家族会」があります。これは、「自由討論型」で支援者が介入しないといった形で運営されています。家族同士が支え合えるメリットはありますが、対応方法が学べず解決には至らないといったデメリットから行かなくなる人も増えています。また、ここ数年、表面的にはひきこもりの自立支援をうたい文句にし、半強制的に家から連れ出し、施設入所させるといった「引き出し屋」と呼ばれる悪徳業者の実態が暴かれ始めています。親は将来を悲観し，藁にもすがる思いで、子どもの自立を願い、相談したに違いありません。しかし、親の同意を得たからといって、説教や説得を繰り返し、心の中に土足で入り込むような介入は暴力でしかありません。ひきこもり者は、犯罪者や怠け者ではありません。生きづらさを抱えている人です。困った人ではなく、困っている人です。本人の同意なく、半強制的に施設に連れ出す行為は人権侵害です。この行為によって、傷つき体験が増えるだけでなく、家族関係はさらに悪化します。さらに、親は数百万円という多額なお金を請求されるという実態も見逃せません。8050問題の80代の親を支えているケアマネジャーこそ、その家族実態や支援の難しさ、連携先がないことを挙げて地域で取り組んでいかなければならないといえます。

4 共依存関係

共依存とは、自分と家族や恋人といった特定の相手がその関係性に過剰に依存してしまうことです。自分に焦点が当たっていない状態で、その人間関係にとらわれている関係への嗜癖状態を指します。

ひきこもりの問題を抱える子どもと生活をする家族は、自分の感情を抑圧したり、麻痺させたりしながら生活しています。だんだんと、自分が抱いている感情や自分のしたいことがわからなくなり、家族の問題を収めることに集中し、イネイブリングへとつながっていくことになります。この状態は、ひきこもりの回復が阻まれるだけでなく、家族の苦しさにもつながります。そのため家族の気持ちやニーズを表出し、自分自身を大切にできるように支援をすることが重要になってきます。イネイ

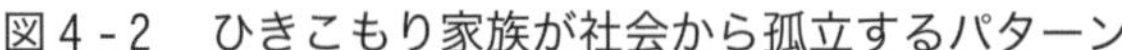
図4-2　ひきこもり家族が社会から孤立するパターン

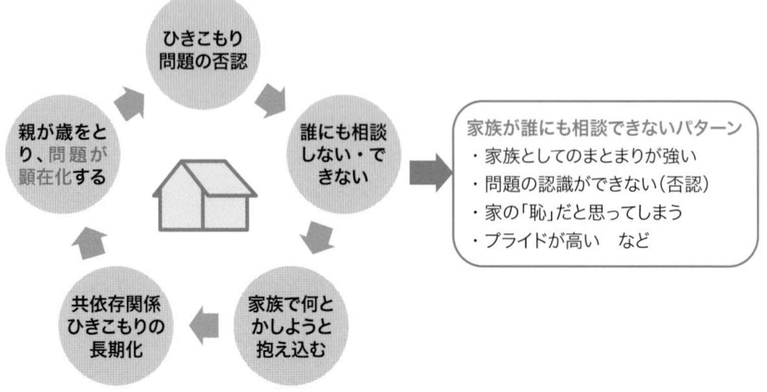

ブリングとは、依存症者が特定の物質や行為に依存することを助長させてしまう行為をいいます。また、助長行為をしている人のことをイネイブラーといいます。ひきこもり家族が、イネイブリングに至る苦労や思い、家族にしか知り得ない苦しさがあること、その結果の行動であることを忘れてはいけません。

5 ケアマネジャーの役割と支援プロセス

基本的にケアマネジャーは、ひきこもり者の直接支援を行う立場ではなく、家族支援によって間接的にひきこもり者の支援を行い、適切な「ひきこもり支援機関」につなぐことが求められます。どうしたらよいかわからず、途方に暮れ、判断に迷い、苦しみ、動けない家族に向き合い、ともに悩みながら模索していかなければなりません。それが「見守る」ということであり、そのプロセスこそが「寄り添う」ということではないでしょうか。次に、家族の関係性を理解します。「共依存関係」

と問題扱いするのではなく、そうならざるを得なかった経緯、親の思いを理解しましょう。

また、支援者がやってはならないことの1つに、「否定」が挙げられます。否定は、親に対する「このままではダメじゃないですか」「将来どうするのですか」「～すべきです」といった説得や助言が当てはまります。家族のためと思って言った言葉だとしても、自己満足にしかすぎず、余計に家族を追い込むことになります。立ち位置としては、孤立している家族の状況を理解し、「社会」につながる接着剤になることが大切です。そして、家族支援から今度は「ひきこもり者の理解」へと展開していきます。どのような生きづらさがあるのか、精神症状や暴力等による問題があるのかなどについて観察していきます。ここでは、問題解決を急ぐのではなく、ひきこもり者のよき理解者になるための努力をしていきます。そして、タイミングを計りながら、ひきこもり支援機関と連携し、つながりを広げていきます。

5

事例でみる
精神疾患のある
人への支援

相談支援専門員を中心とした支援のプロセス

1 事例を理解する前に…

皆さん、統合失調症は第3章で説明されたとおりですが、どのような印象をもったでしょうか。改めて統合失調症をひと言でいうと「思考や行動、感情を1つの目的に沿ってまとめていく能力、すなわち統合する能力が長期間にわたって低下」[1]する、つまり障害される疾患になります。そして、特徴的な症状は、主として幻聴といった幻覚に加え妄想があります。これらの症状からどのようなことが想定されるのか考えてみましょう。先に述べたように思考・行動・感情が不協和を起こすわけですから、頑張りたいと思っていても体がついていかないために働くことができない、といった状態が起こってしまうわけです。このようなことが起こってしまうと日常生活にどのように影響するでしょうか。サラリーマンであれば仕事ができません。主婦であれば家事が疎かになってくるでしょう。このような状況になれば被害妄想が強くなることがあります。「お前は無能だ。どうせできないんだ。誰からも必要とされてい

1）日本精神神経学会「統合失調症とは何か」
https://www.jspn.or.jp/modules/advocacy/index.php?content_id=59（最終アクセス2020年7月20日）

ないんだ」と妄想するかもしれません。こうなってくると、不安が不安を呼び、どんどん精神状態は悪化していくでしょう。不安が強くて支援者、知人に依存的になっていくこともあります。不安を解消しようとして衝動買いに走ることもあるでしょう。そうなると、健全な人間関係が築けない、あるいは損なわれていくことになります。その人は地域においてますます孤立していき、地域生活に支障をきたすことになります。支援者は単に精神疾患に対応すればよいというわけではなく、二次的に派生する対人関係の損失や将来に向けての経済状態にまで目を向けていかなければなりません。いわば、精神障害者の支援には全人的に対象者を観察する力が求められるのです。また、最近では8050問題といわれるように、高齢の親が精神疾患のある子と生活し、親亡き後の子の問題も頻繁に聞かれるようになりました。

これから紹介する事例は、学生時代に統合失調症と診断され、大学卒業後、図書館の非常勤職員として7年間就労したものの、高齢の親と同居し、長期間ひきこもっていた当事者のお話です。

2 事例紹介

□氏名　A	□年齢　49歳	□性別　女性
□診断名　統合失調症	□症状　幻聴、被害妄想	
□手帳　精神障害者保健福祉手帳２級		
□年金　障害基礎年金２級		

現病歴

Aさんは現在49歳の独身女性です。両親は教師で、一人っ子。中学・高校時代は成績優秀でした。性格は真面目であり周囲の人を明るくさせることが好きでしたが、一人っ子であるがゆえに依存的な部分がありました。大学時代に親元を離れて単身上京し、教育学を専攻しました。大学時代は高校の頃と変わらず勉強に勤しんでいましたが、18歳のときに入部したサークルで、容姿のことを理由にいじめられました。それは人生で一番のショックな出来事だったと後に語ります。その後、自分の容姿について固執するようになり、勉強やその他のことが手につかなくなりました。しだいに被害的な思考になり、周囲からいじめにあうのは自分が醜いからだと思うようになってしまいました。また、自分の体臭にも固執するようになりました。誰もいない部屋の窓の外から「あいつ不細工だよな…もう少し身の程を知れ…あいつ臭いよな…」などという声が聞こえるようになりました。不審者がいると思い、何度も外を探りましたが誰もいません。そして、人混みを歩いていると周囲が自分のほうを向いて何かコソコソ話しているようにみえました。しだいに周囲に対しても攻撃的となり、「お前らいったい何なんだー！　もうやめろー！」と怒号を吐くようになりました。周囲からしてみたら１人で誰かに向かって怒っているようにみえました。幻聴のストレスから心身ともに疲弊し、大学へも行かず自宅に閉じこもるようになりました。両親がＡさんのもとを久しぶりに訪れたとき、変わり果てた娘の姿をみました。Ａさんは「なんでこんなに醜く生んだのか」と両親を責め立てました。心配に思った両親はＡさんを連れて精神科病院を受診しました。その結果、統合失調症と診断され医療保護入院となりました。2週間、保護室で隔離されましたが、処方されていた抗精神病薬が徐々に効いてきて、閉鎖病棟へ移動しました。しだいに幻聴・妄想は軽減し、自制できるレベルとなり退院しました。大学は休学しながらも24歳のときに卒業しました。抗精神病薬の副作用があり、身体の倦怠感があるために勉強できず教員採用試験は断念しました。

大学卒業後、両親のつてで図書館の非常勤職員の仕事が見つかり、図書館職員として仕事をしていました。仕事も無理のない範囲で行うことができ、7年間勤務しました。しかし、31歳のときに母親が白血病を患ってしまいました。これをきっかけに母親の介護をすることになり退職します。しかし、介護の甲斐むなしく、3年間の闘病生活の後に母親は他界しました。女性としてもよき相談相手だった母親がいなくなったことで、精神症状が急に再燃化しました。「お前は1人。誰からも必要とされない…」などの幻聴・妄想が出現しました。この頃から、自宅にひきこもるようになりました。精神科受診は定期的に続けて内服も続けていました。ただ一人同居している父親は母親の死をきっかけに意気消沈した状態で定年をむかえました。

Aさんがひきこもって13年目、48歳のときに父親が交通事故にあいました。このときの父親は75歳でした。命は取り留めたものの事故を契機に父親は認知症となりました。Aさんの父親は要介護認定を受けて要介護2となりました。父親は施設への入所を頑なに拒み、訪問介護、訪問看護、デイケアの支援を受けながら在宅生活を送りました。父親は認知症からか、もともと頑固であった性格がさらに頑固になりました。しだいに父親との折り合いが悪くなり、喧嘩が絶えなくなりAさんは疲弊していきました。Aさんは父親の介護や折り合いが悪いことでストレスがたまり、過食や衝動買いがだんだん目立っていきました。50kgだった体重は85kgとなり、糖尿病になってしまいました。また、Aさんはアンティークドールが好きで、ストレスがたまったときは、ネットで「本当はほしくもない、後から考えると必要のないもの」を買って気分転換しました。ただ、アンティークドールに囲まれた部屋にいると、孤独な気分が少し癒されるようでした。しかし、そのような生活を続けていくなか、母親がAさんと父親のために遺した数百万円あった貯金は一気に数十万円にまで激減しました。父親の年金とＡさんの年金で生活は成り立っていましたが、Ａさんは貯金の減少に伴い不安が増加して父親のケアマネジャーや訪問看護師に何度も電話をかけていました。「私はこんなに父親のことで大変なのに誰もわかってくれない。こんなことならいっそ死んでしまおうか」等と言い、その姿は、やや依存的にも映りました。その結果、周囲の支援者も疲弊しました。そのような生活をみた父親のケアマネジャーはＡさんの在宅における支援の必要性を感じ、Ａさんの負担を減らすためにも一度、市役所の福祉課または相談支援事業所へ相談に行くことを勧めました。Ａさんを担当する相談支援専門員が決まり、サービス等利用計画を作成するために、今後Ａさんが利用するであろう事業所の担当者が集まり、相談支援専門員のもとでサービス担当者会議の開催が検討されました。そのなかで、現在の生活で問題になっていることが検討され、今後の目標が設定されました。

3 サービス担当者会議での場面

1 サービス担当者会議に向けて

会議に先立ち、Ａさんが今後どのような生活をしていきたいのかについて相談支援専門員がＡさんのニーズを把握したところ、以下の4点に絞られました。

【Ａさんのニーズ】

❶　父親と1日中ずっと一緒にいることで介護負担やストレスが増すので、せめて昼間は父親とは違うところで過ごしたい。

❷　母親が亡くなり、相談相手がいなくなった。職場を辞めて1人でいることも多くなり、誰か話ができる人や相談できる人がほしい。友達

と呼べる人もいないので、できれば友達がほしい。

❸　不安やストレスが強くなったときに衝動買いをして無駄遣いをしてしまう…。だいぶお金を使ったな…。

❹　父親の面倒をみてくれる人がいたら働きに出てもいいかな。家のお金も心配だし、亡くなった母親にこれでは申し訳ない。けれど、ブランクもあるし精神障害者を雇ってくれるところがどこにあるのか…。大学時代にいじめられた経験から人間不信な部分もあるし…。

2 サービス担当者会議

前項のAさんの4つのニーズに基づき、各事業所の職員を相談支援専門員が招集しました。会議はAさんの自宅で開催されました。集まった職員は、相談支援専門員、就労支援事業所の職員、日中一時支援事業所の職員、社会福祉協議会の職員です。ここでAさんのニーズに基づき今後の方向性が検討されました。

①　父親と1日中ずっと一緒にいることでAさんの介護負担やストレスが増すということについては、父親とAさんの問題、双方の視点で検討されました。これに対しては週3日、日中一時支援事業所を利用することで、Aさんが父親と日中に距離をおくことができストレスを軽減できます。そして、自宅にいる父親はケアマネジャー調整のもと、これまでどおりの福祉サービスを受けることになりました。

②　「母親が亡くなり、相談相手がいなくなった。職場を辞めて1人でいることも多くなり、誰か話ができる人や相談できる人がほしい。友達と呼べる人もいないので、できれば友達がほしい」というニーズに対しては、地域活動支援センターで24時間対応できること、日中は日中一時支援事業所で過ごせることを説明しました。この日中一時支援事業所では女子会も開催されていることから、女性の友達となりそ

うな当事者がいるとのことでした。そして、糖尿病に罹患していることから、デイサービスで行われているスポーツなどの活動にも参加することになりました。

③　Aさんの衝動買いのために家の貯蓄が減り、今後の生活が立ち行かなくなることに対しては、市の社会福祉協議会の日常生活自立支援事業（権利擁護事業）のサービスを受けることにしました。最初は1週間で使える額を決めて、それが実行できるのかどうか相談支援専門員を中心として確認していくことにしました。

④　働きに出たいけれど、ブランクもあるし精神障害者を雇ってくれるところがどこにあるのか不安、というニーズについて、大学時代にいじめられた経験から生じている対人関係への不安に対しては、週3回、9時から15時までの就労継続支援B型事業所へ通所することに決まりました。工賃を得ながら徐々に対人関係の克服、仕事への慣れを感じながら一般就労を目標にすることとなりました。

4 事例の読み解き方

ここまで、Aさんの生活歴から支援サービスの流れを紹介してきました。似たような事例を抱えている支援者もいることでしょう。精神障害者の支援において大切なことを皆さんはどのように考えましたか？　それぞれ考えることがあったのではないでしょうか。精神障害者の支援で大切なことは、単に精神症状だけをみること、向精神薬が毎日服用できているかをみることばかりではないと思います。つまり、当事者を全人的にとらえて、今の問題ばかりにとらわれるのではなく、今後起こり得るリスクなども見通していく観察力が相談支援専門員には必要です。全人的にとらえる…かなり抽象的な言葉で、何をどう考えればよいのか戸惑う人もいれば、そんなの当然だと思う人もいるでしょう。全人的とは、この事例の場合、病気や症状などの顕在化した問題ばかりではなく、生活全般に目を向けることが必要ということを意味しています。

まずはAさんの家族構成を考えてみましょう。Aさん49歳、父親76歳です。先ほど8050問題について記しました。その問題の1つに、親亡き後遺された子がどのように生活していくのか、ということが挙げられます。この問題はこの事例にも該当します。貯金が減ったとはいえ、今は父親の年金もあり、経済的な支障はなく危機感はありません。しかし、高齢の父親が10年後、20年後に健在かどうかは保証されません。もし、Aさんの父親が亡くなってしまった場合、父親の年金を受給できなくなるので、たちまち生活は立ち行かなくなります。このような将来のリスクを予測できる力が相談支援専門員には必要とされるのです。ゆえに、本事例では、将来のリスクに備えて市の社会福祉協議会の日常生活自立支援事業を受けることとなりました。

また、Aさんはストレスがたまると、アンティークドールの収集を行っていました。事例のなかの父親のケアマネジャーは、父親の様子を見に来たとき、いつもより家の中に人形が増えていることに気づきました。そこから、Aさんの衝動買いと金銭管理ができていないことを予測して在宅支援の必要性を感じ取った、と後に話していました。当事者を取り巻く状況が変化しているときに、相談支援専門員は当事者自身に何らかの精神的な変化が起こっていないかをアセスメントすることが大切なのです。

さらに、Aさんはお金を管理する方法を得るばかりではなく、将来に向けて収入を得る術、節約する術を学ぶ必要があるのです。現在の貯蓄と年金で将来生活していくには苦しい部分があります。よって、将来に向けた収入を得る術を獲得するために、就労支援を受ける必要があります。そして、就労するには対人関係も学ばなければなりません。ただ、Ａさんのように統合失調症であれば気分の変動があり、急に不安が出現し働くことができなくなることがあります。以前、一般就労していたので大丈夫と思う人もいるかもしれませんが、10年以上のブランクがあります。本人がやる気に燃えていても身体がついていかないことはよくあります。よって、Ａさんはいきなり一般就労へ復帰するのではなく、一般就労に向けて就労継続支援Ｂ型事業所へ通所する必要性があったのです。節約する術として、精神障害者保健福祉手帳の利用を検討することが必要です。自治体により、バスなどの公共交通機関が無料や割引となり、移動にかかるお金が節約できるのです。バスや電車に乗ることが苦手という方も当事者にはいます。バスで現地まで行く手順がわからないのか、周囲の人目がストレスになるのかなどをアセスメントして、当事者と公共交通機関が利用できる方法を考えることもよいでしょう。

最後に、Ａさんの精神症状に目を向けてみましょう。不安になると衝動買いに走り、頻繁に父親のケアマネジャーに電話をかけて、依存的なくらいに不安を訴え、支援者を困らせていました。Ａさんは統合失調症発症後、定期的に精神科を受診し抗精神病薬を服用していました。抗精神病薬で幻聴・被害妄想などの症状は軽減できます（薬の種類によって相性はあります）。ただ、ほとんどの場合、症状を軽減はできても完全に消し去ることはできないのです。一方で内服量を増やすと今度は過鎮静となり倦怠感が出現します。よって、精神症状とうまく付き合っていくためには薬の管理を行うことは大切ですが、そればかりを行えばよいというわけではないのです。

また、不安が強くて誰かに話を聞いてほしい、苦しい気持ちをわかってほしい、というＡさんの気持ちは支援者であれば理解できるでしょう。そして、話を聞いてあげたいという気持ちになります。

ここでいくつか問題が起こるのがわかりますか？　このままAさんの話を聞き続けることで支援者が疲弊してしまいます。また、Aさんも皆が自分の話を聞いてくれると誤解し、一方的に感情を押しつけてしまうかもしれません。そうなると多くの人はAさんを避けようとするでしょう。就労の場といった集団のなかにいると人間関係が損なわれるかもしれません。そうすると不安が不安を呼び精神症状が悪化するでしょう。ではどうすればよいのでしょうか。自分が危機的な状況に陥ってしまう場面をあらかじめ想定して、元気なうちに自分の取扱説明書をつくっておくのです。そして、いざ危機的状況に遭遇したのであれば、あらかじめつくっておいた取扱説明書の内容を実施します。そうすることで、さらなる危機的状況が回避でき、いい感じの自分を取り戻すことができるのです。この自分の取扱説明書のことをWRAPといいます。歌うほうのラップではありません。WRAPとは、Wellness Recovery Action Planの略称です。日本語に翻訳すると元気回復行動プランといって、自分が元気でいるための道具箱をつくるといったリカバリーツールの1つでもあります。精神疾患は薬だけではなく、薬では取り切れない不安などに対処していくことが必要となります。ちなみにWRAPはコープランド（Copeland, M. E.）が始めたもので、近年、日本の精神医療で取り入れられ始めたツールです。書籍もたくさんありますので、興味がある方は手にとってみるのもよいかと思います。

以上のように、相談支援専門員は、精神疾患は単に病気だけではなく、その人を取り巻く社会的状況まで視野を広めることが大切だということがわかってもらえたかと思います。また、精神薬だけを服用すればよいというものでもありません。当事者の生活に応じた対応を支援者は考える必要があり、これが個別性のある支援につながっていくのだと思います。

参考文献

・山根俊恵編著『ケアマネ・福祉職のための精神疾患ガイド――疾患・症状の理解と支援のポイント』中央法規出版，p.38，2016．

地域ケア会議における情報共有等の場面

1 事例を理解する前に…

精神症状によって苦痛を感じるのはまず当事者ですが、その周囲にいる人に影響が及ぶケースも多くみられます。そのような場合、周囲の人の気持ちをどう扱うかによって支援の方向性が異なります。今回の事例は、妄想の症状により隣人へ苦情を言いに行く高齢者への支援です。このケースでは、被害にあっている隣人が地域ケア会議に参加することで気持ちの変化を起こしました。その結果、当事者の希望する生活を支援できたという事例です。

2 事例紹介

□氏名　B	□年齢　70代	□性別　女性
□診断名　妄想性障害、軽度認知機能障害		
□要介護度　要介護1	□日常生活自立度　J2	
□認知症自立度　Ⅰ		

家族構成：キーパーソンである長男は車で30分ほど離れた場所で一人

暮らしをしています。何かあったときは長男が対応しており、1か月に1回程度は定期的に会いに行っています。

生活歴：23年前にくも膜下出血を患いました。14年前に夫を亡くし、以後マンションの3階で独居生活を送っています。3年前に意欲の低下と近所の人に嫌がらせをされるといった被害妄想が出現し、当時のケアマネジャーと長男とで相談し、精神科病院を受診してうつ病と診断を受けました。内服を開始すると意欲はやや改善し、被害妄想も続いてはいるものの切迫感はなくなりました。しかし、下肢の浮腫と全身の振戦があり、動作は緩慢で歩行も不安定になりました。その後は薬の調整を繰り返し、浮腫と振戦は改善しましたが、やや理解力の低下や情緒の不安定さが出現します。身体の動かしづらさや1人で過ごす時間が多いため、訪問介護とデイサービスを利用し始めます。最近、かかりつけの診療所で骨粗鬆症と高血圧を指摘されたため、転倒により骨折をしたり、脳卒中にならないかを心配しています。

ADL：歩行はやや不安定ながらも杖は使用せずに自力で移動しています。買い物は長男が買ってきてくれるものと、宅配サービスを利用しています。訪問介護で調理や掃除をしてもらっていますが、ほかの面では介助は必要とせず自立しています。

経済状況：遺族年金。

1日の過ごし方：デイサービスに週2回参加しています。2か月ごとに友人と一緒に外食していますが、それ以外は歩行に不安があるためほぼ自宅で過ごしています。趣味は絵画や編み物です。

相談の経緯

前任のケアマネジャーの都合で担当が変更となり受け継ぎました。かかわり当初は、時折「同じマンションのCさんに嫌がらせをされて困っているの」と話すことはありましたが、それ以外は特に問題なく生活できていました。デイサービスにはほとんど毎回参加していますが、職員からの活動の促しに対してはあまり応じず、1人で静かに過ごしていることが多かったです。自宅での訪問介護の際は穏やかに日常会話をしていました。

担当になり半年ほど経った頃から表情が硬くなることが多く、デイサービスを少しずつ拒否し始めました。訪問介護の際には少しイライラしている様子で、疲れているからという理由でキャンセルすることもありました。訪問介護の担当者はBさんが日に日にいらだちを強めていることを心配し、ケアマネジャーに報告しました。ケアマネジャーがBさん宅を訪問すると、「2階上のCさんがすごくうるさい音を出すし、熱いものを浴びせてくるの！」と怒っていました。Bさんは3階に住んでいるのですが、5階に住んでいるCさんが嫌がらせをしてくるという理由で怒り続けており、かなり焦燥感が強い様子でした。近頃長男の携帯電話にもたびたび連絡があり、同様の訴えをし、長男が電話でなだめているということでした。

その後、Bさんが何度かマンションの管理人に苦情を言いに行ったため、管理人とケアマネジャーと長男で話し合うことになりました。管理人は「もともとすごく穏やかな人だったけど、今は性格が変わってしまったように思う。夜にBさんに呼ばれて部屋に行ったけど、熱や音が出ていないか一緒に確認してほしいって言われて。あり得ないのになんだかんだと理由をつけてずっと同じことを言っていますよ」「このままではこのマンションに住むことが難しくなるかもしれません」と言っていました。Bさんは住み慣れたこのマンションで今後も生活していきたいという希望があることを、以前から皆に話していました。その希望を支えるために何ができるかを話し合い、次の3点で対応していくことになりました。

① 管理人とケアマネジャーと長男が可能な限り訪問する。そしてＢさんの様子を確認しながら、Ｃさんが嫌がらせをしている事実はないと説得する。

② 長男が同居を検討する。

③ 長男から主治医にＢさんの状態を伝える。

その後Ｂさんは友人との食事をキャンセルし、デイサービスも全く参加しないようになりました。皆の説得に対しては怒って納得せず、それどころか、Ｃさんに直接苦情を言いに行くという行為が出始めました。Ｃさんはそのような事実がないため当初は強く否定していましたが、否定すればするほど長時間にわたってＢさんの理解し難い言動とかみ合わない会話が続くため、怖さを感じるようになりました。そして毎日のように苦情が繰り返されるため、Ｃさんは半ばあきらめて反論することを控えると、Ｂさんは苦情を一方的に話してすぐにその場を立ち去るようになりました。Ｃさんは怖さもあって反論しない対応を続けました。しかし、毎日のように繰り返される理不尽な苦情に我慢できず、地域包括支援センターに連絡を入れました。地域包括支援センターの担当者とケアマネジャーはＢさんに対し、Ｃさんに直接苦情を言いに行かないよう説得しましたが、「もうあなたたちとこの話をしたくない！」と言うようになりました。

Ｂさんは夜間に睡眠が十分とれておらず昼間にウトウトすることが多くなってきました。精神科病院への受診は長男が付き添っていますが、診察室には１人で入ると言い同席できませんでした。長男は外来の看護師を通して主治医に薬の調整をしてほしいと頼み、新たな薬が処方されました。薬はＢさんが自分で管理しており、長男が時折薬を確認すると数は減っていましたが、確実に服薬しているかは不明でした。受診から

サービス担当者会議　　氏名：　B　様

<table>
<tr><td>開催日</td><td>○年○月○日</td><td>開催場所</td><td>地域包括支援センター</td><td>開催時間</td><td colspan="2">13：00～14：00</td><td>開催回数</td><td>4回</td></tr>
<tr><td rowspan="4">会議
出席者</td><td>所属（職種）</td><td>氏名</td><td>所属（職種）</td><td>氏名</td><td>所属（職種）</td><td colspan="3">氏名</td></tr>
<tr><td>長男</td><td>○</td><td>○○訪問介護</td><td>○</td><td></td><td colspan="3"></td></tr>
<tr><td>地域包括支援センター</td><td>○</td><td>△△訪問看護</td><td>○</td><td></td><td colspan="3"></td></tr>
<tr><td>●●介護支援事業所</td><td>○</td><td>デイサービス××</td><td>○</td><td></td><td colspan="3"></td></tr>
<tr><td>検討した項目</td><td colspan="8">Bさんが C さんに迷惑をかける行為について今後どう対応すればよいか。</td></tr>
<tr><td>検討内容</td><td colspan="8">もともとBさんとCさんの関係は悪くないが、Cさんが嫌がらせをしてくるという理由で管理人に苦情を言う。長男や地域包括支援センターの担当者、ケアマネジャーがBさんを説得するが納得せず、むしろCさんに直接苦情を言いに行くようになった。最近はデイサービスにも不参加の日が多くなり、訪問介護の際も不機嫌な時間が増えていて、これまでどおりに料理を一緒につくることができていない。説得はこれからも続けるが不機嫌なことが多くなっているため、徐々に話をすることが難しくなると思われる。長男は仕事の都合で現在は同居していないが、Bさんをこのまま一人暮らしさせることは難しく、今後は同居も検討する必要がある。Bさんは通院できていて、おそらく薬も飲んでいると思われるが、たまに長男や訪問介護のスタッフが飲み忘れている薬を発見している。できる限りBさんの行動を見守る必要があるため、これまでどおりデイサービスへの参加を促し、訪問介護を継続し、新たに訪問看護の利用を促すことで対応してはどうか。</td></tr>
<tr><td>結論</td><td colspan="8">①ケアマネジャーと長男で今後も定期的に説得していく。
②長男が同居を検討する。
③デイサービスへの参加を促し、訪問介護を継続して利用してもらう。
④訪問看護の利用を勧める。</td></tr>
<tr><td>残された課題</td><td colspan="8">一人暮らしであり24時間見守ることはできない。
Cさんの恐怖心やストレスが強い。
Bさんが適切に薬を飲めているのか不明である。
長男が診察に同席できず、主治医と相談がスムーズにできない。</td></tr>
<tr><td colspan="2">次回の開催時期</td><td colspan="7">1か月後</td></tr>
</table>

居宅サービス計画書(1)

第1表

作成年月日　○年　○月　○日

初回 ・ 紹介 ・ (継続)　　(認定済) ・ 申請中

利用者名　B　殿　　生年月日　○年○月○日　　住所　△△△市△△町

居宅サービス計画作成者氏名　○

居宅介護支援事業者・事業所名及び所在地　●●介護支援事業所　△△△市△△町

居宅サービス計画作成(変更)日　○年　○月　○日　　初回居宅サービス計画作成日　○年　○月　○日

認定日　○年　○月　○日　　認定の有効期間　○年　○月　○日　～　○年　○月　○日

要介護状態区分	(要介護1) ・ 要介護2 ・ 要介護3 ・ 要介護4 ・ 要介護5
利用者及び家族の生活に対する意向	本人は現在住んでいるマンションで今後も生活を続けていきたい。長男は今後母親と同居するかどうか検討していく。
介護認定審査会の意見及びサービスの種類の指定	なし
総合的な援助の方針	下肢の筋力低下、浮腫、手指の振戦、気分の不安定さ、不眠によって生活面に影響が出ています。料理や清掃が自力で行えない状態になりますが、できるだけ自身の力で行いたいという意思をもっているため、訪問介護で支援していきます。また、1人での外出はやや難しくなってきていますが、外出したいという意思があるため、デイサービスに参加することで他者との交流を図りながら昼間の活動を高めて夜間の睡眠をとりやすくするように支援していきます。そのうえで、上の階の住人から嫌がらせを受けているということに関して、医療的な観察や主治医との連携を目的として訪問看護で支援していきます。
生活援助中心型の算定理由	(1. 一人暮らし)　2. 家族等が障害、疾病等　3. その他(　　　)

居宅サービス計画書（2）

第2表　　　　　　　　　　　　　　　　作成年月日　○年　○月　○日

利用者名　B　殿

生活全般の解決すべき課題（ニーズ）	目標				援助内容					
	長期目標	（期間）	短期目標	（期間）	サービス内容	※1	サービス種別	※2	頻度	期間
料理を自力で行いたい	週に1回は自力で料理を行う	○月○日～1年間	ヘルパーとともに食事づくりを行う	○月○日～半年	料理	○	訪問介護	○○訪問介護	週1回	○月○日～半年
清掃を自力で行いたい	リビングと寝室の掃除を自力で行う	○月○日～1年間	ヘルパーとともにリビングの掃除を行う	○月○日～半年	清掃	○	訪問介護	○○訪問介護	週1回	○月○日～半年
家の周りを散歩したい	リハビリを継続する	○月○日～1年間	デイサービスの参加率が80％以上	○月○日～半年	リハビリ	○	通所介護	デイサービス××	週2回	○月○日～半年
自宅で周囲とトラブルなく過ごしたい	他者とのトラブルがなく過ごせる	○月○日～1年間	訪問看護の利用率が80％以上	○月○日～3か月	訪問看護		訪問看護	△△訪問看護	週1回	○月○日～3か月

※1　「保険給付の対象となるかどうかの区分」について、保険給付対象内サービスについては○印を付す。

※2　「当該サービス提供を行う事業所」について記入する。

1か月経ちましたが状況は変わらず、Cさんは度重なる苦情に疲弊しており、管理人がケアマネジャーに連絡をとり早急に対応してほしいと伝えました。ケアマネジャーは精神科訪問看護の利用を検討し、サービス担当者会議を開催しました（議事録参照）。Bさんは参加を強く拒否したため不参加でした。

ケアマネジャーはBさんに訪問看護師を紹介し、健康管理や困りごとに関して相談にのることを説明しました。するとBさんは「嫌がらせを受けて眠れないのよ。血圧も上がっている感じがして、頭も痛いし、肩もしんどいし、これも嫌がらせでしょ！」とやや強い口調で話しました。看護師は「私たちはBさんのことが心配なので、定期的に困りごとを聴かせていただいたり、血圧を測らせてもらえませんか」と伝えました。Bさんは「話を聴いてもらうだけだったら何も変わらないでしょ。あなたが私の代わりに嫌がらせをやめるように言ってくれるの？」「病院に行くのもしんどいから、血圧は測りに来てもらえれば助かるわ」と言いました。看護師は、「Cさんに私たちが直接話をすることはできませんが、眠れないことでの疲れをどうしていくか、それについては一緒に考えることができます」と説明すると、Bさんは「じゃあ血圧を測りに来て。あの嫌がらせは自分でどうにかするから」と言い、訪問看護が開始されることになりました（訪問看護計画書参照）。

訪問看護初日、Bさんはやや疲弊した様子でした。理由を聞くと「天井からドンドンと音が響いたり、話し声がすごくて、全然眠れてないのよ！」と怒った口調で話しました。看護師が「眠れないのはつらいですよね…血圧が上がっていないかも心配です。測らせてもらってもいいですか？」と言うとBさんは素直に応じました。Bさんに血圧の値を伝えると、「それって普通よね？　大丈夫よね？　よかったー」と安心した様子で初めて看護師に笑顔を見せました。過去にくも膜下出血を患った

訪問看護計画書

利用者氏名	B　様		
生年月日	○年○月○日		
要介護認定の状況	自立　要支援（1・2）　要介護（(1)・2・3・4・5）		
住所	△△△市△△町		
訪問看護の目標	2週間継続して夜間に6時間以上の睡眠をとることができる		
年月日	問題点	解決策	評価
○年○月○日	夜間の熱や音によって睡眠が十分にとれない。	昼間の活動を高める。主治医に精神状態および睡眠状態を伝える。	
○年○月○日	熱や音の影響でストレスが強い状態にある。	熱や音なども含めて、現在の困りごとについて看護師に話す。	
○年○月○日	身近な人から苦情に対する説得を受け、孤独感が強い。	現在の困りごとについて看護師は丁寧に傾聴する。	
○年○月○日	睡眠がとれないことで疲労感が強い。	昼間に眠れるときは1日1時間以内で眠る。睡眠チェック表を使用する。	
○年○月○日	以前に浮腫や振戦を経験して薬が怖い。	薬への思いを看護師に話してもらう。副作用の有無を確認する。	
衛生材料等が必要な処置の有無	有・(無)		
処置の内容	衛生材料（種類・サイズ）等	必要量	
備考			

上記の訪問看護計画書に基づき指定訪問看護又は看護サービスの提供を実施いたします。

○年○月○日

事業所名：　△△訪問看護ステーション

管理者氏名：　○○○○　印

ことがあるので血圧が気になっていたこと、血圧を上げないための工夫として体操を行ったりしていると穏やかに話していました。眠れないことで肩こりがあるため、看護師が肩や背中のマッサージを行うことを伝えるとBさんは喜び、マッサージ中は少しウトウトしていました。今後も訪問看護の際に血圧を測り、身体の疲れを取る方法を一緒に考えることを説明しました。また、心配なので昼間に少し身体を休めてもらいたいことを伝えると、「ありがとうね、また来てね」「週1回ではなく2回来てもらえるの？」と言ったため、ケアマネジャーと相談し、可能であることを伝えるとBさんは納得していました。

ある日の夜中2時頃、BさんはCさんの部屋に行きインターホンを鳴らして一方的に怒鳴って部屋に戻るという行動を起こしました。翌朝Cさんから管理人を通して長男に連絡が入りました。長男は仕事を休んでBさんの家に行き他人に迷惑をかけないよう強く注意しました。しかし「どうして迷惑かけられている私が怒られなきゃいけないの!?」と言って長男を部屋から追い出しました。長男は訪問看護事業所に電話して、Bさんを説得してほしいと言いました。看護師は「今のBさんと私たちとの関係性では説得できないです。説得することで訪問看護自体を拒否されては支援を続けることができません。まずは信頼関係を築くこと、そして、Bさんの苦しさを理解することが必要なので、少し遠回りするかかわりになります。長男さんの立場からすると待ちきれない思いがあるでしょうが、どうか待ってください。よろしくお願いします」と言うと、長男は「そうですよね…」と返答しました。

翌日、看護師が自宅を訪問すると玄関に入るなり、「被害者の私がとっても苦しんでいるのに、息子は私が迷惑かけているって言ってくるのよ！」とBさんは涙ながらに話しました。その後も「夜中に音がうるさくて、眠りたいのに眠れないの！」と悲しそうな表情で話をしました。

看護師は「眠れないのはしんどいですね…」と伝えました。Bさんは「そうなの、しんどいうえに誰もわかってくれないのがつらいわ…」と言い泣いていました。

その後も訪問看護の際には同様の話が繰り返され、看護師はその話を傾聴し、併せてマッサージを続けました。Bさんは「聴いてくれてありがとう」と看護師が帰る際に深々と頭を下げてお礼を言いました。

Bさんが夜間に苦情を言いに行ったことを踏まえ、地域包括支援センター主催で地域ケア会議を開催することになりました。

地域ケア会議の参加者は次のとおりでした。Bさんの長男、Cさん、管理人、自治会長、ケアマネジャー、訪問介護・訪問看護・地域包括支援センター・デイサービスの各担当者です。

会議での話を抜粋すると次のとおりでした。CさんはBさんに対し怖さはあるが、おそらくは病気の症状だろうと思い、反論せずに話を聴いているだけだということ、また、Cさんは何かあったとき誰に伝えたらよいのかを確認してきたため、ケアマネジャーは「Bさんのことで何かあったり、相談したいことがあれば私に連絡ください。私が窓口になって各関係者に情報を伝えます。誰に相談したらよいかも考えますので」と参加者全員に伝えました。また、Cさんと管理人、自治会長からは、「精神的な病気の症状をどう理解すればよいのかわからない」「今の対応がよいのかわからない」といった質問がありました。看護師からそれぞれの質問について回答し、特に妄想についての理解を促す説明を丁寧に行いました。そして今現在の対応でよいことも併せて説明しました。長男はCさんやマンションの住人に謝罪していましたが、マンションの住人からBさんと同居できないのかという質問があり、長男は今後検討すると返答しました。最後にCさんは「すごく嫌な思いを毎日していましたが、今日この会議に参加して具体的な対策を知ることができたし私の

個別支援計画書(地域ケア会議記録)

本人氏名　　B　　様
作成日　○年　○月　○日

対象	優先順位	個別の課題	目標	具体的な役割分担：何を・どのように	具体的な役割分担：支援機関・担当者等	具体的な役割分担：実施日時・期間／評価日
本人	2	幻覚、妄想で苦情を言いに行く。	苦情を言いに行かなくなる。	Bさんの苦痛に共感し、信頼関係を構築したうえで妄想にどのように対処するかをBさんと一緒に考える。	訪問看護	○月○日～○日／○月○日
	5	デイサービスに参加しない。	デイサービスに参加する。	Bさんが参加したいという思いになったときにスムーズに受け入れられるよう体制を整える。	ケアマネジャーとデイサービス担当者	○月○日～○日／○月○日
	4	適切に薬を飲んでいるのかが不明。	適切に薬を飲む。	Bさんの薬に対する思いを聞き出す。決して否定しない。	訪問介護と訪問看護	○月○日～○日／○月○日
家族	6	離れて住んでいる。	長男様が同居を検討する。	長男様が同居が可能かを検討する。	長男様	○月○日～○日／○月○日
関係者	1	Cさんが苦情を言われる。部屋の中から怒鳴り声が聞こえ住人が怖い思いをしている。	マンションの住人が安心して暮らせる。	マンション住人の定期集会で、Bさんについての地域ケア会議が行われ対策を取っていることを伝える(個人情報には配慮する)。	管理人／自治会長	○月○日～○日／○月○日
	3	マンションの住人が何かあったときに誰に言えばよいかわからない。	窓口になる人を決めて関係者に情報共有する。	ケアマネジャーが窓口になり、報告や相談はすべてケアマネジャーにする。	ケアマネジャー	○月○日～○日／○月○日

対応が困難な課題／今後検討しなければならない事項等(終結に向けた課題等を記載)	個別支援　評価予定日	○　年　○　月　○　日
診察に付き添うことができない。		

課題の解決のために、今後連携を取ったほうがよい機関	△△病院(精神科)
検討手法	■　地域ケア会議で検討　□地域包括支援センター内で検討　□個別支援担当者による検討　□その他(　　)

※記入欄が足りない場合は、様式を追加して記入

出典：公益社団法人日本社会福祉士会作成様式を一部改変

気持ちを理解してもらえたので、本当によかったです」と皆に伝えていました。

ある日の訪問看護でＢさんは「私は美術が好きだったのよ、恥ずかしいけどこの絵も私が描いたの」と言い、部屋に飾っている絵を看護師に見せました。それをきっかけに、訪問看護の時間内でノートに絵を描くようになりました。その分Cさんのことを話す時間が少なくなりました。

そして次の訪問看護のとき、Ｂさんは絵を描きながら「看護師さん実はね、私…、先生から出してもらった薬はこれまでしっかり飲んでいたの。でもね、この前先生が眠れないことを心配してくださって薬が増えてね、それを飲んだら手のふるえが止まらなくて、危なくて包丁も持てないし、絵も描きづらいし、だからごみ箱に捨てているの。息子の手前、飲んだふりをしているけどね。でもこれじゃあ先生に悪いし、眠れないし…」と言いました。看護師が「言いづらいことを言ってくれてありがとうございます。手がふるえると色々できなくなるし、それは飲みたくないですよね」「今Ｂさんは薬の力を借りてでも眠りたいですか？」と聞くと、Ｂさんは「薬は大嫌いだけど、もう何日も眠ってないから、今は薬を飲んででも眠りたいわ」「でも（手が）ふるえるのはもっと嫌よ」と言いました。看護師は次の３点を主治医に伝えてよいか確認しました。

① 前回の受診で処方を受けた新たな薬は手のふるえが出現して飲んでいないこと。

② それ以外の薬は飲んでいること。

③ 眠れないつらさがあり、今は薬に頼ってでも眠りたいが手がふるえるのは嫌だということ。

Ｂさんは、「診察のときは緊張して言いにくいから、私も言うけど看護師さんからも伝えてほしいわ」と言いました。

看護師が主治医に３点の内容を伝えると、主治医は詳細な情報を聴きたいと言いました。最近の言動やマンションの環境、長男やCさんなどとの関係性、薬に対する思いや副作用のこと、睡眠と活動性のことなど、主治医からの質問に担当看護師が説明しました。次の診察で主治医は、Ｂさんが以前に副作用を感じず服用していた抗精神病薬を処方すると説明しました。「あのときの薬ね、あれなら大丈夫かな」とＢさんは納得しました。外来看護師から訪問看護師へ診察結果が報告され、その情報をケアマネジャーと長男に共有しました。翌朝にケアマネジャーが訪問すると、「久しぶりによく眠れたわ！」とＢさんは上機嫌でした。ケアマネジャーが眠れた日はデイサービスに参加してみてはどうかと提案すると、「そうね、そうするわ」と素直に納得していました。

その後は眠れる日と眠れない日が交互にあり、デイサービスは参加しない日が続きました。しかし以前より睡眠がとれたことで疲労感やイライラ感は軽減している様子でした。

ある日、看護師と機嫌よく絵を描いている最中に「今、上から熱が送られているでしょ？　ほら！　ドンドンって音も、看護師さん聴こえるでしょ？　聴こえないの？」とＢさんは言いました。「正直に言うと私には何も感じ取れないです」と看護師が言うと「え？　そうなの？」と表情が曇りました。「でもＢさんは熱を感じるし、音も聴こえますよね。たびたびそんなことされたら気分が悪いですよね」と言うと､「そうか、私にだけ聴こえているのかな…」と言ってＢさんは看護師の手を握ってきました。「ずっとね、息子は私のほうがおかしいって言ってきて、やっぱり私がおかしいのかな…」「先生からはこの前の診察のときに幻覚の可能性があるって言われたし。でもね、上で本当にドンドンしているし、熱も送られてくるのよ」と言い、その後Bさんは無言になりました。しばらくして「幻覚でも何でもいいからとにかく怖いし、つらいのよ。

どうすればいいの？　こんなことで困っているときってどこの誰に言ったらいいの？」と言いました。看護師は「睡眠のことはもちろん医師や看護師が専門ですよ。その怖さやつらさについても私たちに教えてください。何かよい方法がないかを一緒に考えます」と言うと、「お願いね…」とＢさんは泣いていました。

翌日の朝早くＢさんは訪問看護ステーションに電話をかけました。「先生の診察を（臨時で）受けに行こうかと思っているのだけど…どうかな？」と言いました。受診の理由を問うと「もっとしっかり眠れるようにしてほしくて」「上の熱とか音がもしかしたら（幻覚）ってこともあるし…先生に相談したくて」と言いました。Ｂさんが相談してみたいと思っているのであれば看護師はそれを応援すると伝えると、今日中に受診すると言いました。夕方にＢさんから再び連絡があり、「先生が試しに幻覚に効く薬を飲んでみようって言って。薬をもらって帰ってきました」と言いました。看護師は、「効果が期待できる一方で副作用が出る可能性もあるので、薬を飲んで何か違和感があればすぐ伝えてくださいね」と言うと、「ありがとう、何かあれば明日来てもらったときに言いますね」とＢさんは答えました。看護師からケアマネジャーに連絡し、長男と訪問介護事業所にも情報が共有されました。

翌日、看護師が薬の飲み心地を確認すると、「うーん、寝つきはよかったし、まあまあ眠れましたよ」「でも寝る前に上の音がうるさかったけどね…」と苦笑いしながら答えました。看護師が「まずは寝つきがよくなってよかったです。薬を飲んでみて今までにない違和感やしんどさはありませんか？」と問うと、「今のところはないわ」と答えました。

そして１週間後、ケアマネジャーが訪問するとＢさんは笑顔で、「一昨日からしっかり寝られているの。上の人がすごく静かになって、熱も送ってこなくなったの。よかったわ。でも今晩はどうかわからないけどね」と穏やかに話していました。

次の日に看護師が「Bさんが眠れるようになって私も嬉しいです」「ただ副作用のような違和感は大丈夫ですか？」と言うと、「ちょっと足が浮腫んできたような感じがするの…気のせいかな」と言い、確認すると少し浮腫んでいました。Bさんは「すぐにどうこうってことではないけどね」「眠れているから前に比べたらとても楽よ」と言い、その後も服薬を続けて自らデイサービスにも参加するようになりました。

1か月が経ち、Bさんはケアマネジャーと看護師に「最近は毎日しっかり眠れているわ。ありがとうね。皆のおかげよ」と笑顔で話していました。BさんはCさんに対して苦情を言いに行くことは一切なくなりました。マンション内でCさんにたまたま顔を合わせた際も、Bさんは笑顔で穏やかにあいさつをするだけでした。その後、Bさんは十分に睡眠がとれ、好きな絵を描いたり、ヘルパーと料理を一緒にしながら穏やかに生活を送ることができています。

3 妄想への対応

この事例はよくある近所の人への被害妄想で、実際に行動化して苦情を直接言いに行くことから、周囲の人も巻き込んでしまいます。管理人や自治会長などは実際に被害を受けているCさんの立場に立って、Bさんの理解し難い行動がこの先どうなるのかという不安があったでしょう。「Bさんの言っていることが間違っている」、これが周囲の人にとっては事実です。だからBさんを説得するといった対応になるのも自然な流れです。ただし、原因が精神疾患による“妄想”という精神症状であった場合は、説得する対応では思うようにいかないことが多いです。というのも、Bさんの主張（妄想）が「周囲の人にとっては間違っている」

ことであっても、「Bさんにとっては事実」だからです。どう説得されようがBさんにとって事実は事実です。例えば、読者であるあなたが今この本を読んでいること、これは事実ですが、他人に今あなたが本を読んでいることなんて絶対にあり得ない、と否定されるようなものです。「読んでいる！」と主張すれば、「読んでいない！」と反論される。「いや、絶対に読んでいる!!だって…」と反論すれば、「いや、絶対に読んでいない!!なぜなら…」というように、何も生み出さないパワーゲームに陥るだけです。むしろ、お互いが自分の主張を理解してもらえないということで、いらだちや憎しみなどという陰性感情を生み出すことになるでしょう。妄想を理詰めで説得し論破する、これはついやりがちな対応ですが、いくら論破したところで論破された側は「言い負かされた」という思いが残るだけです。決して「納得した」にはなりません。論破した側は「言い負かした」ことでほんの少しの優越感を得られるでしょう。しかし対人援助の専門職としては、当然ながら優越感は必要ありません。専門職としてはここに陥らないようにすることが大切です。

では、今回のような妄想がある事例にどうかかわっていくかについては、次の3点が重要ポイントです。①「感情に焦点を当てる」、②「生活上の困りごとをとらえる」、③「信頼関係を構築する」。

①**「感情に焦点を当てる」**：妄想は当事者にとって事実です。妄想であろうと事実であろうと、必ずそこには感情が生じています。例えば、読者であるあなたに対して横にいる人が「そんな勉強しても無駄だよ」と言ったこと（事実）があったとしましょう。そして、言われたこと（事実）によってあなたには“悲しい”“イライラ”などの感情が生じるでしょう。これと同じように、妄想であっても「熱が送られてくる。うるさい音がする。特に夜がひどくて眠れない」ということがあれば、“悲しい”“イライラ”“つらい”などという感情が生じる

でしょう。この感情に焦点を当てるのです。妄想は否定も肯定もしませんが、そのようなことがあれば悲しくなったり、イライラしたり、つらい気持ちになるということへの共感はできます。共感は安心感を与え、信頼関係を築くことにもなります。感情を理解する、共感することそのものがケアになるのです。

②**「生活上の困りごとをとらえる」**：妄想によってどのような生活上の困りごとが起こっているか、それを探り出してとらえるということです。そしてその困りごとを丁寧に扱うことが大切です。今回の事例では“熱が送られてくる”“うるさい音がする”という妄想によって、ある生活上の困りごとが出現しています。それは“睡眠がとれず身体がしんどい”ということです。支援者が直接妄想を解決することはできませんが、身体のしんどさを改善することは可能です。

③**「信頼関係を構築する」**：妄想に対してのアプローチで信頼関係の強さは重要です。妄想には“確信度”というものがあります。妄想は当事者にとって事実ですが、確信度はそれを信じる気持ちの強さです。一般的に急性期のときには確信度が高いです。ですから、それを否定することや肯定することは避けたほうがよいです。しかし、確信度は変動します。日によって、時間によっても変動します。そして相手によっても変動します。信頼関係ができている人との間では確信度が低くなるため、仮に否定されても比較的受け入れやすいのです。逆に信頼関係ができていない人であれば、妄想の確信度は高くなるので、否定されることは受け入れ難いのです。信頼関係の構築は妄想に対しても効果を発揮するので、日頃から丁寧に関係性をつくっておきましょう。

以下は妄想への具体的な対応方法をまとめたものです。

【妄想への具体的な対応方法】

❶ 妄想によって生じる感情に共感する。

❷ 妄想によって生じる生活上の困りごとをとらえる。

❸ 妄想の確信度が高いときは否定も肯定もしない。

❹ 妄想の確信度は変動することを理解しておく。

❺ 「妄想の確信度」は「信頼関係の強さ」と反比例の傾向があるため信頼関係を築く。

❻ 妄想の話を聴きすぎない。

❼ 現実的なことに目を向けてもらう。

❽ 場合によっては頓服薬の使用を検討する。

4 会議の効果

地域包括支援センターの担当者やケアマネジャーがＣさんを含めて地域ケア会議を行ったこと、これが今回の大切なポイントでした。Ｃさんはこの話し合いの場にいることでさまざまなことを実感します。例えば、自分が直面している問題を同じように皆が問題としてとらえていること、Ｃさんのつらい思いに皆が共感していること、多角的な視点の意見によりＢさんの理解を深めること、などです。孤独感や恐怖感を抱えていたＣさんは「この会議に参加してよかった」と言いました。その言葉からもわかるとおり、Ｃさんはこの会議を通して安心感を得ることができたのです。そのおかげでもうしばらくＢさんの問題に取り組むことができました。もしこの安心感を得ることができずに、早々にＣさんが対応に限界を感じていれば、Ｂさんの状況はもっと切迫していたかもしれません。

一般的に会議とは「特定の案件について相談し意思決定すること。また、現実的かつ建設的に話し合うこと」ですが、このように参加者の気持ちが整理されることも会議の効果としてあるのです。

5 医療との連携

Bさんの事例は、地域における精神科治療の難しさが露呈した事例ともいえます。第1章3の「医療職との連携」にもあるように、精神障害者を地域で支援する場合、医療者との連携は必要不可欠なことです。今回のように連携を図らなければBさんは地域で生活し続けることもできなかったでしょう。精神疾患の治療は、客観的情報と主観的情報をバランスよく収集したうえでアセスメントします。Bさんのように診察場面に本人1人だけということはよくあります。診察はそれほど長い時間が取れず、医師を目の前にして緊張しうまく話せないこともあり、なおかつ、症状や心理的な葛藤により思いをうまく表現できないことも少なくありません。今回のケースでは、訪問看護師が窓口になって主治医との連携を図ることになりました。特に精神疾患は目に見えにくい病気です。支援者は何を観察するか、どのような言葉を用いて情報共有するか、理解し難い症状にどう向き合うか、こういったことは専門職でないとその理解の仕方や判断は難しいものです。地域ケア会議でマンションの住人が抱く疑問に対して、訪問看護師が理解の仕方や視点を伝えることで、Bさんの見えない心や症状を理解することにつながり、皆の心構えや意識を統一することができたのです。

精神障害者への看護や支援は、ある意味特殊で、専門的な知識と経験が必要となります。だからこそケアマネジャーは利用者主体に丁寧なアセスメントを行い、ケアマネジメントとして精神科に関与する社会資源を利用することの判断と発想をもち、備えておくことが大切です。

 精神障害者を支援するための思考法

最後に、個別性が高く、さまざまな価値観に影響を受ける精神障害者のケアマネジメントを適切に行えるように、以下の思考法を日頃から意識しておきましょう。

①**多面的思考**：正解は1つではないです。他人のことで理解できているのはその人のごくごく一部です。しかも理解できた部分でさえ、日によっても時間によっても変化します。個人の全体像はその支援者1人で把握できるものではありません。支援者は、自分には理解できていないことがあると自覚し、さまざまな人からの情報を統合させて全体像の理解につなげます。

②**プロセス的思考**：物事の現象は、何らかの過程や脈絡を経て生じます。もちろん人間が起こすことも同様です。人間をプロセス的思考で理解する場合、その人の人生物語を紐解いていく作業になります。

③**科学的思考**：幅広い知識と経験の積み重ね（見識）、科学的根拠、医学的根拠などをもとに思考します。専門職は曖昧で感覚的な理由をもとに支援してはいけません。対象が精神という目に見えないものであったとしても、豊富な見識によって可視化できるのです。

④**倫理的思考**：良識的判断、職業倫理、人権感覚、普通の日常生活感覚をもとに思考します。精神障害は特別なものではありませんので、倫理的な問題を扱う際は一般的な判断や感覚を必要とします。しかしその一方で、専門職だからこそできる倫理的判断も行います。認知機能が障害される当事者に代わって、その人らしさ（自己選択、自己決定、自己責任）を思考すること、人権を擁護することを求められる精神障害者の支援では、支援者自身の倫理観をしっかりと養う必要があります。

⑤**「援助・関係」的思考**：“援助関係”をいったん“援助”と“関係”に分けて思考します。同じ“援助”内容であっても、援助を提供するその人との“関係性”によって受け入れやその効果が変化します。またその逆もあり、“関係性”によってはその“援助”内容が変わります。この事実を支援者は受け入れる必要があります。自分ならうまくいく、ほかの人のほうがうまくいく、援助関係においてそういったことは多少なりとも起きます。しかし、ほかの人と比べるのではなく、私（支援者）と支援を受ける者との、今の“関係性”のなかでできることをすべて丁寧に行う、というように理解しましょう。

⑥**チーム協議型思考**：協議とは、合意を目指した議論のことです。利用者を主体にした支援者チームは、ヒエラルキー構造ではなく、さまざまな問題や課題を皆で協議しながら進めていくという前提で思考します。支援者間でお互いに相談できる関係性をつくることや、カンファレンスの時間を大切にすること、そしてスーパービジョン体制を整備することで、チームの協議が進んでいきます。

事例検討会における多職種によるチームケアの役割分担等の場面

1 事例を理解する前に…

本節では、双極性障害の診断を受けた当事者の方が、地域で生活するにあたってどのように回復のプロセスをたどったのか、精神科病院に入院していたずっとずっと前からのエピソードをもとにアセスメントし、退院後においては、再入院せず地域で生活していくための専門的なケアの視点にもふれ、事例を振り返ります。便宜的に情報の収集と整理→アセスメント→計画→介入の流れで、退院前と地域での生活が始まってからの2枠で構成しました。本来は、継続的にアセスメントされるもので、以下のような枠組みで分けて考えるというわけではありませんが、専門性の高い視点の整理という意味で、このようにまとめてみました。

なお、本事例では事例の検討内容の主旨に齟齬が生じないようにしながら、個人情報に配慮しています。

2 事例紹介

□氏名　D	□年齢　56歳	□性別　男性
□診断名　双極性障害	□症状　睡眠障害・躁状態	

3 退院前の支援

1 入院中、訪問看護介入前の治療・病状等に関する情報の整理

Dさんは、一代で有名ブランドを築いたファッション系会社の社長です。再入院する3年前、会社の資産を数億円使い込み、同じ会社で役員をしているDさんの弟や社員に暴言を吐くことなどが続きました。同年、言動はエスカレートし、医師からは躁病エピソードと診断され、医療保護入院（初回入院）となりました。入院後は、薬剤の調整がうまくいかず、約1年の入院期間を経て、何とか気分の変動は落ち着き、退院することができました。退院後すぐ、事業も再びうまくいきだし、海外出張も増えていました。

退院から1年後、海外出張から帰国するたびに、弟との意見の相違から暴言を吐いたり、社員へは無理な命令を課したりするなど、粗暴な言動が徐々に目立つようになっていきました。さらにその1年後、包丁を振り回したとの情報で措置入院となりました。

入院中は躁状態になることもなく温和に過ごしており、病棟の看護スタッフからは、紳士的な人だと評判になっていました。入院中Dさんは、「今回の入院は弟と役員らが、入院させようと嵌めた可能性がある」と周囲に話しており、入院中の病状や認知機能にも明らかな異常が認められなかったことから、医師や看護師らもDさんの言い分を信じていました。精神状態の落ち着きも続いていたため、主治医の判断から3週間の入院の後に退院する予定となっていました。一方で、歩行はやや不安定で、会話も緩慢で話しにくそうな状況でした。ひげを剃らず衣類も乱れていました。血糖値は500mg/dl前後で推移しており、日中は外出して喫茶店や外食に出かけていました。

2 弟からの相談と情報の整理

再入院から１年後に弟から精神保健福祉センターに相談があり、弟と面談をすることになりました。「これまでは、兄の躁状態が再燃して入院となっても、病状が落ち着けば短期間で退院させられ同じことを繰り返していた。今回もまた、そのようなことにならないか心配である」と語りました。また、「病状を含むこうした一連の出来事が噂で広まれば、会社のイメージも悪くなる。できればもう少し入院させておいてほしい。よい方法はないか」ということでした。弟の左腕には、刃物で傷つけられたとされる部位に創傷措置がなされていました。

また、Ｄさんは幼少の頃から弟に暴力を振るっており、それが日常となっていたため、兄であるＤさんのことが怖くて直接話をするのが怖いと語りました。他方でＤさんが他者に騙されることをたびたび見てきたこともあり、Ｄさんの退院後、Ｄさんを利用しようとする者がすり寄ってくるのが心配でたまらないとも話しました。

今回の病状悪化の経緯を確認すると、「前回の退院後、怒りっぽさはあったものの、それは昔からで何とかなっていたが、海外出張のとき、帰国時に決まって暴力的で激しい口論になっていた」とのことでした。

3 訪問看護師とＤさんとの面談を通じた情報の整理

訪問看護師は、弟に許可を得て、入院中のＤさんと面談することにしました。Ｄさんは、非常に落ち着いた様子で、淡々と話し、今回の入院について「弟の言っていることは嘘で、彼の腕の傷は自作自演である」と語りました。措置入院のきっかけとなった“包丁を弟に向けたこと”については「それが、覚えてないんや」と言い、当時のことについては記憶がないとのことでした。前回の退院後しばらく体調もよく、事業もうまくいっていたことから、その後、何がきっかけで体調が悪くなったのかをDさんに確認しました。Dさんは、眠れないことが何よりもつらく、特に海外出張時、時差ボケの影響からか行きよりも帰り時に最もひどくなるとのことでした。20年ほど前に交通事故に巻き込まれて妻子を失っています。その頃から睡眠障害を患うようになり、友人である医師の診療を受けて睡眠薬と抗うつ薬を処方してもらうようになったといいます。これまでの事業に関係する人付き合いについては、何度も騙されたので信用できないと話しました。糖尿病については、「今回の入院までは、指摘されたことがなかった。糖尿病は一生治らないと言われた」とのことでした。

4 過去の出来事から退院までのエピソードをアセスメントする

もともと、人との関係性の構築が苦手で、幼少期は、ADHDの傾向があるからか、やや衝動的で、逆らうことをしない弟に暴力を振るっていた可能性が考えられます。周囲の人間関係（特に駆け引き）には気づきにくい特徴をもちながらも、何とかやり過ごすことができ、大人へと成長するにつれて、デザイナーとしての才能を開花させました。有名になるなかで、会社経営を通じた複雑な駆け引きが求められる人間関係に対応できず、騙されるという体験が続いたと考えられます。このことから、発達障害の特徴でもある「社会的コミュニケーションおよび相互関係における持続的障害」の特徴を有している可能性が考えられました。

不眠については、トラウマとなる出来事をきっかけとして、友人である医師の診療を受けてベンゾジアゼピン系（BZD系）薬剤や抗うつ薬等を処方され、内服を続けていました。徐々に内服量は増え、BZD系薬剤と抗うつ薬（SSRI）による（健忘を含む）脱抑制および気分の躁転が合わさり、会社資産を散財するなどの経緯から、双極性障害であると判断されてきたと考えられます。今回の入院のきっかけとなった弟に包丁を向けた事象においても、不眠の訴えから、BZD系薬剤が処方され、海外出張からの帰国のたびにBZD系薬剤を大量に内服していました。これらの薬の副作用による“脱抑制および健忘”が重なったことで起きた問題である疑義が極めて濃厚でした。その副反応が、弟は病状の悪化ととらえる一方、Dさんは嵌められたととらえ、互いの不信感を煽ったものと考えられました。発達障害の傾向のある人の一部には、薬剤過敏性を基礎にもつタイプもあり、こうした副作用の出現を後押しした可能性もあります。退院直前の歩行の不安定さと動作のぎこちなさなどの錐体外路症状（EPS）も副作用の出現しやすさとの関連が考えられました。

このような成育過程での兄弟関係と治療の経緯から、弟のDさんへの不安を増強させ、「もう少し入院しておいてほしい」という弟の言葉につながったと考えられました。向精神薬の副作用による薬剤性の情動のコントロール不良（躁転を含む）が、弟や社員との関係悪化を後押しして、本来の問題がどこにあるのか、焦点を見出すことに困難を極めた事例です。また、こうした状況を招いた1つの事象として、Dさんの向精神薬に対する知識の不十分さが考えられました。薬剤の知識不十分の背景には、Dさんへの服薬の諸課題には支援の焦点が当てられず、医療従事者・福祉関係者らの連携を前提とした効果的な支援が積極的に展開されてこなかった可能性が考えられました。このように、発達障害の要素、薬剤の副作用、Dさんの薬剤の知識不十分、これらを背景としたDさんを取り巻く医療従事者・福祉関係者を含む人間関係（環境）が、治療の方向性を定まらなくさせていたことが考えられます。

これらのことから訪問看護師は、Dさんと面談することによって、本人との信頼関係を構築し、薬や疾患の知識を学んでもらうことが、回復のための材料になると判断しました。

5 退院に向けたケアの視点のまとめ

一般的には、双極性障害と診断されると診断ラベルで対象者を見がちです。対象者を見るにあたっては、そうした診断は参考までにとどめておく必要があります。診断のラベルに惑わされて、単に内服の継続を管理し、身の回りの世話や精神症状の変化を観察することだけに必死になっていては、自律性の回復は望めません。Dさんのようなケースでは、いったん病状が落ち着いて退院しても、単に内服の管理や病状の観察だけでは快方に向かえないことは明らかでした。支援者は、単にその場しのぎの日常管理を考えるだけではなく、治療や成育歴を含む時間の経過までも含めた全体的な情報の整理を行い、可能性を（仮説を立てて）考える必要があることをここで理解してください。これを筆者は、現象学的スペクトラムアプローチ[2)]と難しく表現していますが、結局のところ、当事者の生き様全体を見るということです。そもそも、双極性障害という診断だけを見ていては、トラウマ体験をきっかけに生じた睡眠障害という事象も見落とされていたでしょうし、それに対して処方されたBZD系薬剤と抗うつ薬の副作用の問題も気づかなかったかもしれません。これまでの治療経過での躁状態なども、単に双極性障害の症状であると片づけられていたに違いありません。しかし、事例を紐解いていけば、このDさんの物語のなかの出来事が、薬剤の副作用や、周囲の適切とはいえない医療環境の提供によって、ますます悪循環に陥って

2）田邉友也「薬物療法の支援という切り口から『動機づけ』について考える——現象のスペクトラム（連続体）というアプローチの視点から」『精神科看護』45巻6号（通巻309号），pp.20-24，2018.

いった経緯がよく見えてきます。これらのことを地域のチームで（本人も含めて）共有することで、その悪循環から抜け出せる可能性が出てくるわけです。当事者が地域で過ごすことができるよう、（法律をはじめとした）制度面が大きく変更されて久しいですが、最近は、その枠組み・形式のみが先行し、支援の質が伴わない現場が散見されます。本事例でも、退院に向けて多職種が連携してきたはずですが、十分にアセスメントされることなく、問題の本質にはふれなかったことが、業務上の表面的な連携だけを優先する結果となり、病状をこじらせてきたともいえます。本来であれば、アセスメントの内容を多職種でどのように共有し、どのように連携してＤさんを支援するかを考えなければなりません。そのうえで具体的実践が行われるべきでした。このように、対象者を「診断や症状のラベル」だけで見てはいけないということは、本事例に限らず、すべての事象に当てはまります。薬の副作用に影響されている可能性を除外するためには、必ず治療歴を確認する必要があるわけです。このようなアセスメントをもとに、多職種が連携しなければ、個々の支援者だけで支えることには限界があります。それでは、退院後の実際の介入はどのようなものだったのか、見ていきましょう。

4 退院後の支援

1 Dさんとともに看護の方向性を定める

退院後、弟から訪問看護の依頼があったため、Dさんのもとへ訪問し、本人とケアの方向性を話し合いました。Dさんの希望としては、以下のとおりでした。

・糖尿病は一生治らないと言われたが少しでもよくなりたい。

・呂律が回りにくいことや、躓くなどの歩行困難などを改善したい。

・記憶がなかったことや、気分の変動等があったことは、理解できた。この状況を少しでも改善して、もとの元気だったときのように仕事をしたい。

Dさんの望む状況に導くためには、訪問看護だけではなく、多職種が連携する総合的な支援が必要なことから、Dさんに対して、「退院前後にかかわりのあった支援者は誰かいるか」を確認しました。Dさんは、「保健所の保健師Eさんです」と答えました。まずは、こちらからE保健師に連絡をとり、Dさんを支援するための連携を図ることとしました。またDさんは、この話し合い時点で翌月にあたる9月にヨーロッパでの仕事が1週間入っていました。ここまでのアセスメントの内容を根拠に、Dさんの出張前後の病状変化を確認する必要がありました。そのため、海外出張するにあたって、Dさんと以下のような約束をしました。

・海外出張中、眠れないことがあっても、退院時処方以外の追加の睡眠薬は飲まずに、できればその都度こちらに電話して不眠の対策をともに考える。
・帰国時は、訪問看護師が空港に迎えに行くので、その際に、以前のような病状の変化があるか直接確認させてほしい。

以上2点について、Dさんから「わかりました」と了承を得ました。

これまでの出張では、帰国直後に必ずと言っていいほど、攻撃的になっていましたが、今回の帰国時は、何もなく過ごすことができました。このことを、Dさんと確認し合った後、弟にもアセスメントの説明と状況説明をしました。このことで、単に病状がそうさせたのではなく、こちらのアセスメントどおり、薬の副作用として精神状態に変調をきたしていたことを弟に理解してもらうことができました。そうすることで、弟の不安もやわらぎ、引き続き地域で生活していくための弟と訪問看護ステーション側との連携が取りやすくなりました。連携はそれだけにとどまらず、主治医や地域の保健所の保健師などともアセスメントを共有するようにしました。具体的には、保健所のE保健師に訪問看護側から連絡をとり、訪問看護の本格導入と、本人を交えた支援の方向性の確認の場をもつことになりました。話し合いの場には、訪問看護師2名と、E保健師が事前に声をかけていた、地域活動支援センターの管理者、E保健師のほかに保健師2名、生活介護導入のためのヘルパーが同席しました。話し合いの場で、Dさんのアセスメントを共有し、本人が、減薬調整にチャレンジしたいという意思を示したことを踏まえ、万全の体制を敷きました。今後は、減薬調整のプロセスのなかで、万が一の躁状態出現の可能性も考え、本人の気分の感覚と客観的な視点の両方の継続的な評価を情報として共有することとしました。

【支援を行う際の視点】

このようなケースでは、詳細に情報の収集と整理を行わなければ、ただ、自宅に訪問して、服薬の確認や指導をするということだけになってしまいかねません。ケアプランを立てる際や、訪問看護を依頼する際は、こうした視点に立って各所に相談することを念頭に置くといいでしょう。

2 支援開始時からの経過・情報の整理

Dさんとの事前の話し合いをもとに、訪問看護が開始されました。訪問看護開始から、食事教育の基礎概念として、糖質の制限を採用しました。血糖値は短期間で200㎎/dlにまで落ち着きました。訪問看護開始時点でも、全身のEPSは目立ち、認知機能の明らかな異常は認められないものの、部屋の散らかりが目立っていました。ソファーなども珈琲をこぼした跡が残っていたり、トイレはにおいが目立つなど、生活のしづらさが、そこかしこに認められました。前回の入院のきっかけとなった睡眠障害の症状については、訪問看護開始時点でも続いていましたが、これまでのアセスメントから睡眠薬を安易に内服することは、病状の再燃を招くと考えられたことから、追加眠剤は勧めないようにしました。看護として、薬のことを学んでもらう支援と同時に、漢方薬や鍼治療のほか、日中の散歩など、薬以外の多方面から睡眠を促すアプローチをＤさんとともに考えました。EPSが認められますが、減薬調整が済むまでには時間がかかります。EPSによる生活のしづらさがある現状も考慮し、日常生活上の介護支援も併せる必要があると考えました。実際の訪問看護の機会に生活のしづらさを確認することで、介護支援の具体を明確にしていきました。地域活動支援センターの管理者に連絡し、生活介護の導入時間等を、本人にも都度相談しながら決定しました。Ｄさんは一人暮らしのため、総菜や外食で食事を済ませることが多く、自宅で調理したものを食べたいと考えていました。昼食時など、訪問看護師からヘルパーに、Ｄさんと話し合った血糖コントロールのレシピを伝え、時々調理してもらったり、自宅の清掃をしてもらったりして、生活環境を整えるようにしました。ヘルパーから訪問看護師には、実際の食事状況等、訪問介護時の様子を共有することとしました。Ｄさんからも、「昨日は豚キムチを作ってもらいました。いろいろ助かってます」など、ヘルパーが訪問したときの様子を本人の言葉で確認しました。これらのことをＥ保健師にも連絡し、状況の把握をしてもらうようにしました。また、こうした方向性についてＤさんは、「訪問看護師さんにお任せします」との意向でしたが、必ず本人の意見を聞き、決定を尊重する姿勢でかかわりました。

3 支援開始以後のアセスメント

糖質制限食による血糖コントロールは一定程度可能ですが、薬剤の副作用で血糖異常が報告されていることを考慮し、食事指導以外に、処方内容の調整が必要であると考えました（厳密な糖質制限をすると、ビタミン不足から筋肉の痙攣を引き起こしたり、便秘等になったり、血中ケトン値の上昇により尿ケトン値が上昇するなどの変化が起きます）。EPSについては、特に躁病エピソードが認められないことからも、主治医と相談しながら少量ずつの減薬を始める必要があると考えました。EPSは、ADLの自立を阻害することもあるため、病状から判断して、必ずしも必要でない分量の薬を内服している可能性が考えられるのであれば、できるだけ早期に減薬を検討する必要があります。実際に訪問看護開始時は、気分の異常は認められないものの、手もふるえ歩行状態は悪く、ときどき躓きそうになりながら、部屋も片づけられない状況でした。薬のことは患者側から言ってはいけないとDさんが思っていたこともあり、服薬の支援として、薬の副作用や服薬に対する思いや感じていることを、どのようなことに困っているのか、どのように主治医に伝えれば、診察時間内でうまく伝えられるかなどをDさんとともに考えるようにしました。Dさんは処方された薬を飲み間違えることはなかったので、自主性を尊重するため、服薬管理をしないこととしました。減薬時は、SCAP法（抗精神病薬の減薬法）の基本に則って、できればその基本よりもゆっくりと減薬していくことを念頭に、本人を交え主治医に相談するという支援の方向性をもちました。さらに、訪問看護を通じて効果的な支援につなげるため、Dさんには成功体験を認識してもらうことが回復の要であると考えました。

睡眠障害については、長期の向精神薬内服の経過から、本来の睡眠感覚を忘れてしまっていることも考えられるため、まずはそのことをD

さんと共通認識のうえに睡眠障害に対しての介入を検討しました。そのうえで、本人が眠れたと実感することを目指した具体的なケア計画を構築する必要があると考えました。アリピプラゾール自体に不眠の副作用があり、その副作用の出現頻度は決して低くないこと、睡眠障害に対して、単に薬を増薬するという対処方法では、再び脱抑制を引き起こしかねないと考えられたことから、その視点をDさんと共有しました。ここまでの総合的なかかわりを通じて、中長期的にDさんの身体状況が改善できた後、Dさんと弟との関係修復を図ることができれば、Dさんを最終的に社会復帰につなげられる（つまり支援を必要としなくなる）と考えました。Dさんには、随時進めてきた多職種との連携について、弟にその内容を都度伝えることの了承を得ました。弟に向けた安心の保証が、Dさんとの関係改善につながると考えました。

4 今後の支援方針をDさんとともに考える

・Dさんと弟にも糖質制限食の継続に同意を得て、経過をみることとなった。
・過度な糖質の制限は、便秘を引き起こしやすくするため、野菜やビフィズス菌等の腸内細菌を整える食事をDさんとともに選択するようにした。便通が改善される漢方薬を主治医に相談するなどし、多方面から排便コントロールを行うようにした。
・本人と家族には、そうした治療・看護の過程で起こり得るメリット・デメリットの実際についても事前に説明し、共同意思決定（Shared Decision Making：SDM）の視点に立つことをケア継続のなかで念頭に置いた。
・血糖値の改善や減薬後の心身の変化が認められれば、その変化をDさんと共有することで、回復の実感を認識してもらう。

・薬についての正しい知識および減薬時の心身の反応をDさんと確認し合い共通認識をもつようにする。こうした薬剤の微調整については、受診ごとの主治医に相談する内容とその方向性を事前にDさんと話し合っておく。

5 支援の実際

退院直後の内服で精神状態は落ち着いていましたが、同時にEPSも目立っていました。そのため、次回受診予定の2週間後まで、その内服を継続してもらうことは、Dさんにとって負担と考えられました。訪問看護師から主治医に連絡し、減薬できないか相談しました。相談の結果、主治医から減薬の許可が出たため、EPSの要因と考えられる薬を半錠だけ、減らしました（一方で、急激な減薬は避ける必要があります）。

血糖コントロールについては、本人の了承のもと、これまで習慣にしていた外食もある程度は続けながら、スーパーなどでの買い物（訪問時間外）の付き添い機会を通じて、食事内容を振り返り、学習してもらいました。Dさんの記憶をはじめとした認知機能は、むしろ良好だったため、糖質の多い食品や少ない食品を問題なく覚えることができ、自身で積極的に食材を買うことができるようになっていました。また、糖質量が書かれた一覧表は、眠れないときなどの機会に、自ら寝室に持ち込んで読むなどしており、「糖質の多いものがどんな食品か、少しでも覚えようと思って」など、快方に向けた積極的な姿勢がみられました。過度の制限によって、精神的負担を強いることは、地域での療養生活においても好ましくないと考えられたことから、食事コントロールについての不安や負担がないかその都度確認する作業も怠らないようにしました。Dさんは「インスリンを減らしたいので、このまま（食事コントロールを）続けたいです。血糖値も、この短期間でしっかりと減りましたし」と話しました。

睡眠については、数日に一度眠れるペースでしたが、5回目の受診で、「最近、熟睡できるんです。すっきりしているんです。ここまで眠れるようになるなんて思ってもいませんでした」と話すまで睡眠状態が改善されました。この過程でも、訪問看護時にDさんと事前に話し合っていたことを踏まえて、主治医や訪問看護師がDさんに薬の情報を提供したりしながら、最終的にDさんの決定を尊重するよう支援を進めました。訪問看護開始から2回目の糖尿病内科外来では、尿ケトンの指摘がありましたが、ケトン体の是非については、糖尿病内科外来の医師および栄養士と筆者の見解が異なるため、Dさんに事前に説明していた内容を踏まえて、本人と家族の合意のもと、糖質制限を続けることとしました。

6 地域での生活がはじまってからの支援の視点のまとめ

退院後半年が経ち、この時点で、硬かった表情はやわらかく明るくなり、危惧された躁状態も全くみられず、動作もスムーズになりました。急激な減薬は、薬剤性に精神症状の揺り戻しがみられることがあるため、この先引き続き1年ほどかけて減薬していくことになることが予想されます。Dさんの事例を振り返ると、薬の調整が主であるかのようにみえますが、支援者が（医師が処方している）薬の適正化を支えることは、ほかの支援内容に勝るとも劣らない極めて重要な視点です。各職種が、服薬支援の視点に立ち、そのうえで、生活上の支援を専門的技術と知識を用いて実践していくことが、多職種の連携にかなうものとなります。本事例では、訪問看護の動きを中心に、多職種連携および治療的支援を述べました。各専門職ごとに、専門性に幾分の視点の違いはありますが、大局的には相違はないはずです。Dさんを支えるプロセスは、正しい医療の知識をもとにしたDさんとの対話（TIC（278ページ参照））と多職種（家族を含む）の連携がいかに大切かということが理解できた事例だったのではないでしょうか。

参考文献

・宗田哲男『ケトン体が人類を救う――糖質制限でなぜ健康になるのか』光文社, 2015.

6 苦悩している人を支えるために必要な知識

精神科病院を廃止した イタリアの精神保健と 日本の違い

日本における精神科医療は、いまだに社会的偏見が根強く、入院が長期化しています。しかし、イタリアでは今から42年前の1978年に体系的な社会支援システムを構築し、精神科病院を閉鎖しました。この法律は、180号法（通称バザーリア法）で、バザーリア法という名称は、イタリアで最初に精神科病院廃絶を訴えた精神科医、バザーリア（Basaglia, F.）に由来するものです。イタリアの精神医療改革においてバザーリアは、治療というよりも監視を行っていた精神科病院の実態を目の当たりにし、精神医療のあり方に疑問を抱きました。イギリスの治療共同体モデルを導入しながら患者との対話を重視し、治療の場を人道的なものにすべく改革を行ってきました。そして、多様な患者の治療に携わるなかで、精神科病院における構造そのものが治療の妨げになっていることを認識し、精神科病院の廃絶こそが治療につながると訴えました。その改革は、決して簡単だったわけではないことは、映画『むかしMattoの町があった』を観ると理解できます。

精神科病院の代わりに精神医療を担っているのは地域の精神保健センターです。日本でいう急性期（不安や緊張感、敏感さが極度に強まるなどして、疾患の症状が激しく現れる時期）を「クライシス」ととらえ、強制的な入院や薬物療法によって社会から患者を切り離すのではなく、社会のなかで「クライシス」を乗り越えるという支援を行っています。

地域コミュニティのなかで、患者と地域の人々がともに考え、一つひとつの危機を乗り越えていくことが望ましいアプローチだと考えられています。

日本の精神科救急は「クライシス」を「急性期症状＝治療」ととらえ、薬ありきで入院治療が中心となります。入院治療に本人の同意が得られなければ強制的な入院（措置入院や医療保護入院）となり、処遇は閉鎖病棟、状況によっては隔離室や身体拘束を行うこともあります。社会モデルとして精神障害をとらえ、社会防衛的な誤った視点からの隔離・排除政策によって人権侵害が繰り返されていると言っても過言ではありません。

このように急性期の状態像は同じでも、イタリアは地域中心で薬は補助的なものとしてとらえ、住み慣れた地域でアプローチをするところに大きな違いがあります。もし、自分たちが生きていくプロセスにおいて、何らかの苦悩に直面し、1人でクライシスを乗り越えることができずに、精神病を発症したとき、どちらの支援を選択するでしょう。おそらく誰もがイタリアで行われているような支援を望むはずです。

1 イタリアでの精神保健視察

筆者は、2018年にイタリアに行き、3都市（トリエステ・トレント・アレッツォ）の精神保健の視察をしてきました。かつては1000人以上もの患者が収容されていた精神科病院は廃止され、その建物の一部は、精神保健センターやレストラン、就労事業所に生まれ変わっていました。バザーリア法から「精神疾患」は「身体疾患」と同様に扱われるようになり、精神科病院の代わりに総合病院の精神救急科（SPDC）ができています。たったの15床、年間300名程度が入院しますが、強制

1970年代は入院患者1000人以上の巨大な病院
現在は誰でも入れる公園に

入院は5～10名程度で、平均在院日数は12日だと説明されました。何より驚いたのは、病棟に鍵はかけられず、隔離室もありませんでした。また、私たちの質問に対して「ECT（電気痙攣療法）は過去のもの」「患者の状態を理解するまでは安易に薬は使わない」「WHOの指標に基づいた薬量を遵守するのは当たり前」「うつ状態に薬を使う意味を感じない」などの回答と同時に「なぜ日本の精神科医療は変わらないのか。毎年多くの精神科医が視察するのに…」と疑問視されていました。精神保健センターがかかわっているケースは、すぐに担当者がSPDCにやってきて、場合によってはそのまま退院となるようです。入院はあくまでも一時的で地域支援重視なのです。また、日本で精神障害者の人が身体疾患のために一般科に入院した場合は、入院先のスタッフがケアを行います。地域においては、65歳未満であれば相談支援専門員、65歳以上になればケアマネジャーが担当するなど制度に合わせて支援者が変わっていきます。しかし、イタリアでは一般科病院や施設、例えそこが刑務所であっても担当者が出向いてケアが継続されるのです。

では、入院中の患者からの暴力によってスタッフが負傷した場合はどうするのでしょうか。日本では労働災害認定はされますが、基本的には患者の病状に左右されるものと考えられ、その罪が問われることはありません。こういう場合は、精神保健指定医による「他害行為による危険性あり」の理由によって隔離開始となります。イタリアにおいても、患者の暴力はあり、受傷した場合はすぐに総合病院の救急科を受診するそうです。そして、診断書に「治癒に21日以上必要」と記載された場合は、警察に通報するそうです。

また、暴れて薬を服用しない場合においても、スタッフが抑制をして強引な治療をするのではなく、警察官の協力を得るそうです。それは、病気の有無にかかわらず、暴力自体を容認しないという考えからです。「精神障害者だから暴力は症状の1つで仕方ない」ではなく「人として許されない行為は警察が介入する」、つまり自己責任が問われるということです。そして、病気によるものであれば、治療が必要だということを教育するというスタンスなのです。

精神保健センターは、治療（薬の処方）、ケアマネジメント、デイケア、ショートステイなどの役割を担っています。デイケアは、慢性期で居場所的支援が必要な人が通所するのではなく、日本でいう急性期病棟に入院している人たちが通所しています。地域から連絡があれば、医師や看護師等がアウトリーチもします。そこではUFE（user family expert）と呼ばれる人たちも一緒に活動をしています。UFEは、(元・現）当事者や（元・現）家族の専門家のことを指します。誰もが名乗れるわけではなく、精神保健センターの職員によって任命されるそうです。例えば「幻聴」のために地域で興奮している人がいるという情報でアウトリーチを行う場合、過去に幻聴で悩まされた経験のあるUFEが同行します。すると、医療者が服薬の必要性を説明しても頑なに服薬拒否をしていた人が、UFEのかかわりで自ら服用をするといった変化が起きるそうです。イタリア全土ではありませんが、地域によっては精神保健センターの相談窓口やレジデンス（入所施設）でもUFEを活用し、

レストラン「いちごの場所」

なくてはならない存在になっているようです。

イタリアでは、働くことは市民権として保障され、社会協同組合の協力が得られます。障害年金も最低金額で、障害があっても働くことが普通だと認識されていました。「いちごの場所」というレストランもその1つです。日本でいう就労継続支援事業所A型のようなイメージでしょうか。精神保健センターの担当者によって利用者の就労ニーズに合わせて就労機関につながれます。そこではどのような情報が共有され、連携がなされるのか、気になるところです。しかし、私たちの質問に対して「病気に対する情報は資料に書いてあるかもしれないけど自分たちから見ることはない。そんなことに興味はない。私たちと一緒に働きたいと言ってくれた仲間だから困ったときには本人に聞けばいいだけ。身体の病気であれ、精神の病気であれ、本人に何かあったときは一緒に病院に行く。仲間だから当たり前」という回答があり、質問をしている自分たちが恥ずかしくなりました。

レジデンス入所はゴールではなく、目的をもって入所します。基本的には数年後にアパート等での生活を目指し、全員が就労をしています。あるレジデンスを視察した際、週に一度の全体ミーティングに参加させてもらうことができました。そこで請け負っている仕事は、農業・カフェ・ケータリング・清掃で、1週間の割り当てを利用者が自主的に手を挙げてシフトを組んでいました。自分の得意とする仕事の選択でもよいし、さまざまな仕事を経験することで将来に役立てるなど、本人の希望が優先されます。ミーティングでは、たまたま無断欠勤した人がいたために、スタッフからその事実が伝えられ、どうすべきだと思うか全員に投げかけられていました。誰１人として個人攻撃をすることはなく、自分たちの問題としてとらえ、「仕事は責任をもたないといけない」「休むときに連絡は必要」「代わりの人を探すことも大切」などの意見が交わされました。無断欠勤した人は、病状が不安定で日本だと入院レベルの人です。精神症状のために仕事に行けなかったことは容易に予測できました。しかし、そこは「病気だから仕方ない」ではなく、「どんな理由であろうと仕事に穴をあけることはよくない。体調が悪くて行けないことを連絡すべきである」ということが強調されていました。ここで言われていることは当然のことなのですが、日本だと「体調が悪かったから仕方ないよね」とかばってしまう傾向があるのではないでしょうか。「精神症状があれば働くことは難しいし、無理をさせてはいけない」、それこそが内なる偏見なのではないかと思います。

ここに書いたことは、筆者が視察で感じたごく一部です。ですが、障害者に対する根本的な考え方がイタリアと日本では違うのではないかと感じてしまいます。日本の精神科医療そのものを変える力は私たちにはありません。しかし、地域共生社会を目指すのであれば、私たち一人ひとりが変わっていかなければ何一つとして変えていくことができないのではないでしょうか。

「対話」をすることの大切さ

対人援助職にとって「対話」の相手は「利用者（患者）」「家族」「専門職（利用者の主治医・サービス事業者）」などが対象になると思います。当然のことながら、対人援助技術が必要とされるので「対話をしています」という声が返ってくると思いますが、本当にそうでしょうか。対話をする際に、「自分の考えは正しくて相手が間違っている」「何とかして考えを改めてもらおう」という邪な考えがあったとしたら、それは議論や説得ではないでしょうか。

また、「あなたは、一体どうしたいのですか？」といった責めが見え隠れするような質問は「尋問」でしかなく、対象者は否定された気持ちになってしまいます。あなた自身が「何が正しいか」「何が世間の常識か」「こうあるべき」ということにこだわっているとするならば、そのコミュニケーションは一方向にしかすぎず、対象者との「対話」にはならないのです。「説得」では結論が先行した話し合いになります。つまり「説得」は、どちらかが屈服し、従属するかが問題となります。さらに「議論」は、相手の非を追求することになり、話がかみ合うことはありません。このように結論が先行しているのであれば、対象者からすれば壁と話しているのと一緒で、相手を無力にし、話は平行線で終わってしまいます。本来の「対話」は、個人を尊重しなければならないのです。

 オープンダイアローグ（開かれた対話）

オープンダイアローグは、1980年代にフィンランドの西ラップランド地方にあるケロプダス病院で始まった「対話による治療法」で、「開かれた対話」と訳されています。例えば、日本で幻聴や妄想に悩まされて混乱状態の人が病院を訪れたとします。多くは、その精神症状に視点があたり、「統合失調症の疑い」と診断されます。そして、その多くは「患者」というレッテルを貼られ、その治療として内服薬が処方されるといった流れになります。

一方、オープンダイアローグでは、「何らかの事情で苦悩している人」としてとらえられています。相談の電話が入ると、その電話を受けた人が責任をもって治療チームを編成して、24時間以内に初回のミーティングが行われます。医師の指導を仰ぐという上下関係ではなく、職種の壁を取り払ったチームで、このミーティングは、危機が去るまで毎日、続けられます。病院よりも、自宅に訪問して行うことが多く、家族や親戚とともにセラピストチームを受け入れたほうが、クライアント（患者）のストレスは軽減されます。この治療では、クライアント、家族、関係者を交えてミーティングを開き、対等に意見を述べ合います。1回のミーティングは90分程度です。家族とともに専門家チームとの対話を重ねることで、治療の難しい統合失調症のクライアントでさえ危機的状況を抜けることができて快方に向かうというものです。薬物療法や入院は極力避けられ、必要な場合においてもクライアントを含めたミーティングで決定されます。

この治療を行うことで、統合失調症患者の入院治療期間が平均19日短縮されたといいます。薬物も含む通常の治療を受けた統合失調症患者群との比較において、この治療で服薬を必要とした患者は全体の

35%、2年間の予後調査で82%は症状の再発がないか、ごく軽微なものにとどまり（対照群では50%）、障害者手当を受給していたのは23%（対照群では57%）、再発率は24%（対照群では71%）に抑えられていたというのです。このエビデンスにWHOが注目し、世界各国で導入が進んでいます。

日本では筑波大学の斎藤環教授らによってその方法が紹介され、取り組まれつつありますが、日本の精神科外来ではなじみにくいのも現状です。オープンダイアローグの特長は、医師に限らず誰でも実践できる方法で、薬物や入院などの強制的処遇を減らすことができることです。「妄想」は、その人の思考、感情、つまりモノローグであり、そこからどんどん考えが膨らんでいきます。過去には、この妄想に対しては否定も肯定もしない、根掘り葉掘り聞かないという対応方法がよいことだとされてきました。なぜならば、妄想を聞くことによって、さらに妄想を膨らませてしまうからとの理由でした。しかし、この状態から抜け出すには周囲との対話しかないのです。

例えば、妄想を語る患者に対し「私たちには想像がつかないので、わかるように説明をしてもらえませんか」と語りかけます。そうすると、自分の体験を理解してもらおうとして一生懸命説明をします。その話に

表6-1　対話の実践に当たっての心得

- 対話の目的は「変えること」「治すこと」「(何かを)決定すること」ではない。対話を続け、広げ、深めることを目指す。
- 「議論」「説得」「尋問」「アドバイス」は対話の妨げにしかならないことを理解する。
- クライアントの主観、すなわち彼らが住んでいる世界を皆で共有するメッセージを大切にする。「正しさ」や「客観的事実」のことはいったん忘れる。

関心をもち、応じていきます。この一方的ではない「対話」を重ねること自体が症状の改善につながるのです。「妄想」という得体のしれない怪物を否定し攻撃するのではなく、その状態を対話の場に出してもらうことで変容が始まるのだと思います。対話の目的は「合意」「結論」に達することではなく、顔を合わせているメンバー相互の異なる視点がつながることが重要視されます。語られる妄想を頭ごなしに否定したり、発言を遮断したりすることはしません。妄想を語られる場合は、その経験についてさらに質問を重ねていきます。「私にはそんな経験はないですが、もしよかったら、私にもわかるように、あなたの経験について話してもらえませんか？」といったように話を広げていきます。

オープンダイアローグの重要な原則には、本人抜きではいかなる決定も方針も出さないことがあります。入院、治療、支援方針などに関する決定はすべて、本人がいる対話の場で決められます。私たちが「常識」「標準」としている臨床現場とは大きく違います。治療チームの専門家同士の意見交換についても利用者本人や家族が聞いているオープンな場で行われ、その内容をすべて聞いてもらいます。これはリフレクティングと呼ばれる手法です。ミーティングに続いて、そのミーティングの当事者である利用者がチームの会話を観察します。この「観察者を観察する（リフレクト）」というステップが、当事者に振り返りを促し、自分自身が参加した対話から直接には得ることができなかった新たな気づきをもたらします。この「自分たちの会話についての他者の会話を聴く」という仕掛けは単純ですが「観察する者」と「観察される者」の交替は支援者と利用者の関係を一方向的なものから双方向的なものへ変えるという点でも画期的と言え、信頼にもつながります。このように対話することによって相互理解を深め、「違い」を議論するのではなく「共通」する接点を探し、「結論」や「方針」を急がず、利用者とともに、時間

図６-１　望ましい対応

どちらの対応が、望まれるのか？

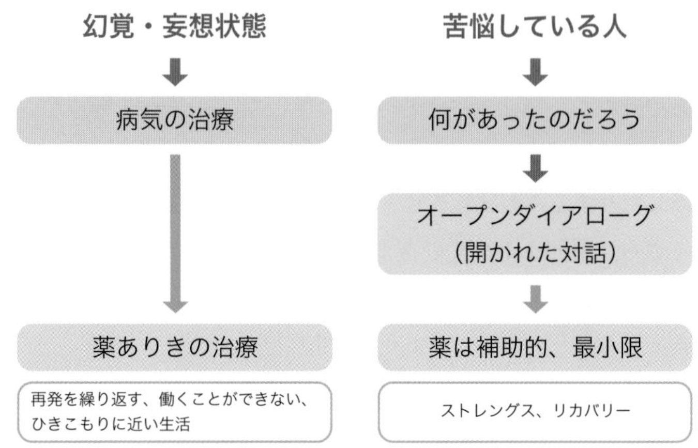

図６-２　薬は補助的なもの

バザーリア法（1978年・イタリア）

・世界初の精神科病院廃絶法。精神科医バザーリアに由来する
・予防・医療・福祉は、地域精神保健サービス機関にて行う

病気というレッテルを貼って薬を飲ませるのではなく、どのような環境で苦悩しているのかを理解し、その人に合った治療方法を考え、精神的に健康になることを目指す。

オープンダイアローグ（聞かれた対話）
（1980年代前半・フィンランド北部・西ラップランド地方）

・24時間以内に精神科の専門チームが動く
・患者・家族・関係者を交えて状態が改善するまで「対話」をする

症状が他者と分かち合われ人間全体の事象として受け止められたとき、患者のなかに安心感が芽生え、結果として症状が消える。

をかけて信頼関係を醸成していくことそのものが「利用者に寄り添う」ということになるのではないでしょうか。

事例から考える支援のポイント

Aさん　70歳　男性　妻と二人暮らし

Aさんは、車をぶつけることが増えました。今度ぶつけたら運転をやめてとの妻の要望で、事故を機に運転を諦めました。しかし、数年後に「再び運転をする」と言いはじめました。

説得しても聞く耳をもたず、毎日喧嘩になります。息子からも危ないから運転はしないでほしいと言われますが「大丈夫だ」と言って、聞き入れません。苦肉の策で「教習所で練習をして、運転しても大丈夫だと言われたら認める」と言うと、教習所に通いはじめました。

教習所の指導員は「これまで運転をやめておられたのに、どうしてまた運転しようと思われたのですか？」と事情を聞きました。そうすると「最近、妻の体の具合が悪くて心配で…。妻に何かあったときには、自分が病院に連れて行かないといけないから、運転しないといけない」とその理由を語りました。

解説

このように「運転する」ことを問題として考え、何とかしてやめさせようとして会話をするのは「説得」です。そうすると、頑なに拒否し、心は開きません。教習所の指導員のように「何があったのだろう」と本人を理解するために会話をはじめると、理由が明らかになります。これこそが「対話」です。理由がわかれば、その対応法を一緒に考えることが可能になります。

□Bさん　60歳　女性　独居　統合失調症　就労継続支援B型と日中一時支援事業利用

Bさんは、日中一時支援事業所が企画した一泊旅行を楽しみにしていました。胸部X線で肺に影が見つかり、1週間検査入院となりました。原因ははっきりせず、1か月後に大学病院で精密検査を受けることになりましたが、治療の必要性が理解できず、内服薬を拒否しています。

就労継続支援B型のCスタッフは、相談支援専門員から経緯を聞いているため、Bさんに何かあったらいけないので旅行はやめたほうがいいのではないかと遠回しに説得しました。そこでBさんは、「旅行をやめようと思う」と日中一時支援事業所のDスタッフに言いに行きました。しかし、病気のことを聞かされていないDスタッフは、不安による迷いだと思い「一緒に行こう」と再度誘ったため、Bさんは「やっぱり行く」と言いました。その後もほかのスタッフからやめたほうがよいと言われて悩んだBさんは、就労継続支援B型の責任者に相談したところ「自分で決めたらよい」と助言され混乱しました。そのことを知った相談支援専門員は、それぞれのスタッフにBさんは旅行より治療優先であること、旅行中に何かあっても責任がもてないので、本人に中止させるように説得してほしいと連絡をしてきました。

解説

病気のことを踏まえて、旅行に行くかどうか決めるのはBさん自身です。よかれと思って支援者が本人抜きで決めることではありません。もし旅行中に何かあったときは、旅行先の病院で対応することもあり得ること、その場合には家族に連絡をとることもあること、安全に旅行に行くために現在処方されている治療薬を飲んだほうがよいことなど、まずは一緒に考えることが大切だと考えました。旅行先で何があるかわからないことはBさんに限らず皆同じです。旅行をきっかけにしてBさんにチームでかかわること、今後、治療をどうするかBさんが現実に向き合えること、そのプロセスを支えることが大切だと考えました。そのことを相談支援専門員に伝え、オープンダイアローグ的なかかわりの重要性を伝え、本人を含めたカンファレンスを開催しましょうと提案しました。しかし、数日後、「主治医に相談し、ドクターストップということにしました。Bさんも納得されました」との返事でした。

これは、ありがちな対応ではないでしょうか。専門職が「利用者のためによかれと思って」行っていることは、「管理」であり、「利用者自身の考える機会」と「決定権」を奪ってしまっています。これでは利用者を主体としたチーム支援とは言い難いのではないでしょうか。また「ドクターストップ」といえば聞こえはよいですが、「本人抜きで物事が決められる」ということは人権侵害に該当します。

参考文献

・斎藤環著・訳『オープンダイアローグとは何か』医学書院，2015.

トラウマ・インフォームドケアから考えたケアの位置づけ

1 トラウマ・インフォームドケアの概念の理解

ここからは、精神科医療・看護・介護すべてのケア場面で有用となるトラウマ・インフォームドケア（TIC）について解説します。TICとは、「トラウマをよく理解したかかわり」と訳すと理解しやすいでしょう。ここで最初に読者の皆さんに理解していただきたいのは、TICは、あらゆるケアの基盤となる概念であるということです。精神科医療や看護・介護の世界でもさまざまな方法論が公表されていますが、それらの実践的な方法論の根底にあるものを、このTICの理論でもって説明することができます。本書では、実践的な方法論として、オープンダイアローグを紹介しましたが、TICの概念をよく理解したうえで方法論としてのオープンダイアローグを学べば、その介入手法に意味づけ（理論的裏づけ）ができて、より実践的に活用できるようになります。

TICの理解を深めるため、まずは日本での現状を説明します。精神科医療では、2015（平成27）年の「精神科救急ガイドライン」（日本精神科救急学会）で2ページだけですが、初めてTICが紹介されました。看護業界では、まだまだ知られていませんが、ここ数年で専門誌にも掲載[1]されるようになってきました。少しずつですが、TICという言葉は“認知”されてきているようです。しかし、本書を執筆している時点では、TICを十分に“理解”した医療者はまだまだ少ない状況です（雑誌で読んだことがあるなど）。“認知”している医療者は増えつつあるものの、TICという概念をよく“理解”していて、かつうまく説明・実践することができる関係者は極めて少数です。このように、TICという言葉は“認知”されてきていますが、“理解”したり伝えたりするところまでには至っていないのが看護現場の現状です。その背景には、TICの概念理解の難しさがあります。ケアマネジャー・福祉職の方を対象にした書籍でも、TICにふれた記述を筆者はまだ見たことがありません。本書は、その領域におけるTICの重要性をうたった最初の書籍となるのかもしれません。今から、TICについての理解が深まるよう、できるだけ図や絵を使ってわかりやすく解説していきます。専門書の多くでは、トラウマを、代理トラウマ・二次的トラウマなど、場面・状況によって分類することが一般的ですが、読者等にTICの理解を求める限りにおいて、筆者は、これらすべてのトラウマ場面を1つのトラウマ概念ととらえて包含し、PTSD（心的外傷後ストレス障害）や複雑性PTSDという表現のほかはトラウマを分類しない立場をとります。今回の紹介を契機にTICの概念が広まり理解され、患者へのケアの質が上がることを願っています。

1 TICに関連する概念の整理から理解につなげる

トラウマの詳細をすべてここで解説すると、理解が難しくなりますので、TICの理解に必要な部分にのみ焦点を絞って説明をします。TIC

1）最近では「トラウマインフォームドケアと小児期逆境体験」というテーマで『精神医学』61巻10号(通巻730号)，2019．で特集が組まれている。

を理解するためのキーワードを最初に紹介します。①トラウマ体験、②再トラウマ体験、③PTSD、④複雑性PTSD、この4つをしっかりと理解すれば、TICの理解に近づくはずです。

まずは、トラウマとPTSDの関係について説明します。トラウマというと、激しい事故や自然災害（大地震や津波・台風など）・戦争体験・性暴力犯罪などが思いつくところかと思います。そのような体験をした人の一部は、フラッシュバックという反応を起こすのが特徴的で、事故の場面が繰り返し目に浮かび、悪夢などをみて、回避行動などからひきこもってしまうようになります。フラッシュバックはそのほかにも、過呼吸状態や気分のむらが激しくなることのほか、うつ状態になるなど、心身への反応はさまざまです。サバイバーズギルト（生存者の罪悪感）も特徴的で、そうした反応が1か月以上持続した場合にPTSDと診断されます。筆者は診断に関連するこれらの体験を「強烈な単発性の体験」と表現します。

次に、トラウマと複雑性PTSDの関係について説明します。例えば、幼少の頃からの親からの虐待や学校でのいじめがあった場合、それがトラウマとなることがあります。ここで重要なポイントは、一度や二度の体験ではなく、「繰り返し受ける体験」という視点です。外傷を負うほどの暴力だけではなく、外傷には至らない小さな暴言・暴力も関係します。これらが毎日繰り返され、体験として複雑に絡み合うことで複雑性PTSDとして脳に記憶されます。そしてさらに、その状況におかれた子どもは、暴言や暴力以外のあらゆる体験がその類似体験として紐づき、脳で認識していきます。トラウマとなる要素は、五感（触覚・聴覚・味覚・視覚・嗅覚）で感じて、脳の海馬に記憶されます。例えば、暴力を振るう父親がいつも酒を飲んでいた場合は、酒を飲む姿（視覚）や酒の匂い（嗅覚）がトラウマの要素となることもあります。暴力（触覚）

図6-3　成育歴のなかで形成される複雑性PTSDおよびPTSD

成育歴のなかで形成

複雑性 PTSD
【長期間・持続的・継続的な体験】
身体的虐待・ネグレクト・性的虐待・心理的虐待　等

PTSD
【強烈な単発性の体験】
事件事故・性暴力犯罪・自然災害・戦争体験　等

を受ける際、大声で怒鳴られ続けること（聴覚）がトラウマの要素となることもあります。殴られたときの血の味（味覚）やにおい（嗅覚）がトラウマとなることもあります。いつも暴力を受けていた場所が畳の部屋であれば、畳のにおい（嗅覚）やその光景（視覚）がトラウマとして紐づくこともあり得るでしょう。こうして、もともと暴力を受けていた父親に直接関連しない、周辺の環境がトラウマの要素となって紐づいていき、その集合体が1つの大きなトラウマをつくり出します。筆者はこれを「長期間・持続的・継続的な体験」と表現します。

次に、再トラウマ体験について説明します。先ほど説明したような体験をした子どもは、そのつらさを抱えたまま成長していきます。そのなかで、過去に体験した複雑性PTSDと類似の再トラウマ体験と感じるような場面があると、再トラウマ反応（フラッシュバックなど）を引き起こします。先の例から考えると、酒が好きな人をみると、イライラしたり、説教したくなったり、（特に自分に言われているわけではないのに）他者の大声を聞くと、びくびくして、心臓がどきどきしたり、畳のにおいを嗅ぐとなんとなくしんどくなるなどです。過去の複雑性PTSDの体験に照らして、自分がそういう理由からつらくなると認識できている場合は、そこを回避すればいいのかもしれませんが、過去の体験は往々にして抑圧している（自分が認識できないくらい記憶の奥に虐待体験を押し込んでいる）ことがありますので、なぜ、その体験をすると反応してしまうのかが認識できていないことが少なくありません。

ここで、PTSDと複雑性PTSDについて確認しておきたいことがあります。PTSDそのものは理解しやすいかもしれませんが、単発性のPTSDと複雑性PTSDとを個別の事例に照らして、明確に分類することにはほとんど意味がありません（例えば、Eさんの幼少期の父親から殴られた体験そのものは、PTSDか複雑性PTSDかなど）。大切なことは、トラウマには、PTSDに代表される強烈な単発性の体験だけではなく、複雑性PTSDという状態があるということ、さらに、それらは生活のなかで直接の要素以外も複雑性PTSDの要素となる場合があるということを理解することです。加えて、当事者の成長する過程で、過去に体験したPTSDと複雑性PTSDが再トラウマ反応として現れることがあるということを理解してください。そしてそれらは、同じ体験でも人によってトラウマにならない人もいればトラウマになる人もいるということを認識することが重要です。そう考えると、あらゆる場面で、トラウマになる可能性を考慮して、環境に配慮する必要があるということになります。これがTICの基本的考え方です。

2 トラウマは脳そのものにダメージを与える

トラウマは、脳にどのような影響を与えるのでしょうか。トラウマは、心理面の反応として強調されるイメージがありますが、脳の器質に影響を与えることが明らかにされています。ここでは、その影響を簡単に説明します。PTSDや複雑性PTSDの状態にある人は、脳は器質的変化（海馬は萎縮、偏桃体は過覚醒）を起こします。海馬は、主に記憶に関係する部分で、偏桃体は記憶と感情の調整に関係します。これらが障害されると、人は慢性の過覚醒的警戒状態になります。過覚醒の警戒状態になると、自律神経（交感神経と副交感神経）のうち、交感神経が優位にはたらくので、闘うか逃げるか（闘争か逃走か：fight or flight）の状態となり、後のことを考える余裕などなくなり、本能的に、その場その瞬間で、命だけを守る行動をとろうとしてしまいます。その行動は、人間社会では、情動反応の調節異常[2)]として機能してしまいます。

幼少の頃に、親のもとで副交感神経が優位になり、心身を休める必要があるときにも虐待を受け続けた子どもは、副交感神経が優位となりながらも偏桃体が過覚醒となり、心身が常に興奮状態となっていることが考えられます。慢性の過覚醒状態では、人は思考せず行動する、認知力の減弱という神経生物学的変化を起こします。そうした子どもたちは、すぐに攻撃的になったり、ひきこもったりすることは容易に予測できま

2）思考力の減弱と認知機能が低下するため、物事の前後関係を考えず行動してしまう。①金銭管理ができなくなる、②ものを盗む、③攻撃的反応から他者と口論、④幻覚妄想状態の悪化などが現れる。これらの反応を、単に精神状態が悪化したととらえられてしまう。Substance Abuse and Mental Health Services Administration, *SAMHSA's Concept of Trauma and Guidance for a Trauma-Informed Approach*, 2014. https://ncsacw.samhsa.gov/userfiles/files/SAMHSA_Trauma.pdf

す。

3 脳の条件反射や子どもの不登校を例に複雑性PTSDを理解する

TICの理解を深めるために、不登校（基本的にはひきこもりと同じ）の子どもを例に説明します。不登校の理由にはさまざまなものがありますが、子どもは何らかの理由で学校に行くことがつらくなります。特に年齢が低ければ低いほどその子ども自身、なぜつらいのかがよく認識できていないことがあります。理由を聞いてもはっきり言えなかったり、学校の先生や親が、本人の言う理由のとおりに対処しても学校に行けなかったりします。そのような状況を理解するために、以下、図を用いて順に説明していきます。

よく知られているパブロフの条件反射から解説します（図6-4）。ケージ（檻）の中に犬がいます。この犬は、通常のベルの音などでは体が反応することはありません。犬に餌を見せると、本能的に唾液や胃液が分泌されます。次に、ベルの音と一緒に餌を見せると、音とは関係なしに当然、同じように唾液と胃液は分泌されます。この3の状況を一定期間繰り返し続けると、4にあるように、音だけで唾液と胃液が分泌されるようになります。人間でいうところの、梅干しを食べていないのに、酸っぱいことを知っているから、梅干しを思い浮かべるだけで唾液がわいてくるのと同じようなことです。また、一定期間同じ状況を継続すると、ケージが視野に入ったり、出入りする際のケージの音にも弱い条件反射を示すようになります。ベルが鳴っていなくてもケージに入るプロセスを経るだけで若干の唾液や胃液が分泌されるようになります。

次に、痛みの条件反射を説明します（図6-5）。先ほどの犬と同じように、ネズミは出ることのできないケージに入っています。そのネズミ

図6-4　パブロフの条件反射

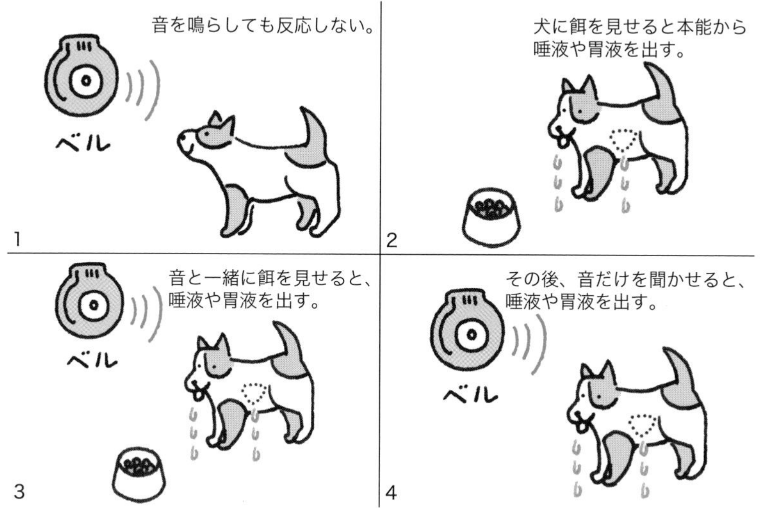

資料作成指導：赤沼侃史
資料：「登校拒否研究室」
http://www.toukoukyohi.com/（最終アクセス2020年7月20日）
「不登校の子どもの心の理解」
https://www.youtube.com/watch?v=F_VQq1SWk8c（最終アクセス2020年7月20日）

に音を聞かせても特に反応はしません。次に、ネズミに電流を与えると当然その痛みから暴れます。音を聞かせながら電流を流しても、当然同じように暴れます。このような体験を一定期間繰り返し続けると、ネズミは、その音を聞くだけで暴れるようになります。ここで、ネズミはケージに入れられることにも弱い条件反射を示すようになります。さらに一定期間同じ体験を繰り返させると、ケージに入れるだけで暴れるようになります。ここでのポイントは、条件反射のことを理解している人は、ケージに入れられ暴れたネズミを、条件反射によって暴れているとみることができますが、条件反射の視点がなければ、単に精神状態の悪

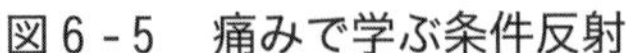
図６-５　痛みで学ぶ条件反射

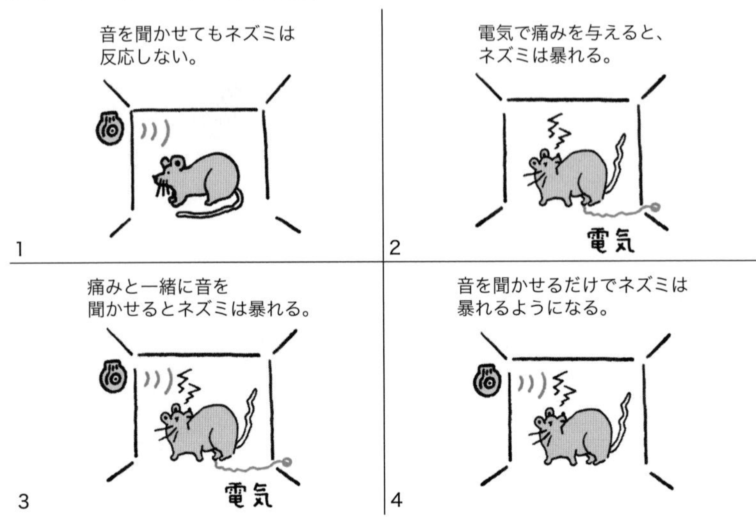

資料作成指導：赤沼侃史
資料：「登校拒否研究室」
http://www.toukoukyohi.com/（最終アクセス2020年７月20日）
「不登校の子どもの心の理解」
https://www.youtube.com/watch?v=F_VQq1SWk8c（最終アクセス2020年７月20日）

いネズミとしてみてしまう、ということです。

今度は、図6-6でネズミの条件反射を人間に例えて理解してみましょう（トラウマの紐づき方は、必ずしもそのとおりになるわけではありませんが、わかりやすく説明するための例として理解してください）。子どもはもともとお医者さんを怖いとは思っていません。ところが、注射など子どもにとってつらい体験が続けば、お医者さんを見るだけで恐怖を覚えるようになります。周囲が十分に子どもをサポートすることなく、恐怖を覚える体験が繰り返され続けると、お医者さんに似た白衣の看護師や料理人などの白い服を見るだけで怖くなります。ネズミでいう

図6-6　お医者さん嫌いの成因

もともと、子どもは医者が嫌いなわけではない。

1

注射の痛みでそばにいる医者や白衣に恐怖を感じるようになる。

2

医者を見ただけで恐怖を感じる。

3

白衣の人を見ただけで恐怖を感じる。

4

資料作成指導：赤沼侃史
資料：「登校拒否研究室」
http://www.toukoukyohi.com/（最終アクセス2020年7月20日）
「不登校の子どもの心の理解」
https://www.youtube.com/watch?v=F_VQq1SWk8c（最終アクセス2020年7月20日）

ところの「電気」は、子どもにとっての「お医者さんによるつらい治療」に相当し、ネズミの「音」が子どもの「お医者さん」で、ネズミの「ケージ」が子どもの「白い服を着た人たち」を見た反応に相当します。複雑性PTSDの説明でもありましたが、お医者さんへの恐怖から、白いものへの恐怖だけではなく、病院のにおいなどによって恐怖を感じるようになるなど、反応は一様ではありません。

ここまでの話を踏まえて、不登校の子どもの説明をします（図6-7）。基本的には子どもにとって、学校は楽しいところです。しかし、学校の先生からの理不尽な体罰（友達からのいじめ体験に起きかえて考

図6-7　不登校(つらさを生じる条件反射)

資料作成指導：赤沼侃史

資料：「登校拒否研究室」

http://www.toukoukyohi.com/（最終アクセス2020年７月20日）

「不登校の子どもの心の理解」

https://www.youtube.com/watch?v=F_VQq1SWk8c（最終アクセス2020年７月20日）

えてもいいでしょう）があると、その体験によってつらくなります。体罰の体験が持続すると、その先生を見たり考えたりするだけでつらくなります。つらくても、子どもは、親のことは好きなので、心配をかけさせまいと（半ば無意識に考え）頑張って学校に行こうとします。親には、先生から体罰を受けている（あるいは友達にいじめられている）ことを言えず、頑張って学校に行こうとします。なかには、早い段階で学校に行けなくなる子どももいます。頑張って学校に行こうとし続けたり、学校に行けなくなった状態で親から学校に行くように登校刺激を受けたりし続けると、子どもは先生以外にも恐怖を覚えるようになりま

図6-8　登校拒否、不登校の子どもと症状

資料作成指導：赤沼侃史
資料：「登校拒否研究室」
http://www.toukoukyohi.com/（最終アクセス2020年7月20日）
「不登校の子どもの心の理解」
https://www.youtube.com/watch?v=F_VQq1SWk8c（最終アクセス2020年7月20日）

す。もともとは関係のなかった、学校のにおいや教室、学校そのものがつらくなります。この状況が継続すると、体罰をしていた先生がいなくなっても、そのほかの学校のにおいや教室、学校そのものにトラウマが紐づいてしまい、（無意識に）つらさを感じてしまうようになります。結果的に、子ども自身もなぜ学校に行けないのかよくわからない状態となります。ここで理解していただきたいのは、もともとのトラウマの対象（ここでは体罰を繰り返す先生）がなくなっても、トラウマが紐づいていった対象（学校のにおいや教室、チャイム、学校そのものなど）にもトラウマ反応を起こすという点です。281ページで解説した、再トラウ

図６－９　子どもとかかわる基本姿勢

資料作成指導：赤沼侃史
資料：「登校拒否研究室」
http://www.toukoukyohi.com/（最終アクセス2020年７月20日）
「引きこもりの分類と対応法」
https://www.youtube.com/watch?v=akJeu923GwU（最終アクセス2020年７月20日）

マ体験(反応)の理屈に当てはめて考えると理解しやすいかと思います。

学校がつらくなると、子どもは自分の身を守る回避行動として、条件反射的に家にひきこもるようになります(図6-8)。家にひきこもると、親は学校に行かせるべきだと考え、何とか説得します。その子どもに運よくエネルギーが十分にあり、親の対応がうまくいった場合は、学校に行くことができるようになりますが、うまくいかなかった場合は、そうした親の対応自体もトラウマになります。その場合、親とのかかわりもつらくなっていますから、トラウマ反応として部屋に閉じこもるようになります。部屋に閉じこもっても、親が登校刺激を続けると、ひきこもるという行動以外に、4のように暴れるようになったり、3であれば視覚的に異常はないのに目の前が真っ暗になるなど知覚の異常・自律神経系の異常や、強迫性障害のような症状が出現したりするようになります。3や4の状況で登校刺激を続けたりパワーで抑え込んだりし続けると、統合失調症と誤診されるような幻覚や妄想の症状が出てくるようになることもあります。

では、このような子どもにはどのような視点をもってかかわればいいのでしょうか。あくまでも基本的な話なので、これから説明するままに対応すればすべてうまくいくというわけではありませんが、基本姿勢として理解しておく必要があるので説明します（図6-9）。

ここまで説明したように、自宅の部屋に閉じこもっている子どもは、いろいろなことがトラウマ体験となり紐づいてしまっていますから、自分でも何につらいと思っているのかわからなくなっています。そのようなときは、（焦る気持ちはよくわかりますが）こちらから説得したりすることはむしろ逆効果で、「子どもの思いを聴き、子どもと一緒にものごとを決定」していきます。その姿勢でかかわると、自宅に誰もいないときや、家族が寝静まっているときなど、夜にだけテレビを見にリビングに来たりするようになります。少しずつ子どもの行動範囲が広がってきて、次第に、家の中だけでなく、（思春期の子どもの場合などは）夜だけコンビニに行くようになったりして、突然学校に行くようになったというケースもあります。この過程で子どものトラウマにふれるような対応をしてしまうと、一気に逆戻り、部屋に閉じこもってしまうこともあるところに対応の難しさがあります。しかし、そこでも、「子どもの思いを聴き、子どもと一緒にものごとを決定」するという姿勢を崩してはいけません。“支持的”であることが重要で、決して“指示的·説得的”であってはなりません。これは、自宅にひきこもっている子どもを例にした説明ですが、精神疾患のある患者への対応と基本的には全く同じです。これが、トラウマを意識したかかわり（TIC）です。

こうした理由から、根本的な問題に介入できずに学校に行かせること（登校刺激）だけにこだわり続けると、子どもは①いい子を演じたり、②暴力的になったり、③神経症を発症したり、④精神病様症状を発症したりするようになります。これらは、①～④の順番どおりに起きるのではなく、突然③の症状が出現したり、②と④が同時に現れたりすることがあります。先にも述べましたが、これが、精神疾患の初期であると誤って診断されてしまうことも少なくありません。子どもたちのこうした症状や行動には、必ず何らかのつらい体験が背景にあることは、ここまで説明してきたとおりです。

4 再トラウマを引き起こさないようにするための支援者の視点

子どもの不登校・ひきこもりの説明でなんとなく気づいた方もおられるかもしれませんが、トラウマ反応と精神神経疾患は非常に強い関連性があります。精神神経疾患に罹患する人の8割（研究によっては9割以上）は、過去にトラウマを体験していることが明らかになっています。その視点から考えると、精神神経疾患を患っている方々のほとんどは、再トラウマ反応を起こし得るということがわかります。発病したときから、再トラウマ反応を起こさないかかわりをすることもTICを理解する重要な視点となります。

ここまでは、不登校・ひきこもりの子どもを例にTICを説明しましたが、その理解を踏まえて、次に、精神科病院（あるいは、地域での精神神経疾患を患う患者への対応）で起こりがちなPTSD・複雑性PTSDを考えてみます。

ここでTICを意識してかかわり、可能な限り強制入院とならないようにする必要があります。万が一強制入院となっても、その際のかかわり一つひとつのプロセスで「思いを聴き、ものごとを一緒に決定していく」という姿勢を忘れてはなりません。その視点から、「強烈な単発性の体験」をこれ以上つくらないことが肝要です。ところが、精神科医療・福祉の現場では、むしろ逆に積極的に再トラウマを引き起こし、トラウマを新たにつくってしまっている現状があります。これをTICとは逆の対応をとっているという意味で、non-TICと表現します。以下でもう少し具体的に解説します。

精神科における初発急性期の状態にある患者は、強制入院となることも少なくありません。このときの、強制的な薬物投与や隔離・拘束などの体験そのものが当事者である患者にとって耐え難い「強烈な単発性の体験」（つまりトラウマ）となります。さらにその場面で医療者側が、患者に対して権威主義的な態度や姿勢をとった場合、再トラウマ反応を助長します。そこで患者は、病状がさらに悪化したかのような反応を起こします。精神神経疾患を患っている人は、過去につらい体験があるにもかかわらず、入院治療場面で新たなトラウマを形成してしまい、おまけに医療者の手によって再トラウマ反応も引き起こされてしまうわけです。大切なことは、急性期場面においても、TICを意識したかかわりをする（謙虚な姿勢で思いを聴き、ものごとを一緒に決定していく）ことで再トラウマ反応を回避すれば、興奮・攻撃性を抑えることは可能だということです。医療者側の誤った対応によって再トラウマ反応が起こされ、情動反応の調節異常が起きたのに、薬の増量などで対応するのは全く的の外れた話です。学校や病院など、本来は守られるべき場所であるはずが、そのような場面で再トラウマ反応が引き起こされ、新たなPTSDや複雑性PTSDがつくられるという悪循環を招きます。これまでの精神科医療を見てみると、そうした課題は現実的にあり、無視をしてはいけない向き合うべき問題です。患者の再トラウマ体験の想起（つまり“情動反応の調節異常”）は、医療者によるものであるとの指摘もあります。

5 治療的・環境的側面から再トラウマを引き起こさないようにするための視点

精神科医療は、精神障害が慢性的に経過するケースが少なくないために、医療者とかかわる期間が長く、関係性の距離も近くなる傾向にあります。そのなかで、医療者は患者に対して、権威主義的なトラウマに配慮しない態度や姿勢ではTICが展開できないどころかトラウマを増やすことにつながります。それでは次に、入院中に医療者によってつくられるPTSDや複雑性PTSDについて解説しましょう。

精神科病院に入院中の患者は、病棟でほかの患者と過ごすことになるため、どうしても生活規則の遵守が求められます。そこでも、入院中の一つひとつの対応のなかで「思いを聴き、ものごとを一緒に決定していく」姿勢が重要となります。これまでの精神科医療の現場では、安全を守ることを優先して、患者のプライバシーを含む生活面への配慮が十分ではありませんでした。その環境自体がトラウマを紐づかせていきます。つまり、「治療的な側面、閉鎖環境は病棟規則などの環境的側面を通じて、再トラウマ体験（あるいは複雑性PTSD）が生じてしまう契機が多く存在する」ということです。

病院によって違いはあると思いますが、カーテンがなかったり、電気シェーバーの充電コードの患者による管理が禁止されていたり、T字剃刀の所持や、ベルトや靴紐類、スウェットの紐、杖、爪切りなど、これらを自傷や他害の観点から予防するために禁止となっている病院は今で

もあるかもしれません。

そのような環境にある医療現場では、スリッパリースロープ（slippery slope：滑りやすい坂）という状況を引き起こすといわれています。TIC概念におけるスリッパリースロープとは、最初に禁止したことがあると、それに付随して別のことも禁止になり、段々と禁止が多くなるという状況のことを指します。そのような背景にある組織は、そのことに気づかず、また、それらのことについて考えなくなっていきます。スリッパリースロープに陥りやすい組織は、以下のような傾向があります。

・多くのことを「安全」で決め、多くを「危険」と判断する。
・規則、門限、活動、日課予定、禁止製品などの約束事や決まりをスタッフの都合で決定する。
・規則はつくられたときの意味を失い、忘れ去られる。
・規則は力関係の争いのもとになっていることがある。
・スタッフが「勝つ」ことにこだわっている。

では、スリッパリースロープに陥りやすい組織とはどのような傾向があるのか、具体的に説明しましょう。安全を守ることを優先すると、さまざまな禁止事項が増えていきます。先の、物品管理の規則が過剰に厳しくなっていくことなどから考えるとわかりやすいかと思います。そして、規則をはじめとした物品の管理などを、スタッフの都合で決定します。例えば、規則については「業務が多忙だから」「何かあったらこちらが責任を負わされるから」という理由で、患者がどれだけ不便になろうとも医療者の業務を主体とした視点から物事を決定していきます。そうした規則の理由は忘れ去られてしまい、あらゆる規則が厳しくなっている病棟というのは今でも見聞きします。このような厳しい規則のもとでは、規則について納得いかない患者は当然います。そのような場合、医療者は、「思いを聴き、ものごとを一緒に決定していく」姿勢をもっていないと、「一度許可をしたら次から要求がエスカレートする」といった発想になります。そこで医療者側が、「勝った・負けた」の次元で議論することは患者との関係性を悪化させます。そのような場合は、「確かに検討事項ではありますが、現在の病棟事情ではすぐに結論を出すことは難しい部分です。ですが、規則でご不便をおかけしているのは事実ですので、上司には報告しておきますね」といったような姿勢で患者に納得してもらうだけでいいのですが、規則を守れないと、ほかの生活規則も制限する（例えば金銭管理の額を減らす）といったようなかかわりになっていきます。まさにスリッパリースロープです。スリッパリースロープが起きている環境は、TICとは真逆の状態、つまりnon-TICになっていますから、情動反応の調節異常は助長されます。その反応から、患者同士で口論となったり、ものを盗ったり、結果として、何から何までナースステーションで預かられ、セルフケア機能は著しく低下してしまいます。

TICの説明をするときによく誤解されがちなのですが、規則を緩めることだけがTICではありません。過剰に規則を厳しくすることが問題であって、どうしても必要な規則については、患者に丁寧に説明して納得してもらう、こうしたかかわりがTICです。患者が健康になることを目指すためにすべての業務が存在するのであり、業務の延長に患者がいるのではありません。そう考えると、患者のことを考えた業務の調整こそが実践的なTICといえるでしょう。TICの考え方からすると、ケアを提供する側が上に立ったような（あるいは、患者を見下すような）対応は、精神状態への悪影響を及ぼすわけですから、いかなる場合も正当化することはできないことをここでよく理解しておいてください。

ちなみに、筆者が以前所属していた精神科急性期病棟では、これらのことは禁止していませんでしたが、大きな事故は起きませんでした。ここでの重要なポイントは、精神状態の落ちつかない患者がいた場合、個別に対応内容を考えればいいわけであって、その危険性をほかの患者にも適応させてはいけないということです。この禁止事項一つひとつがnon-TICであり、複雑性PTSDの要素にもなり得るということを理解しましょう。

入院生活の日常一つひとつの出来事とは具体的にどのようなものか**表6-2**を見ながら確認していきましょう。例えば患者Fさんが「別の患者が大声で叫んでいる」場面を見て、再トラウマ反応を起こすとはどういうことでしょうか。Fさんが幼少の頃、親から大声で怒鳴られていた体験や、入院中に、他患者から怒鳴られた体験をしていた場合、看護師から大きな声で呼ばれるだけでも何か指摘されるのではないか、怒られ

表6-2　再トラウマ反応を引き起こす要因

- 別の患者が大声で叫んでいる場面を目にする
- 患者と看護師が言い合いをしている場面を目にする
- 看護師が「○○さーん！」と廊下で叫ぶ場面を目にする
- 「ちょっと待って下さい」といってどれくらい待てばいいのかわからないまま待たされる
- 売店での買い物を注意される
- 保護室に入れられる（または、その場面を目にする）
- 服薬自己管理中に飲み間違えたら、すぐさま薬を預かられる
- 閉鎖病棟の鍵の音を耳にする
- 「ルールだから」と画一的な対応をされる
- 管理的側面が強調された対応をされる

※一見些細な出来事と思えるこれらの事象の連続が「複雑性PTSD」を形成する。それぞれの事象は五感（触覚・聴覚・味覚・視覚・嗅覚）で記憶され、トラウマとして紐づく。

るのではないかと驚いて怖くなります。過去に、患者同士がもめて、保護室に入る場面を目にしたことがあると、患者が病棟から突然いなくなるだけで、保護室に入れられたのではないかと想像して、自分も保護室に入れられるのではないかという考えにつながり、再トラウマ反応を起こすこともあります。閉鎖病棟での鍵の音などもトラウマになっていることがあります。一見、些細なことに見えますが、この一つひとつが患者にとっては、つらい体験であり、再トラウマを引き起こす要素となっている可能性を踏まえて環境を整え対応することが重要となってきます。また、こうした些細な出来事を再トラウマと関連しないと軽くとらえる風土こそが問題であるとの指摘もあります。再トラウマ反応というとすべて過剰な反応と考えがちですが、それが過剰であるかどうか分類する意味はありません。このような“トラウマ的な反応”は、過剰に見える反応だけではなく、精神疾患を患っていようが患っていなかろうが、大なり小なり誰しもがそうした反応を起こすという点にTIC理解のカギがあります。

誰しもがそうした反応を起こす、という意味合いから筆者の日常の体験から具体例を紹介してみます。筆者は、友人を自宅に招いて酒を酌み交わすのが好きなタイプですが、妻は他者をできるだけ自宅に招くことはしたくないタイプです。そのため、事前に妻に十分な相談なく友人を自宅に招いた際、妻に厳しく怒られた体験があります。その体験以降の話ですが、筆者はまた、友人を自宅に招く約束をしてしまいました。約束をしてしまったものの、妻に怒られるのが怖いため、妻に何と言えばいいのか思いもつかず、約束当日の自宅に招く直前に妻に報告することになってしまいました。普通なら、事前に妻の機嫌をとり、許可を得ることが合理的な方法のはずですが、情動反応の調節異常を引き起こし、思考力の減弱と認知機能の低下によって、物事の前後関係を考えず行動

してしまったわけです。事前に十分な相談がなかった結果、妻には余計に激しく怒られたことは言うまでもありません。今でも、友人を自宅に招きたいと思うことはありますが、妻にそのことを相談することは勇気がいります。

一般的な体験を例に説明しましたが、精神に障害のある当事者であれば、このような体験どころではないでしょう。一般的な小さな体験と思われるような些細なことでも、当事者にとっては、とてもとてもエネルギーのいることであるということを理解しなければなりません。TICを実践するには、まずその視点に立つ必要があるでしょう。医療者に相談しやすいと思える空気の醸成や関係性の構築も大切です。

さて、ここまでは病院環境を例にTICを説明してきましたが、病院以外の施設や地域でのかかわりでもTICを意識することは同じように重要です。TICを意識せず、権威的管理的側面（あるいはパターナリズム）を重視した対応をすれば、結果的に病状が悪化して入院するということになりかねません。入院については、医療との連携についてお話ししましたが、手段が目的化しないよう、ここまでお話しした視点をもち、しっかりとアセスメントするようにしてください。TICの姿勢として、「思いを聴き、ものごとを一緒に決定していく」ことは、繰り返し述べてきましたが、もう少し詳しく解説すると、TICの介入は「治療的看護介入としての、ケアの受け手に中立的で・批判的でない言葉遣い、ケアの受け手の意見を尊重する、ケアの受け手の考えや要望を尊重して治療･看護の方法を決める、ケアの受け手の決定を尊重する」といった技法になります。こうした一貫した謙虚な姿勢を忘れないようにしてください。

なんとなく気づかれた方もおられると思いますが、TICの概念をもとにした利用者やその家族へのかかわり（「家族機能の調整」といいます)、安心できる環境の提供は、必然的に倫理面や人権に配慮することにもなり、結果的にケアする側の接遇面の向上につながります。TICが支援チームのなかに広がれば効果的な教育効果が得られるだけではなく、支援者間でもTICを意識した連携をとることができるようになり、あらゆる面で効率化が図れる可能性が期待できます。薬物療法以外でのアプローチとして患者の精神状態に影響するかかわりとしてみた場合、TICは精神科医療の概念を大きく変える可能性がある概念であり、治療的介入技法であるといえるでしょう。

参考文献

- 田邉友也「スタッフ間でのTICが組織を変える——TICを通じた病院・病棟の変化を活写する」『精神科看護』45巻12号(通巻315号), pp.30-34, 2018.
- 日本精神科救急学会監, 平田豊明・杉山直也編『精神科救急医療ガイドライン 2015年版』p.55, 2015.
- 川野雅資「日本へのトラウマインフォームドケアの導入」『精神医学』61巻10号(通巻730号), pp.1117-1126, 2019.
- 川野雅資「トラウマインフォームドケアとは何か?」『精神科看護』44巻2号(通巻293号), pp.4-19, 2017.
- 赤沼侃史『子ども論』風詠社, 2011.
- 赤沼侃史『子どもの心の病』風詠社, 2012.
- 赤沼侃史『つらい子どもの心の本——不登校・問題行動への対応マニュアル』白日社, 2007.
- 赤沼侃史『頭が良い子に育つ』風詠社, 2010.

4 医療機関との連携と薬の副作用への対応

1 はじめに

利用者の精神状態が不安定になり、自宅や施設での対応が困難になってきたとき、すぐさま思いつくのが、医療機関との連携ではないでしょうか。医療機関との連携は、確かに非常に重要なものとなりますが、ただ単に医療機関につなぐだけでは、本当の連携とはいえません。大切なことは、どのような目的をもってどのように医療機関と連携を図るのか、ということを明確にすることです。多くのケースで医療機関との連携という“手段”が“目的化”されてしまっている場面を目にします。そのようなケースのいくつかは、何となく入院して、何となく落ち着いたから退院した→そしてまた半年から1年の経過の後、再び調子が悪くなり、入院して今回も落ち着いたから退院した――こういうサイクルを繰り返しているケースが実際の場面では少なくありません。なぜこうした事態が起きるのでしょうか。そこには、利用者に対する（分析的）アセスメントが十分にはなされていないという（疑義的）背景要因があります。専門的なアセスメントの視点を学んでいない職種の方はもとより、医療関係の立場にある職種であっても、十分にアセスメントできていないきらいがあります。そのような精神科医療の背景を否定することに意味はありませんが、現実を認識する必要はあります。本節は、『ケアマネ・福祉職のための精神疾患ガイド』で示した内容を引き継ぐ形で、より専門的な内容で掘り下げて考えられるようにまとめてみました。したがって、向精神薬の基本分類やケアの基本的な考え方については、改めて記述することは避けました（※少し理解が難しい部分があれば、『ケアマネ・福祉職のための精神疾患ガイド』の第4章3を読んでから、本節を読むとより理解が深まります。特に、向精神薬の各論については、番号振りを同じにしましたので、対応して学習できるよう配慮しました。なお、「気分安定薬」の項目は、『ケアマネ・福祉職のための精神疾患ガイド』で「抗てんかん薬、抗躁薬」となっていますが、抗てんかん薬の一部が気分安定薬として処方されたり、抗躁薬においては気分安定薬に分類されることが増えているため、名称が異なっています）。その前提で、ケアマネジャーや福祉職が、精神状態が不安定になった利用者に対してどのように考え、どのように対応すればいいのか、その視点をできる限り本節で示すことができればと考えています。

2 医療機関との連携を考える際に押さえておきたい視点

病状が悪化したときの連携先は、日頃から各々の立場で確認しておく必要があります。介護職であれば、どこの誰に連絡をとることができるのか、また、どこまで自身の立場で連携をとることが許されるのか、ということまで考えておかなければなりません。ケアマネジャーも、具体的な受診先や入院相談先があると対応がスムーズになります。また、日頃から連携をとっている医療機関があったとしても、イレギュラーに受け入れてもらえないケースも想定されますので、日頃から人的ネットワークをもっておくことも重要です。日頃から連携をとっている医療従事者間で、本書のような専門書で学習し、認識を共有しておくことも大切です。多くの場合、こうした知識の共有が十分に行われず、何とか医療機関につなぐだけの、その場の対処だけに終わってしまっているわけです。医療機関との連携は、ここまで述べたような専門的な視点があってはじめて適切な連携といえます。先に述べたトラウマ・インフォームドケア（TIC）の概念にもあるように、精神疾患・治療の範疇は、医師以外にも求められるようになってきています。実際に医療機関と連携する場面では、ケアマネジャーや福祉職であっても、医学的知識は求められます。医療機関との連携を意義あるものとするためには、医学的知識をもってアセスメントをし、何のために医療機関につなぐのかということを明確にしなければなりません。精神科医療に関する専門的知識やアセスメント力は、ケアマネジャーや福祉職にはこれまであまり求められなかったのかもしれませんが、精神疾患を抱える方も、地域で生活することが当たり前になりつつあるなか、そうした力が求められてきていることは認識しておく必要があるでしょう。そうはいっても、精神科医療との連携において、課題があることもまた事実です。本節では精神科医療の課題にもふれながら、医療機関との連携のなかでも、病状悪化の背景要因として大きな影響を与えている精神科薬物療法にまつわる知識を、より実践的な視点につなげられるよう解説していきます。

 3 薬物療法の知識から考える支援と意義ある医療機関との連携

医療機関につながなければならないケースのなかでも、薬剤が心身に影響していることは決して少なくありません。これまで、利用者の病状の悪化は、通院治療中の当事者にだけ問題があるという前提で、対応等

が考えられてきた傾向があります。しかし、現実的には、「薬物療法によって、精神状態が悪化していた」[3]というケースは少なくありません。以下では、そうした実践的な精神科医療の課題にふれ、より適切に精神科医療につなぐための手立てを示したいと思います。

薬物療法に関する基本的な考え方をここで確認しておきます。まずは、薬の血中濃度と薬物動態について説明します。患者を支援するにあたっては非常に重要な話でありながら、薬の話となると読み飛ばされてしまう傾向にあるので、最初に重要なことを説明しておきます。「実践的には、薬の血中濃度や薬物動態を詳しく理解する必要はない」ということです。いきなり腰の抜ける話かもしれませんが、そのことを理解してもらうために、炭酸リチウム（以下、リチウム）を例に簡単に解説します。

リチウムは、有効血中濃度の幅が、0.6～1.2mEq/Lとされており、向精神薬のなかでも比較的すぐに中毒症状を起こしやすい薬とされています。しかし、実際は有効血中濃度とされる範囲内であっても中毒症状を起こす人もいますし、また、その中毒症状が、患者本人の精神症状だと誤って判断されているケースもあります。有効血中濃度と表現されていますが、リチウムの効果に関して過去にいくつかの文献は散見されるものの、総合的に判断してその十分な根拠があるとはいえない、というのが筆者の考え方です。その濃度範囲以下でも患者の精神症状が落ち着けばそれは効果があると判断[4]しなければなりません（当たり前の話ですが、それがリチウムの効果でなく落ち着いたというのであれば、もともとリチウムは不要ということになります）。

3）田邉友也「専門的視点をもって対象を超複眼的にとらえる――認知症患者への退院支援の前提を考える」『精神科看護』43巻10号（通巻289号），pp.12-16，2016.

4）杉山登志郎『発達障害の薬物療法――ASD・ADHD・複雑性PTSDへの少量処方』岩崎学術出版社，2015.

図6-10　薬の血中濃度に関する用語

Tmax（最高血中濃度到達時間）
Cmax（最高血中濃度）
t1/2（血中半減期）＝T-half

次に最高血中濃度到達時間（Tmax）と血中半減期（t1／2）について考えてみましょう。Tmaxとは、「内服してから何時間後に血液の中での薬物濃度が最も高くなるのか」というものです。そして、t1／2とは、「血液中の薬剤が最高血中濃度に達してから何時間後に薬物濃度が半分になるのか」というものです。例えば、Tmaxが2時間、t1／2が2時間の薬があるとしましょう。10時に内服した場合、2時間後の12時に血液のなかで薬の血中濃度が最高点に達します。そして、さらに2時間後の14時には血液の中の薬の濃度（12時の時点での最高濃度に比べて）が半分になるわけです。16時には、さらにその半分の血中濃度になり、18時にはさらにその半分になる、という考え方です。これらの考え方はある程度の参考にはすべきものの、人によって諸条件が違いますから、血液の濃度と心身の反応がその理屈どおりに推移するとは限りません。仮に数値が教科書どおりに推移していたとしても、多くの症状は血中濃度どおりには変化しません。血中半減期から考えて血中からほとんど薬が抜けたと考えられる場合でも、心身の状態がもとの状態に戻っていないこともざらにあります。薬が脳内で作用することを考えると、脳以外での薬物血中濃度をもって効果判定することが正しいとはいえないことは明らかです。薬物血中濃度や薬物動態の視点を優先して、対象となっている人を観察してしまうと、症状を薬で何とかしようという視点が強調され、薬の量がどんどん増えていくきっかけをつくってしまうことになります。

時々こういう反論が筆者の耳に入ってきます。「そうはいっても、実際に内服することで症状が落ち着いたケースがあるじゃないか」。しかし、こうしたケースの多くは、薬が効いたという証拠はどこにもありません。なぜならば、筆者の実践のなかでも、これまで頓服薬を内服して落ち着かせていた方が、頓服薬を飲まずにコミュニケーションを通じてケアすることによって落ち着いたケースをたくさん目にしてきたからです。以下にその具体的な例を示します。

夜間に患者が眠らない場合、頓服薬を飲んでもらうことで1時間後に眠れたとします。支援者側は、これを薬効と決めつけてしまうわけです。同じケースで、頓服薬は飲んでもらわず、眠れるようにかかわることで、1時間後眠れたとしたら、薬効という判断は誤りだったということになります。このように薬が不要であるにもかかわらず、薬が必要だと支援者側も患者側も誤認していたとするならば、この患者の頓服薬の不要な内服機会は増えてしまい、どんどん内服量が増えていきます。頓服薬の内服が悪いというわけではありませんが、内服量の増量につながるきっかけになることがあることも認識しておいてほしいところです。

また、薬が増えることの何が問題なのか、という疑問をもつ方もおられると思います。薬が増えることの何が問題かというと、この後説明する薬の副作用の出現につながり、その結果、ケースによってはQOL（Quality of Life：生活の質）が著しく損なわれてしまう、これが何より問題です。ここでは、血中濃度を例にしたケースを1つ挙げたにすぎませんが、その誤った知識の活用が患者に重大な影響を与えることを支援者は十分に認識しておかなければなりません。向精神薬の重大な影響については、後述する薬の副作用を学ぶことで理解できます。

このように、薬の血中濃度や半減期に重きをおいて対象の方をみてしまうと、判断を誤ることがあるわけです。本節の冒頭で、「薬の血中濃度や薬物動態を詳しく理解する必要はない」と言ったのは、こうした理由からでした。支援者は、利用者の訴えをしっかりと聞き入れつつ、客観的な視点と合わせてその人全体を正確に評価・査定していかなければなりません。その一方で、薬物療法の知識の活用は、地域で患者と接する支援者が患者の体調変化の要因をいち早く見抜くための術でもあります。患者の心身の反応を薬物血中濃度と薬物動態で測ろうとする視点は、参考までの知識としておいて、実践的には、(患者の心身の様子の変化が)薬剤の影響である可能性を踏まえて、経時的にしっかりと見ることを意識してください。

ここまでは、薬物の血中濃度や半減期での薬物投与判断、また、薬効であるという過剰な思い込みは、中長期的には不要な薬の増量につながってしまう可能性があるということを指摘してきました。副作用は、患者の病状の悪化につながることもあり、QOLにも重大な影響を及ぼすことも指摘しました。次からは、その薬物療法の考え方と作用・副作用について説明していきます。

 4 病状の悪化と薬の副作用との関連

『ケアマネ・福祉職のための精神疾患ガイド』でも述べたことですが、ここでも再度確認しておきたいことがあります。薬物療法の知識に関しては、拒絶反応を示す読者がかなりおられると思いますが、支援者は「実践的には、一つひとつの薬の名前や作用・副作用を詳しく覚える必要はない」ということを認識してください。可能な限り要点を絞って、簡単にかつ専門書としての質を保ちつつ解説していきます。

まず、精神科医療でありがちな薬物療法の誤解について触れておきま

す。精神状態が悪くなった場合、かなりのケースで、「患者本人の“病状が原因で”調子が悪くなった」という“一点でのみ”判断されがちです。しかし、処方された薬や頓服の使用状況を時系列で整理し直してみますと、明らかに薬が影響していると言わざるを得ないケースがあります。例えば、薬を増減された場合や頓服薬が多用された場合などは特に要注意です。

まず、薬を増減された場合に、なぜ精神状態が悪くなることがあるのかを説明します。病状が悪くなった時、増量された薬の副作用として心身の状態悪化が認められる場合があります。急激な薬の減量も心身の状態を悪化させることがあります。内服量が多ければ多いほど、また、内服期間が長ければ長いほど薬の減量には慎重にならなければなりません。急な減薬は、それまでその薬の量で脳が慣れてしまっていたところに、脳から薬が急激に抜けた状態となるため神経伝達物質のアンバランスを引き起こします。その結果として、精神状態が悪化します（身体状態の悪化から精神状態の悪化につながることもあります）。減薬によって精神状態が悪化したところに薬を増量したり頓服薬で対応したりすると、中長期的には、結局、（増量した薬の副作用によって）精神状態が悪くなったり、身体面では嚥下状態悪化からの肺炎、ふらつくことでの転倒、便秘や尿閉など消化器症状、アカシジアなどに代表される錐体外路症状（EPS）から不快感が強まり、せん妄を引き起こしたりと、心身の病状悪化の悪循環を招きます。ところが、現場では、心身の病状悪化の要因が患者側にあるという大前提から上述のような考えに視点を切り替えることができず、「ミスケア」[5)]を繰り返していることが少なく

5）田邉友也「精神科薬物療法におけるミスケアを分析的に読み解く」『精神科看護』44巻7号(通巻298号)，pp.15-18，2017.

ありません。つまり、こうしたケースでは初期段階でのアセスメントを見誤っているわけです。

ここからは、向精神薬の分類・作用・副作用について各論的に少しだけ詳しく述べていきます。各薬剤の副作用の知識を最低限知るには、「添付文書」というものの活用が確実です。一般の方でも、インターネットで「(薬剤の名前)　添付文書」と検索すれば、その薬の添付文書をPDFで閲覧することができます。ただし、いろいろな薬剤の詳細まで理解することは、膨大な時間を要するため現実的ではありません。また、仮に覚えることができたとしても、ほかの薬との組み合わせや内服期間などほかの要因が関係してくると、副作用が必ずしも添付文書どおりに出現しないこともあります。その大前提をここで最初に認識しておいてください。では、どのように学べばいいのでしょうか。副作用を効率よく理解するポイントは次の2点です。①各薬剤の出現しやすい副作用を大まかに覚える、②作用（抗コリン作用など）や作用の系統（フェノチアジン系など）を理解する。

では、次から、①と②を意識してできるだけわかりやすく解説していきます。

1 抗精神病薬

抗精神病薬は、統合失調症の患者をはじめとしたさまざまな精神症状に使用されます。近年、病状や症状の適応範囲拡大が懸念され、逆に多種類の薬剤が処方されること（ポリファーマーシー）につながることが指摘されています。分類としては、定型抗精神病薬（従来型抗精神病薬）と非定型抗精神病薬（新規抗精神病薬）に分けることができます。1955（昭和30）年に日本で発売されたクロルプロマジンが最初の定型抗精神病薬で、1996（平成8）年に発売されたリスペリドン以降の抗精神病薬すべてを非定型抗精神病薬に分類することができます。簡単に説明すると、1996（平成8）年より前に発売されている抗精神病薬が定型抗精神病薬で、それより後に発売された抗精神病薬が非定型抗精神病薬ということになります。これらの薬は、ドパミンD_2受容体を中心としたさまざまな受容体を遮断する（具体的には遮断するだけではない薬剤もあります）のですが、時代とともに副作用が少なくなるように（と言ってもたくさん飲んだり何種類も飲んだりすれば同じことです）開発されてきました。

副作用としては、図6-13や図6-14（322ページ参照）にあるような精神状態の悪化によりEPSや抗コリン作用などをはじめとした症状が多彩に出現します。定型抗精神病薬は、大きくはフェノチアジン系、ブチロフェノン系、ベンズアミド系に分類されます。フェノチアジン系は抗コリン作用が強いと考えてください。ブチロフェノン系はEPSが出やすいと考えましょう。ベンズアミド系もEPSが出現しやすい薬の1つです。処方量によっては、少量処方50～150㎎では消化器症状（胃部不快や食欲不振）に、中量処方150～300㎎ではうつ状態に、大量処方300～600㎎では統合失調症の症状に使用する（最大1200㎎まで処方可）とされていますが、少量でも副作用が出現したり、胃薬だと思って漫然と処方すると認知機能が低下したりする点に相当の注意が必要です。

非定型抗精神病薬は、MARTA、SDA、DSS、SDAMに分類されます。便宜上分類していますが、欧米では、MARTAもSDAに分類されていたりしますので、「この症状にはMARTAの薬で、この症状にはSDAの薬だ」といったような投薬の発想はほとんど意味がありません。そのような発想は、むしろ、患者を見ない治療となり、多剤併用から病状の悪化につながっていくだけです。副作用としては、それぞれに特徴があるものの、基本的には定型抗精神病薬よりもEPSは出にくく、新しい薬ほどそうした傾向があると理解してください。繰り返し述べていることですが、内服量や内服期間、処方されている種類が多ければ同じことです。定型抗精神病薬では目立たなかった『代謝障害』(図6-14参照)(種類によって、出現することはあります)ですが、非定型抗精神病薬で最も出現しやすいのはオランザピンです。しかし、ほかの薬でも人によっては出現したりしますので、あくまでも基本知識としてもっておくという姿勢が大切です。

補足しておきたい事項があります。それは、脱抑制・衝動制御の障害です。抗精神病薬の内服によって、衝動の制御が効かなくなり、攻撃的になったり、ものを盗んだり、性的な抑制が効かなくなったりすることがあります。この副作用の出現を副作用とみずに精神症状の悪化ととらえ、薬の増量や頓服薬で対応するという視点は完全な誤りです。

2 抗不安薬・睡眠薬

筆者の臨床的な視点から、ありがちなケースの一部を紹介します。現在でもかなりの数みられるのが、ベンゾジアゼピン系(BZD系)抗不安薬・睡眠薬によるせん妄の惹起および悪化です。例えば、利用者本人から眠れないという訴えがあったり、周囲の医療者・介護者から眠っていないと医師等に報告があったりしたことがきっかけでBZD系薬剤が処方されることがあります。また、報告する前から、頓服薬の指示があり、それを医療者・介護者の判断で投与することで、服用機会が増えていったというようなケースもあります。こうしたことがきっかけで、徐々にせん妄が悪化し、奇異な行動や興奮状態が現れるようになります。もちろん、支援者側は、薬が問題だと思っていませんから、さらに頓服薬を上乗せして、結局は重症化していきます。このように、薬物の血中濃度や薬物動態の計算どおりにはいかないことがほとんどです。

そのほかのBZD系薬剤の副作用も患者に重大な影響を及ぼすことがあります。代表的な副作用を**表6-3**に載せておきますが、少し解説が必要なので順に説明します。

前向性健忘とは、薬を飲んだ時点より後の記憶がない状態を指します。抗コリン作用は後で詳しく述べますが、緑内障を悪化させることがありますので高齢者は特に注意が必要です。認知症の方などが、視野の異常をうまく訴えることができない場合、支援者が緑内障に気づかないということもあり得ます。そのような場合に内服してしまうと重大な結果を招くことになります。いずれにしても、特に高齢者へのBZD系薬剤の投与は、ハイリスクでしかありません。呼吸抑制は、内服ではほぼあり得ませんが、点滴などで体内への流入が急速な場合はあり得ます。その場合は、逆の効果を示す（拮抗薬といいます）フルマゼニルを医療機関で投与することもあります。

次に、逆説反応ですが、これは、本来期待される作用と反対の反応が起きることを指します。例えば、抗不安作用があるのにそれを内服することで不安が強くなったり、睡眠薬なのに内服することで頭痛などが生じて寝つけなくなったりするといったケースです。

逆説反応のなかに分類されている、脱抑制という反応にもふれておきたいと思います。脱抑制は、感情のコントロールができなくなったり、理性的に行動できなくなったりする状態を指します。攻撃的になったり、突然叫んだり、希死念慮を示すこともあります。高齢者は特に、せん妄を引き起こしやすいことで有名です。非BZD系薬剤は、過去にはBZD系薬剤より安全であるという論調もありましたが、今は否定されています。非BZD系薬剤とBZD系薬剤との違いは、非BZD系薬剤には、筋弛緩作用がほとんどないということにすぎず、**表6-3**にあるよ

表6-3　ベンゾジアゼピン系薬剤の副作用

前向性健忘、呼吸抑制、抗コリン作用、逆説反応、依存性・離脱症状、筋弛緩作用、せん妄の助長、認知症の発症リスクの上昇、原因不明の疼痛・自律神経症状　等

うな副作用は同じように起きると考えてください。

BZD系薬剤の副作用として特筆すべきは依存性と減薬による離脱症状です。ここまで述べたような副作用があるからと「危険な薬だ」と判断して、急激な断薬をするとリバウンド症状を引き起こします。リバウンド症状が落ち着けばよいのですが、不可逆的な状態になることもあり得ます。ほかの薬剤にもいえることですが、BZD系薬剤の離脱症状は治療予後に大きく影響する重大な問題です。こうした副作用は、長年内服していればしているほど、多く内服していればしているほどその可能性は高くなります。欧米では、1980年代にこれらの副作用が社会問題化していたのですが、日本ではまだまだ軽んじられています。医師も依存性はあると認識しているように思いますが、筆者が認識している重大性[6)]とはかなり認識のずれがあるように思います。また、近年BZD系薬剤は、認知症のリスクが高くなることも報告されるようになりました。

3 気分安定薬

気分安定薬は**図6-11**のような種類があります。代表的な副作用の一部を紹介します。炭酸リチウムは、口渇・不整脈・腎機能障害（薬剤

6）「ベンゾジアゼピン系の依存・離脱があまりにも多すぎる（2010年10月30日）」 https://blog.goo.ne.jp/moth3/e/e9235b2635ee31f91a8144cf98c741b1（最終アクセス2020年7月20日）

図6-11　気分安定薬の種類

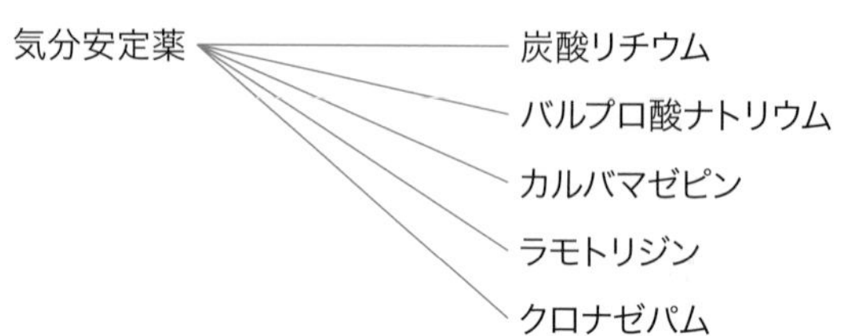

性尿崩症を含む)・振戦・甲状腺機能異常・精神錯乱などが代表的な副作用です。バルプロ酸ナトリウムは肝機能系の異常・ふらつき・認知機能低下・脳萎縮・多毛・精神状態の悪化など多岐にわたります。また、カルバマゼピンは本分類の薬剤のなかでも鎮静効果が強いため、いろいろな薬を処方した(つまり、多剤大量併用療法の帰結として)結果の最終手段として上乗せ処方されているイメージが強い薬です。しかし、この薬は向精神薬のなかでもスティーブンス・ジョンソン症候群という致死的となる薬剤アレルギー症状が出現しやすい薬であるため、医師は好んで処方することはありません。皮膚粘膜に数時間のうちに急激に進行するような発疹や水疱が認められれば、カルテで処方内容を確認しましょう。カルバマゼピンが処方されていた場合、「飲ませてから報告する」ではなく、いったん与薬を保留して、この薬が原因となっていないかどうか主治医等に確認しなければなりません。内服している当事者への被害を最小限に抑えるための、最低限知っておくべき最重要知識でしょう。

4 抗うつ薬

基本的には、うつ病・パニック障害・強迫性障害等に処方されます。これも古い種類ほど抗コリン作用（図6-14）や交感神経のα_1受容体遮断からのふらつき、代謝障害（図6-14）などがみられます。特に問

図6-12　抗うつ薬のおおまかな分類

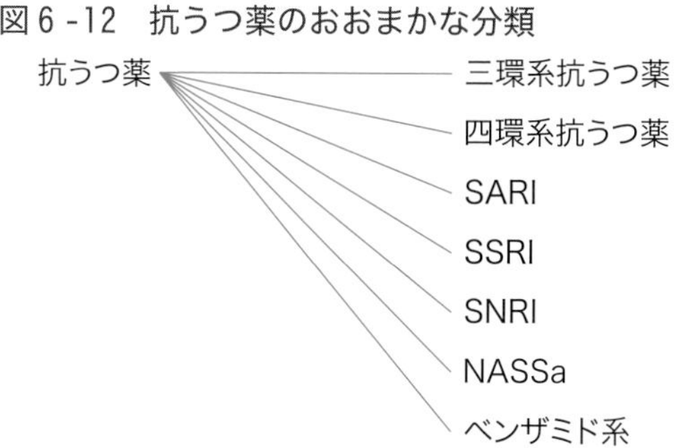

題となっているのが、希死念慮や躁状態・攻撃性・衝動性などに代表されるアクチベーション・シンドローム（賦活症候群）というものです。向精神薬全般にその可能性があるものの、三環系抗うつ薬やSSRIは特に目立ちます。処方されてから数日後に漂白剤を飲んで自殺を図るなどの行為も起こり得ます。SSRIのなかでもパロキセチン（パキシル®）が問題となりました。1999年にアメリカ・コロラド州のコロンバイン高等学校で高校生が銃を乱射したという痛ましい事件です。この時に、銃を乱射した高校生がパロキセチン（パキシル®）を内服していたことは有名です。パロキセチン（パキシル®）のCR錠（徐放剤）や、後に発売されたセルトラリンとエスシタロプラムは、そのリスクはかなり軽減していますが、同様に注意は必要です。また、特に減薬は慎重に行っていく必要があります。（さまざまな意見がありますが）急激な減薬は離脱症状を引き起こしますので要注意です。ポイントは、これらの副作用が精神症状の悪化と誤って解釈されないようにすることです。

SARIであるトラゾドンをうまく活用することで、睡眠を確保することができます。トラゾドンは抗うつ効果がほとんどないといわれており、眠気の副作用が強いため、その副作用のみを作用として活用することで睡眠に導きます。抗コリン作用に代表される口渇等は少ないとされていますが、薬剤過敏性のある患者の場合は、そうした副作用もあり得ます。先に説明したBZD系の睡眠薬を常用するのであれば、トラゾドンのほうが副作用としての心身への影響は少ないというのが最近のトレンドです。一方で、多剤併用でのトラゾドンの上乗せは、睡眠効果が現れにくい印象があります。

5 抗パーキンソン薬

抗精神病薬の副作用に代表されるEPSを緩和させる「副作用止めの役割をもつ薬」であること、またその副作用止めにも副作用があり、精神状態の悪化や認知機能低下等、心身の状態悪化を招くことまでは『ケアマネ・福祉職のための精神疾患ガイド』で解説しました。抗パーキンソン薬のなかでも若干の作用機序の違いはあっても、抗コリン作用（図6-14）かそれに類似した作用であることは変わりありませんので、同じような副作用があると考えて間違いありません。そして、この薬で非常に重要なことは、抗パーキンソン薬によって心身の状態悪化が認められたからといって、急激な減薬をすることは、悪性症候群を引き起こす可能性が高くなるだけだということです。それは、長い期間多くの量を飲んでいればいるほど、その可能性は高まります。したがって、「極めて緩徐な減薬」が必要となるわけですが、これも医師によって、「極めて緩徐な減薬」のとらえ方に見解の相違があることが課題となっています。「極めて緩徐な減薬」の必要がないという認識の医療者は論外中の論外ですが、筆者からみれば急激で危険な減薬スピードであっても、医師からすれば「極めて緩徐な減薬」と認識していることが考えられます。仮説ではありますが、抗パーキンソン薬に限らず、抗コリン作用のある薬でその作用が強いほど、急激な減断薬は悪性症候群を誘発する可能性が高くなると考えておいたほうがいいでしょう。

6 抗認知症薬

抗認知症薬は、認知症の症状の進行を和らげる薬といわれています。しかし、これらの薬によって、認知症症状が悪化することも考えられます。代表的なものに、ドネペジルによる攻撃性の出現があります。明らかな攻撃性として現れれば、薬の副作用として判断しやすいのですが、何となく精神状態が不安定になっており、それが薬の副作用であると気づかれない場合[7)]があります。ほかの薬でもいえることですが、その薬を飲んでいるからその程度の認知症症状で済んでいると考えるのか、飲んでいることで悪くなっている可能性があると考えるのか、飲んでいても飲んでいなくても症状は同じなのか、こうした客観的な視点での観察と判定は欠かせません。また、2016年に発表されたHAS（フランス高等保健機構）の見解や2018年6月にフランスが医療保険の対象から外すという判断があったように、抗認知症薬の効果は十分であるとはいえません。今のところ、HASやフランスの医療保険の判断に倣う必要はないのかもしれませんが、筆者の現場での経験とこうした背景を考えると、むしろ抗認知症薬が病状の足を引っ張っている可能性は十分に考慮されるべきです。

筆者が支援者として当事者とつながるようになってから、薬剤の調整（ほとんどのケースは減薬です）をすると、今まで何だったのかと思うくらい落ち着くケースは少なくありません。そのような方の背景には、こうした薬剤の影響による病状の悪化があるといって差し支えないでしょう。病院施設や地域で長年実践経験を積んできた筆者の感想ですが、そうしたケースは統計をとるまでもなく複数存在します。このような話をわざわざ取り上げたのは、精神科医療を否定することが目的では

7）3）に同じ

ありません。事実を見極めしっかりとアセスメントし、医療者間で共有することで、薬による病状の悪化・再入院の予防につなげることを最大の目的としています。

普段のかかわりのなかで、利用者の病状が不安定になり、頓服を与薬しなければならないと思うケースがあれば、まず立ち止まって考えるようにしてください。難しいアセスメントができないまでも、薬によって病状が悪くなっている可能性があるのではないか、という視点から意識することはできるはずです。そして、処方されている薬を確認してください。現在の処方に胃薬や循環器系薬剤、BZD系（あるいは非BZD系）薬剤などがあるか確認してみてください。厳密には、あらゆる薬がせん妄や不定愁訴を悪化させる可能性がある[8]のですが、少なくとも、前述のような代表的な薬を確認することから始めてみてください。このような薬の基本的な知識と認識は、アセスメントとケア判断の重要な要素となります。

 薬の知識を踏まえた具体的支援

特に高齢者の場合ですが、不定愁訴が増えてきた場合を考えてみましょう。そのいくらかは、せん妄を後押しする複数の要因（第3章5参照）によって引き起こされていると考えられます。臨床では、頓服薬で対処されがちですが、短期的にも中期的にも、病状の悪化を招きます。まずは、薬で対処することをできるだけ避け、その要因をアセスメントし、1つずつ対処していきます。特に、決まって夕方以降に訴えが増えるケースなどは、ほぼ夕暮れ症候群あるいは夜間せん妄と断言できま

8）3）に同じ

す。そうしたケースでも、やはり処方内容の確認は必要です。BZD系や非BZD系、あるいは内科疾患に対して処方されている薬などがあるケースでは、頓服薬で対処する判断はできるだけ避け、処方薬の調整を相談してみてください。服薬時間を調整するだけで落ち着くケースもあります。

例えば、オランザピンが、朝食後と夕食後に処方されているケースから考えてみます。オランザピンは、抗精神病薬で、適応外処方として認知症症状にも処方されることがあります。しかし、この薬には眠気があるため（その副作用を作用効果として活用することもあります）、朝食後から昼にかけて寝てしまうことがあります。日中に薬によって午睡をしてしまえば、夜間帯に深い眠りができず、せん妄を引き起こすことは容易に予想できます。そうした場合、連携先に相談し、「朝の薬を飲んだ後に眠ることが多い」ということを伝えるなどの工夫をしてみてください。日頃から連携をとっている話しやすい連携先であれば、先の説明をしたうえで「内服の時間を夕方以降にずらすことはできないか」というお願いができればなお良好といえるでしょう。そのうえで処方をする医師が、治療上意義があると判断した場合、オランザピンの内服時間を朝食後と夕食後のものを眠前薬の1回にまとめられることもあるでしょう。

大切なことは、処方が変更された後の行動や症状・病状などの変化を評価することです。処方変更の後、病状が落ち着いたのなら、そうした薬剤が影響していた可能性は大いにあります。また、この変化を連携先等と共有することも重要となります。同じようなケースがあった場合、頓服薬を飲んでもらうなどの誤った対応を防ぐことができるからです。

 病状が悪化したら、薬の影響を考える

残念ながら、精神科医療の現場では、減薬するという発想がまだまだ浸透していない現状があります。その一方で、薬は危険だ、といったような発想から、急激な減薬などが行われてしまうこともあります。少々専門的な表現になりますが、重要なことなので解説します。どの薬にもいえることですが、薬を飲み続けると、脳内（体内）でアップレギュレーション（受容体の数が増加する）やハイパー・センシティビティ（受容体の感受性が上がる）といった反応が起きるようになります。そのような脳の状態で急激に服薬を中止すると、精神状態が極度に悪化します。正確にいうと、「急激な減薬による離脱症状」と表現したほうが適切でしょう。簡単にいえば、急激な減薬により「脳がおどろいて、精神症状が出現する」と表現するとわかりやすいでしょうか。

抗精神病薬に限った話ですが、SCAP法[9)]という減薬方法が公表されています。これは、規定の方法で減薬をすれば、優位に精神症状が悪化しないということが証明されたという研究です。筆者自身は研究で証明したものはありませんが、医師との連携での慎重な減薬により、長期入院患者の処方がほぼゼロに近い状態で退院していったり、急性期でも境界性パーソナリティ障害や双極性障害の診断を受けていた患者が、元気に退院していったというケースをたくさん見てきました。必ず、薬をゼロにするということではなく、その患者にとって薬が本当に必要なのかという専門的検討を主治医と（もちろん患者も含めて）行って判断することが必要となります。このように、地域で精神状態の悪化が認めら

9）国立精神・神経医療センター 精神保健研究所「SCAP法による抗精神病薬減量支援シート」

れた場合、まず薬がその要因となっていないかと考える視点は、支援を考えるなかで欠かせないものであることをわかっていただけたでしょうか。

 7 薬の作用や系統から副作用を理解する

図6-13と図6-14に示しているのが、代表的な副作用です。各々の薬の副作用を覚えるよりも、各薬の作用の系統から副作用を理解するほうが理解は深まります。副作用は、さまざまにありますが、まずはここで最低限の知識を学んでいただければと思います。

本来は、薬物療法に関しては医師から患者本人や家族に十分な説明のもと薬が処方されるべきですが、現在でもまだまだ十分に説明されているとは言い難い現状があります。医師から十分な説明があったとしても、うまく理解できていない方や、「主治医にすべてを任せる」と考える方もおられます。そのような場合は、ケアマネジャーや福祉職は、患者と医療者との橋渡し役にならなくてはいけません。そう考えると、支援者が薬物療法の知識を知らない、では済まされません。薬物療法の知識をもつことで、対象の患者への対応が早くなることもあります。薬物療法の知識はもっておいても無駄にはなりませんので、大きなポイントを押さえておきましょう。

それではまず、精神科薬物療法の作用と副作用の考え方について説明します。向精神薬（分類は『ケアマネ・福祉職のための精神疾患ガイド』の181ページ参照）は、さまざまに分類されており、基本的な使い方はあるものの、その細部にこだわる必要はありません。患者本位を忘れて、“この症状には、この薬”（あるいはすぐに頓服薬を飲んでもらう）という発想では、結果的に病状が悪化し、入院となってしまうケースが

図６-13　「ドパミン受容体遮断作用」による副作用

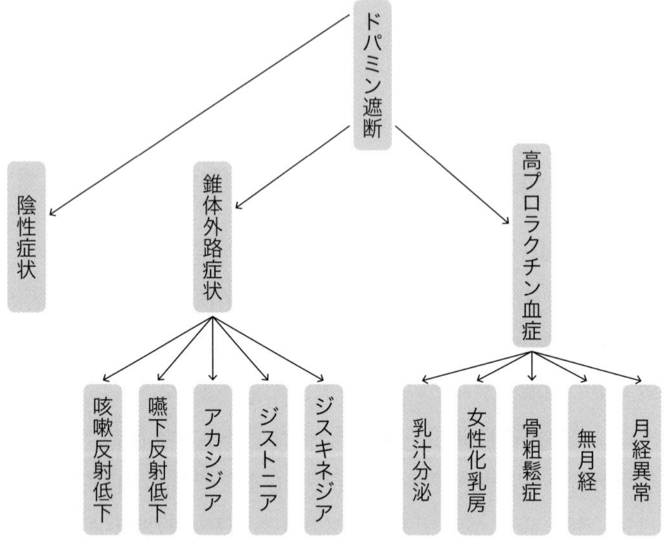

図６-14　その他の「受容体遮断作用」による副作用

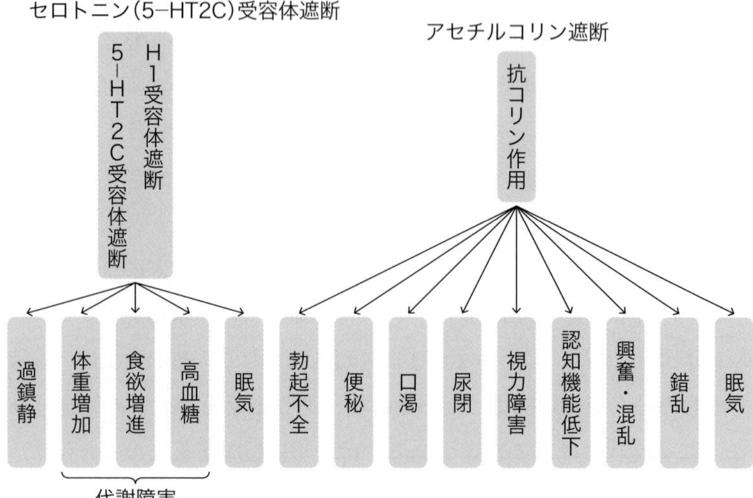

決して少なくないことは繰り返し述べてきました。何よりも重要なことは、本人の思いや感じていることを大切にしながら、病状（症状）と副作用との兼ね合いを見ていくことです。

ここからは、副作用についてお話しします。副作用を理解するためにまず押さえておきたい視点があります。薬の副作用は、薬ごとに覚えようとすると、とても非効率的です。薬の系統や作用の種類から覚えると大まかな副作用の知識を身に付けることができますし、調べたいときも簡単に調べられます。また、目的が違えば、副作用を作用として利用することもありますし、その反面、身体の違う部位には副作用として出てしまうこともあります。

例えば、エチゾラム（デパス® など）という薬で説明しましょう。エチゾラムは、BZD系に分類されますが、筋肉を弛緩（緩め）させる作用があります。これを、作用としてとらえて使用する場合は、筋肉を緩める目的で肩こりなどに処方されたりします。筋肉を緩める目的で処方せず、抗不安作用（不安を和らげる効果）を主として使用した場合、ふらついたり、歩行時に下肢に力が入らなかったりして、転倒してしまうことがあります。この場合は、下肢筋力が弛緩するという副作用によって転倒してしまった、ということになります。このように、作用と副作用というのは必ずしも分けられるわけではないということを理解してください。

ここまでの説明の理解のもと、抗コリン作用について説明します。抗コリン作用も作用と副作用の両方の視点から考える必要があります。抗精神病薬の副作用であるEPSを和らげる作用（簡単にいうと、抗精神病薬の副作用止め）があるのですが、一方で、図6-14のような副作用が出現します。

ここから先は、もう少し理解を深めたい方のために解説します。自律神経という言葉は聞いたことがある方も多いと思います。自律神経は交感神経と副交感神経で構成されているのですが、抗コリン作用は、副交感神経と強く関連します。副交感神経の伝達が抗コリン作用によってブロックされてしまうと、交感神経が優位にはたらくようになります。交感神経は、闘ったり逃げたり（fight or flight：闘争か逃走）する際に優位になる神経といわれています。心拍数が上がったり、血圧が上がったりといった身体の反応を起こします。身体全体が交感神経によって興奮しているときは、尿意や便意は感じない方向で脳が認識します。このような身体の反応が、抗コリン作用による薬剤の副作用として引き起こされます。具体的には、便秘になったり、排尿しにくかったり、喉が渇いたりという副作用などです。抗コリン作用は、脳の一部にも作用して精神状態の悪化を招くこともあります。ここまでの作用機序を理解しなくてはならないわけではありませんが、こうした理屈から作用を理解しておけば、抗コリン作用の理解が深まると思いましたので、解説を付け加えました。複雑で難しいと思われる方は、専門書で薬を調べたときに、「抗コリン作用」と載っていれば、図6-14にあるような副作用が起きる可能性を想定する、それだけで十分かと思います。

次に、セロトニン受容体とヒスタミン受容体に関連する副作用の説明です。この図6-14を完璧には覚える必要はありませんが、向精神薬の副作用には、肥満・高血糖・体重増加（この3つを代謝障害といいます）という副作用もあることは理解してください。この副作用の重要な視点は、同じカロリー・同じ糖質量を食べていても（つまり、以前と変わらない食生活であっても）体重が増えることがあるということです。薬の副作用を調べたとき、この3つの副作用が書かれていた場合、セロトニンやヒスタミンの受容体が関連した副作用である可能性があります。大切なことは、副作用の作用機序を理解することではありません。

それらの副作用の可能性をアセスメントして、患者の思っていることや感じていることをしっかりと受け止め、支援につなげることです。

具体的な支援の視点を説明します。これらの副作用によって、食欲が増し、体重が増えたとしましょう。患者の食事やおやつの管理を厳しくするだけでは、患者はつらくなる一方です。支援者は、この患者の状況が薬の副作用であると認識し、少しでもつらさが緩和するように患者のつらさを受け止めることが何より大切です。そのうえで、医療につないで、薬の微調整を相談するという作業が必要になります。

ここまでお話ししたようなアセスメントがある前提で、医療機関にそれらの情報を伝える必要があるのですが、精神科医療における医療者間の立場の課題があります。医師をはじめとした医療関係者に、「この薬が影響している」と断言して伝えることが有効な連携につながるとは考えられません。まずは、こちら側が謙虚さをもつことが肝要かと考えます。そのうえで、連携先（あるいは、報告する看護師等）に病状が悪化してきた時期を伝えます。伝える前に、処方との関連（の可能性）を事前に調べておくことも重要です。日頃から、連携先とこうした知識を共有しておく必要があるのはこのためです。これまでの精神科医療は、ケアマネジャーや福祉職には、そうした知識は求めるものではないという風潮がありましたが、地域から“より適切な医療につなげる”ためには、確かな知識をもち、確かな判断のできる支援者が地域に必要なことは火をみるより明らかです。

8 薬の副作用を考えるうえで重要な視点

ここまでは、各薬剤の分類から副作用を説明してきましたが、副作用は多彩で、悪性症候群や心臓や血管などの循環器系異常、高血糖や体重増加などの代謝異常、甲状腺等のホルモン異常、尿閉などの泌尿器系症状や、便秘やそれに伴うイレウスなどの消化器症状など、さまざまに出現します。これらが、多剤処方や飲み合わせの問題、脱水や多飲、高齢者等年齢が影響するなど、副作用との関連は超複合的となります。このような視点をもったうえで、添付文書を検索してそのつど調べるといいと思います。

CP換算という換算方法があることも最後に説明しておきましょう。これは日本で初めて発売された抗精神病薬である『クロルプロマジンに置き換えると同等の抗精神病効果が得られるのは何mgに相当するのか』という概念です。日本では、抗精神病薬をCPに置き換えて計算して、適正処方量かどうかを判断する傾向にあるところに1つの問題があります。基本的考えとしては、CP換算で1000mgを超えると突然死のリスクが高まるとされており、400mg相当が適正量であるという意見があります。しかし、たとえ、極少量の抗精神病薬でも、薬剤過敏性のある当事者であれば副作用を発現する可能性は十分考えられます。そう考えると、1000mg以下だから大丈夫だとか、400mgだから適正量だ、ということではないことは自明です。少量でも突然死を含む種々の副作用は起こり得ると考えるべきです。精神症状の査定と、内服している当事者の思いや体験をしっかり聞いて、総合的に判断した結果、適正量であるかどうかを見極めることが本来の治療のあり方です。患者を数字で見るといったような誤った視点は絶対にもたないようにしましょう。

【妊産婦への投与】

例えば気分安定薬のバルプロ酸ナトリウムや炭酸リチウムなどは、添付文書を閲覧すると妊婦への投与は胎児の催奇形性が証明されていることから、原則禁忌であることが確認できます。では、そのほかの薬剤はどうでしょうか。明らかに催奇形性の証明がなされていない薬剤であっても、「妊婦（3カ月以内）又は妊娠している可能性のある婦人には、治療上の有益性が危険性を上回ると判断される場合にのみ投与すること」[10]といったように記載されています。このように、向精神薬全般に催奇形性等のリスクがないことが証明された薬はありません。つまり、向精神薬全般、胎児への何らかの影響はあると考えたほうが合理的です。ただし、内服した人すべての子どもに催奇形性があると証明されているわけではありませんので、原則禁忌と書かれている薬や、催奇形性の報告が多くなされている薬を除いては、医師と十分な話し合いのうえで、「妊婦又は妊娠している可能性のある婦人には、治療上の有益性が危険性を上回ると判断される場合」に内服の決定を行ってください。このように妊娠・出産に際しては、当事者のインフォームドコンセントも踏まえた向精神薬の慎重な取り扱いが求められます。当事者と支援者がしっかりと話し合いをして、少しでも安心して内服してもらえるよう支援することを心がけてください。

10）精神安定剤日本薬局方エチゾラム錠添付文書（2019年 9 月改訂（第26版）），p.2.

参考文献

- 田邉友也「的を絞った教え方の“コツ”(特集 副作用を通じて考える薬物療法看護)」『精神科看護』46巻6号(通巻321号), pp.21-26, 2019.
- 田邉友也「薬物療法の支援という切り口から「動機づけ」について考える——現象のスペクトラム(連続体)というアプローチの視点から」『精神科看護』45巻6号(通巻309号), pp.20-24, 2018.
- Schou, M.,'Forty years of lithium treatment', *Archives of general psychiatry*, 54(1), pp.9-13, 1997.
- Anon.,'Using lithium safety', *Drug and Therapeutics Bulletin*, 37, pp.22-24, 1999.
- National Institute for Health and Care Excellence,'Bipolar disorder: assessment and management', *Clinical Guideline 185*, 2014. Last updated February 2016.
  https://www.nice.org.uk/guidance/cg185
- Severus, W.E., et al.,'What is the optimal serum lithium level in the long-term treatment of bipolar disorder– a review?', *Bipolar Disorders*, 10(2), pp.231-237, 2008.
- Nolen, W.A., et al.,'The association of the effect of lithium in the maintenance treatment of bipolar disorder with lithium plasma levels: a post hoc analysis of a double-blind quetiapine (Trial 144)',*Bipolar Disorders*, 15(1), pp.100-109, 2013.

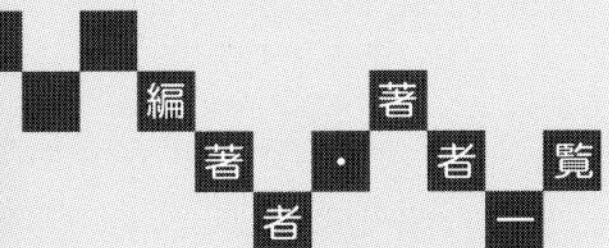

編著者

やまね としえ
山根俊恵
山口大学大学院医学系研究科保健学専攻教授

▶▶ はじめに、第１章1･2、第３章1･2･3･5･6･7･8･10･11･12、第４章、第６章1･2

著　者

た なべ とも や
田邉友也
特定非営利活動法人精神医療サポートセンター
訪問看護ステーションいしずえ代表理事
精神看護専門看護師
精神科認定看護師

▶▶ 第２章、第５章３、第６章３・４

もりわき　たかし
森脇　崇
株式会社光陽 こころの訪問看護ステーションひなた所長
精神科認定看護師

▶▶ 第１章3、第３章4･9･13、第５章２

や だ ひろのり
矢田浩紀
山口大学大学院医学系研究科保健学専攻臨床看護学講座講師

▶▶ 第５章１

チームで取り組む ケアマネ・医療・福祉職のための 精神疾患ガイド

押さえておきたいかかわりのポイント

2020年9月10日　発行

編著者　山根俊恵

著　者　田邉友也・森脇崇・矢田浩紀

発行者　荘村明彦

発行所　中央法規出版株式会社

〒110-0016
東京都台東区台東3-29-1 中央法規ビル
営　業　TEL 03-3834-5817　FAX 03-3837-8037
取次・書店担当　TEL 03-3834-5815　FAX 03-3837-8035
https://www.chuohoki.co.jp/

ブックデザイン　mg-okada
本文イラスト　mg-okada／須山奈津希
印刷・製本　株式会社アルキャスト

本書の内容に関するご質問については、下記URLから「お問い合わせフォーム」にご入力いただきますようお願いいたします。
https://www.chuohoki.co.jp/contact/

定価はカバーに表示してあります。
落丁本・乱丁本はお取り替えいたします。
ISBN978-4-8058-8189-7